द
हिडन हिंदू-3

द हिडन हिंदू-3

3 पुस्तकों की श्रृंखला की तीसरी कड़ी

अक्षत गुप्ता

प्रभात
प्रकाशन

प्रकाशक • **प्रभात प्रकाशन प्रा. लि.**
4/19 आसफ अली रोड,
नई दिल्ली–110002
सर्वाधिकार • धोनी एंटरटेनमेंट प्रा.लि.
संस्करण • प्रथम, 2024
मूल्य • चार सौ पंचानबे रुपए
मुद्रक • आर–टेक ऑफसेट प्रिंटर्स, दिल्ली

THE HIDDEN HINDU-3 *by* Shri Akshat Gupta ₹ 495.00
(Hindi translation of THE HIDDEN HINDU-3)
Published by Prabhat Prakashan Pvt. Ltd., 4/19 Asaf Ali Road, New Delhi-2
by arrangement with Dhoni Entertainment Pvt. Ltd.
e-mail: prabhatbooks@gmail.com ISBN 978-93-5562-532-8

आभार

रजत! तुम हमेशा मेरे साथ बहुत धैर्यवान् रहे हो।

जिस शालीनता से तुम सभी को स्वीकार करते हो और वह ताकत, जिसके साथ तुम अपने लोगों के साथ खड़े हो। जिस शांति से तुम समस्याओं को सुनते हो और जिस समझदारी से तुम उन्हें सँभालते हो। जिस मासूमियत को तुम चमत्कारिक ढंग से अपनी आत्मा में सुरक्षित रखने में सफल रहे हो और अपने आलिंगन में जो गरमाहट रखते हो। वह मुसकान, जिसके साथ तुम उन लोगों को क्षमा कर देते हो, जिन्होंने तुम्हें चोट पहुँचाई है और यह वचन निभाते हो कि तुम कभी किसी को चोट नहीं पहुँचाओगे।

मैं इन सभी बातों के लिए तुमसे ईर्ष्या करता हूँ और मैं तुम्हें अपना भाई कहने के लिए धन्य हूँ। हमारे पिताओं को धन्यवाद, जिन्होंने हमें ऐसा बनाया। मुझे अपनी गलतियों के लिए खेद है और चुपचाप, लेकिन हमेशा मेरा साथ देने के लिए मैं पूरे हृदय से तुम्हें धन्यवाद देता हूँ। मैं तुमसे बहुत प्रेम करता हूँ, भाई!

विद्युत भाई और मीनल जी, आप मेरे हृदय व आत्मा में बसते हैं। सबसे मासूम और निस्स्वार्थ जोड़ी, जो मेरी बेस्टसेलिंग सफलता के स्तंभ और मेरी यात्रा में ईंधन हैं। आपके प्रति केवल कृतज्ञता है।

सुषमा त्रिपाठी! मेरी बचपन की दोस्त। दोस्त बनने से लेकर कामकाजी पेशेवर बनने तक की यह एक खूबसूरत यात्रा रही है। मेरे जीवन के पहले कुछ चरणों के दौरान और अब मेरी त्रयी के अंतिम भागों में मेरे साथ रहने के लिए धन्यवाद।

मुझे याद है कि मैं फ्लाइट में आपके बगल में बैठा था और आपको 'द हिडन हिंदू' की एक प्रति दे रहा था और आपको यह नहीं बता रहा था कि मैं कौन हूँ।

मुझे उम्मीद नहीं थी कि आप उसमें इतना तल्लीन हो जाएँगी और उसे दो घंटे में खत्म कर देंगी! सर्वश्रेष्ठ समीक्षकों में से एक होने और पुस्तक को बेहतर ढंग से प्रस्तुत करने में हमारी मदद करने के लिए नेहा पुरोहित को धन्यवाद। यह यात्रा जीवन भर चलती रहे।

रणवीर इल्लाहाबादिया! तुम्हारे विनम्र अस्त्र ने अनंत काल के लिए मेरे हृदय को छेद दिया है। निस्स्वार्थ भाव से मेरी यात्रा का हिस्सा बनने के लिए तुम्हारा बहुत-बहुत धन्यवाद। तुम्हारी आत्मा तुम्हारी आँखों की मासूमियत में झलकती है। तुम हमेशा मुसकराते रहो और उन दिलों व ऊँचाइयों तक पहुँचते रहो, जो तुम चाहते हो। तुम्हें मेरा प्रेम और आशीर्वाद। अद्भुत बियरबाइसेप्स टीम को धन्यवाद!

जिग्नेश भाई और सिराज भाई! मुझ पर असीम विश्वास दिखाने के लिए आप दोनों और टीम डिजीवर्क्स को धन्यवाद देने के लिए मेरे पास शब्द नहीं हैं। मैं आपकी अपेक्षाओं पर खरा उतरने की पूरी कोशिश करूँगा। आइए, एक साथ बिजली की गति से आगे बढ़ें!

साहसी और प्यारी सौजन्या, मैं तुम्हारी सफलता की कामना करता हूँ। मुसकराते रहो।

जीवन से भरपूर, खूबसूरत और दयालु आत्मा श्वेता रोहिरा, आप अद्भुत हैं! आप चमकती और मुसकराते रहें। आपको वह सबकुछ मिले, जिसके आप सपने देखती हो।

—अक्षत गुप्ता

अनुक्रम

1

मैं कौन हूँ

डॉ. बत्रा की एकाकी मृत्यु, उनके अनसुने संघर्ष, निर्दयता से उन्हें पनडुब्बी से समुद्र में फेंक देना तथा उन्हें एक उचित अंतिम संस्कार न प्राप्त होना—इन सारी बातों ने मिसेज बत्रा को भीतर तक तोड़ दिया था। अपने पति को फिर से देखने की आशा की अंतिम डोर, जिसे उन्होंने अब तक पकड़ रखा था, अब वह भी टूट गई थी। इस अनुभूति से पूरी तरह टूट चुकीं मिसेज बत्रा द्वार के पास गईं, उसे खोला और पृथ्वी को जाने के लिए कहा। पृथ्वी उनकी पीड़ा को अनुभव कर सकता था और जानता था कि वह किसी भी तरह से उसे शांत नहीं कर सकता। वह द्वार की ओर बढ़ने लगा।

'क्या आप नहीं जानना चाहतीं कि उन लोगों का क्या हुआ, जिन्होंने आपके पति की हत्या की और ऐसा क्यों किया?' बाहर जाने से पूर्व पृथ्वी ने पूछा।

मिसेज बत्रा पृथ्वी को देखते हुए एक पल के लिए वहाँ खड़ी हो गईं। उन्होंने द्वार बंद कर दिया और पृथ्वी अपने स्थान पर वापस बैठ गया। वे जानती थीं कि उनका हृदय किसके लिए आतुर था, इसलिए उन्होंने भी सोफे पर अपना स्थान ग्रहण किया, यह जानने हेतु कि यह सब कैसे समाप्त हुआ। यह अनुभव करते हुए कि मिसेज बत्रा डॉ. बत्रा के हत्यारों के बारे में और जानना चाहती थीं, पृथ्वी ने कथा को वहीं से सुनाना आरंभ किया, जहाँ से उसने छोड़ा था।

ज्येष्ठ (मई) के महीने में, जब संपूर्ण विश्व कोविड-19 के कारण थम-सा गया था और मृतकों की संख्या बढ़ रही थी, तब नुकसान की कहानियाँ पूरे सोशल मीडिया, अखबारों एवं समाचार चैनलों पर चित्रित की जा रही थीं। अनिश्चितता के काले बादलों ने लोगों के जीवन को धूमिल कर दिया और आशा जैसे समाप्त होने लगी थी। जहाँ कोविड-19 से होती मृतकों की संख्या सभी अनुमानों को पार कर रही थी, अन्य आपदाओं की सुर्खियाँ भी समाचार बन गईं—गौरवशाली एवं शांत

मानसरोवर का राक्षसताल से अभिभूत होना; रूपकुंड, अर्थात् कंकालों की झील का विनाश होना; विश्व के सात अजूबों में से एक ताजमहल का एकाएक काला पड़ जाना और कुलधरा के भूतिया गाँव की रातोरात घेराबंदी होना। ऐसी अविश्वसनीय घटनाओं की इस श्रृंखला से कई षड्यंत्र के सिद्धांत उभरने लगे और समाचार बनने लगे कि 'भारत की कोरोना की पीड़ा को अधिक असहनीय बनाती अविश्वसनीय घटनाएँ। क्या ये प्रलय के संकेत हैं?'

चिंतित अश्वत्थामा कैलाश पर्वत पर ज्ञानगंज में बैठा था। उसके घाव अभी भी भर रहे थे। उसने परशुराम और कृपाचार्य की स्थिर देहों को देखा, क्योंकि वे ओम् के अवचेतन मन में फँसे हुए थे। उनके निकट था ओम्, जो कुलधरा में हुए द्वंद्व के पश्चात् से अचेत पड़ा था। जब अश्वत्थामा ने वेदव्यास से वृषकपि के बारे में पूछा तो उन्हें एक और कष्टदायक उत्तर मिला।

'वृषकपि अपनी मृत्यु-शय्या पर है? बस, कुछ ही घंटों की बात है, जिसके पश्चात् वह अपने अस्तित्व की लड़ाई छोड़कर देह त्याग देगा।'

'मुझे नहीं पता कि क्या करना है। मुझे नहीं पता, यदि हम पराजित हो गए हैं, क्योंकि वृषकपि मर रहा है और मिलारेपा की मृत्यु हो गई है; या हम विजयी हैं, क्योंकि नागेंद्र भी मर चुका है। मुझे नहीं पता कि मुझे अभी कैसा अनुभूत करना चाहिए।' अश्वत्थामा ने अपने उलझे हुए विचारों का वर्णन करते हुए कहा।

वेदव्यास कुछ कहने ही वाले थे कि उन्हें आश्चर्य हुआ कि कृपाचार्य एवं परशुराम अपनी सूक्ष्म अवस्था से अपनी देह में लौट आए थे और ऐसे खड़े हुए, जैसे सब सामान्य था। अश्वत्थामा उनका अभिवादन करने के लिए अपने स्थान से उठा।

'आप वापस आ गए! आपने वह द्वार कैसे खोला?'

'उसकी आवश्यकता नहीं हुई। ओम् के भीतर यकायक कुछ परिवर्तित हुआ और उसके पश्चात् कोई प्रतिशोध नहीं था। हमें फँसाने हेतु कोई युद्ध नहीं था और न ही हमें भीतर बंद रखने हेतु कोई द्वार।' परशुराम ने उत्तर दिया, अभी भी घटना से विस्मित होकर उस पर विचार करते हुए।

भ्रमित अश्वत्थामा ने कहा, 'परंतु यह कैसे हो सकता है? द्वार कहाँ गया?'

'मैंने उसे नष्ट कर दिया।' उनके पीछे से एक आवाज आई। अश्वत्थामा आश्चर्यचकित था; किंतु उसे ज्ञात था कि यह किसकी आवाज थी। यह ओम् ही था, जो दूर कहीं देखते हुए उठ बैठा। 'द्वार चला गया, क्योंकि अब कोई बाधा नहीं है, कोई पुल नहीं है, मेरे और मेरे लुप्त अतीत के बीच अब कोई द्वार नहीं है। अब

मुझे ज्ञान है कि मैं कौन हूँ!' ओम् ने उन चारों को देखते हुए कहा।

'तुम कौन हो?' कृपाचार्य ने पूछा।

सबकी कौतूहल भरी दृष्टि ओम् पर टिकी थीं।

ओम् ने अपने नेत्र बंद किए और गहरा श्वास लिया। 'मैं हूँ देवध्वज।'

'परंतु यह नहीं हो सकता! हमने जाँच की और तुम्हारे पास जन्म-चिह्न नहीं है! यह कैसे संभव है?' कृपाचार्य इस नए रहस्योद्घाटन के चारों ओर सारे सत्य एकत्र करने का प्रयत्न करते हुए बोले।

'रुको! मैं समझी नहीं। देवध्वज का जन्म-चिह्न, जो चिरंजीवियों ने ओम् की स्मृति में देखा, वह नागेंद्र के पैर पर था, और ओम् स्वयं को देवध्वज बता रहा है। तो इन दोनों में से वास्तव में देवध्वज कौन है?' भ्रमित मिसेज बत्रा ने पृथ्वी से पूछा।

पृथ्वी ने उत्तर दिया, 'दोनों।'

'तुम्हारा अर्थ है कि वे जुड़वाँ हैं?' मिसेज बत्रा ने पूछा।

'नहीं, वे जुड़वाँ नहीं हैं। वे एक ही व्यक्ति हैं।'

'विभाजित व्यक्तित्व?'

'वह भी नहीं।'

'तुम्हारी बात मुरी समझ में नहीं आ रही है, पृथ्वी। दो पुरुष एक कैसे हो सकते हैं? यह मेरी समझ से परे है।' मिसेज बत्रा ने अविश्वास से अपने हाथ खड़े कर दिए।

अश्वत्थामा ने पूछा, 'क्या इसका कैलाश पर्वत के चिरंजीवियों के साथ कुछ लेना-देना है?'

'तुम्हारे कहने का अर्थ है कि नागेंद्र के पैरों में जन्म-चिह्न है, परंतु तुम देवध्वज हो और वह नहीं? हम सबने तुम्हारी स्मृतियों में देखा है कि देवध्वज के पास वह जन्म-चिह्न था। अब यदि नागेंद्र के पास वह है, जैसा कि तुम कह रहे हो, तो इसका अर्थ है कि नागेंद्र देवध्वज है और तुम नहीं।'

'एक दूर देश में, जहाँ तीन समुद्र मिलते हैं, वहाँ हमारा जन्म एक ही शिशु के रूप में हुआ था और हमारा नाम रखा गया था देवध्वज—विष्णुयश एवं लक्ष्मी का पुत्र। एक अत्यंत असाधारण रात्रि के सबसे अँधेरे घंटे एवं ब्राह्म मुहूर्त के पहले घंटे के मध्य हमारा जन्म हुआ और एक ऐसे पुरुष की सहायता से हुआ, जो उचित समय पर कहीं से प्रकट हुआ तथा ग्रामीणों के एकत्र होने से पूर्व ही अदृश्य भी

हो गया। बालपन में हमें कई बार उस घटना के बारे में बताया गया था।' ओम् ने कृपाचार्य की ओर देखते हुए कहा, जिनके आदेश का उसने कुछ दिनों पहले अपने सूक्ष्म रूप में उल्लंघन किया था, जब उसने अकेले संघर्ष कर रही गर्भवती महिला की सहायता की थी। 'मुझे सदैव यह केवल एक कथा के समान प्रतीत होता था, जिसे मेरी माँ ने बनाया था या ऐसा लगता था कि यह प्रसव-पीड़ा में देखा गया उनका मतिभ्रम था। तब यह सब कोई नहीं जानता था, परंतु अब मुझे ज्ञान है कि जिस पुरुष ने मेरी माँ की मुझे जन्म देने में सहायता की, वह कोई और नहीं, अपितु मैं ही था। संभव है कि कृपाचार्य का यह सुझाव उचित था कि हम वहाँ कोई परिवर्तन करने के लिए नहीं, केवल निरीक्षण करने के लिए गए थे। संभव है, उस बालक को पृथ्वी में प्रवेश नहीं करना था। अब मुझे नहीं पता कि ऐसा होना चाहिए था या नहीं, क्योंकि नागेंद्र का जन्म मेरे द्वारा किया गया था।'

कृपाचार्य क्रोधित हो गए। 'संभव है कि तुम्हें तुम्हारे अतीत में ले जाने से पूर्व ही हमें तुम्हारे अस्तित्व को नष्ट कर देना चाहिए था, क्योंकि अब तुम ही पृथ्वी के लिए संकट बन गए हो।' ऐसा कहकर कृपाचार्य वहाँ से चले गए। परशुराम एवं अश्वत्थामा भी उनके पीछे गए और ओम् को वेदव्यास के साथ छोड़ दिया।

'मेरे कई प्रश्न हैं, ओम्।' वेदव्यास ने धीरे से कहा।

'द्रष्टा! आपको सारे उत्तर मिल जाएँगे; परंतु वृषकपि का जीवन अभी भी संकट में है। मुझे पहले उसकी सहायता करने दें।' ओम् ने शांति से कहा और कक्ष से बाहर चला गया। जब वह वृषकपि के पास पहुँचा तो उसे अभी भी अचेत पाया। ओम् ने ऋषियों से वृषकपि को उलटा करने को कहा और उन्होंने ओम् के अनुरोध का पालन किया। वृषकपि के घाव पर पट्टी बँधी हुई थी। ओम् ने उसके घायल कंधे को ध्यान से देखा। घाव के आसपास की त्वचा काली पड़ गई थी और गल गई थी। यहाँ तक कि त्वचा के नीचे की नसें भी दिखाई दे रही थीं और काली पड़ रही थीं।

'यह तेजी से फैल रहा है। हमने वे सारे उपाय कर लिये, जो हम जानते थे; परंतु इस विष का कोई प्रतिकार नहीं है।' एक ऋषि ने कहा। उनके चेहरे पर निराशा झलक रही थी।

ओम् ने ऋषि की ओर देखा और कहा, 'यह विष वही निकाल सकता है, जिसने यह घाव दिया है। तभी वृषकपि की देह इससे मुक्त होगी।'

'परंतु नागेंद्र तो अश्वत्थामा द्वारा मारा गया। क्या इसका अर्थ यह है कि

वृषकपि की मृत्यु निश्चित है?' एक ऋषि ने वृषकपि की ओर करुणा-भाव से देखते हुए पूछा।

ओम् ने धीरे से वृषकपि की पट्टी खोली और अपनी हथेलियों को घाव पर रख दिया। ओम् को उसकी पीड़ा का इतना गहरा अनुभव होने लगा कि वह उसके पूरे चेहरे पर दिख रहा था। धीरे-धीरे वृषकपि का घाव ठीक होने लगा। परंतु उसी समय ऋषियों ने ओम् के कंधे पर रक्त के एक बढ़ते हुए स्थान को देखा—ठीक उसी स्थान पर, जहाँ वृषकपि को चोट लगी थी। कुछ ही क्षणों में ओम् की पीठ लाल हो गई और वह निर्बल अनुभव करते हुए बैठ गया। ऋषियों ने वृषकपि की पट्टी को हटा दिया और स्तब्ध रह गए; जबकि वृषकपि का घाव पूरी तरह से ठीक हो गया था। वह चमत्कारिक रूप से ओम् में स्थानांतरित हो गया था। वे जानते थे कि ओम् ने वृषकपि की रक्षा करने हेतु इसे अपने ऊपर ले लिया था। वे शीघ्र ही उसके घाव पर मरहम-पट्टी करने लगे; और ऐसा करते हुए एक ऋषि ने पूछा, 'तुमने ऐसा क्यों किया?'

'वह मेरे कारण इस स्थिति में था, इसलिए उसकी पीड़ा और उसका घाव भी मुझ पर होने चाहिए।'

ऋषियों को उसकी बात समझ में नहीं आई। परंतु इससे पूर्व कि वे कुछ और पूछते, ओम् ने कहा, 'वृषकपि अब संकट से बाहर है। वह ठीक हो जाएगा।'

'तुमने ऐसा कैसे किया?' एक ऋषि ने पूछा।

'यह एक प्राचीन व लुप्त विधि है।'

'हमसे अधिक प्राचीन?'

'इन सभी चिरंजीवियों से भी प्राचीन, मुझसे भी प्राचीन।'

'क्या तुम हमें सिखा सकते हो?'

'इसे सिखाया या स्थानांतरित नहीं किया जा सकता है। क्षमा कीजिए।'

तभी वेदव्यास ने कुटिया में प्रवेश किया। ओम् ने सम्मानपूर्वक उठकर उनकी ओर चलने का प्रयत्न किया; परंतु उस पर विष का प्रभाव पड़ने लगा था। जब उसने उठने और कुछ कदम चलने का प्रयास किया तो उसे सीधे खड़े होने के लिए भी दीवार का सहारा लेना पड़ा।

'क्या तुम ठीक हो?' चिंतित वेदव्यास ने उसे गिरने से बचाते हुए पूछा।

ओम् वेदव्यास की सहायता से वापस भूमि पर बैठ गया और मुसकराया। 'हाँ, द्रष्टा! मैं ठीक हो जाऊँगा।'

जैसे ही ओम् दीवार के सहारे बैठा, वेदव्यास ने पूछा, 'तुम्हें एकाएक सब कुछ कैसे स्मरण आ गया?'

'कुलधरा के भूतिया गाँव में एक भयंकर द्वंद्व के पश्चात् नागेंद्र के मुख से रक्त बह रहा था। वह मृत संजीवनी की प्रक्रिया को पूर्ण करने हेतु आवश्यक अंतिम तत्त्व को प्राप्त करने के लिए मेरी पीठ पर चढ़ा हुआ था और वह तत्त्व है मेरा रक्त। जब उसने मेरे कंधे पर अपने दाँत गड़ाए तो मैं पीड़ा से कराह उठा। परंतु इससे पूर्व कि वह मेरा रक्त ले पाता, अश्वत्थामा ने उसके मस्तक पर गोली चला दी और उसे मेरा रक्त नहीं मिला। यद्यपि जब उसके दाँतों की चुभन से मैं चीख उठा, तब उसके रक्त की एक बूँद मेरी जीभ पर गिरी—उसका रक्त···जो वास्तव में मेरा ही है। इससे मेरी सारी स्मृतियाँ सचेत हो गईं और नागेंद्र को निराशा ही प्राप्त हुई।'

'यदि तुम दोनों का रक्त एक है, तो उसे तुम्हारे रक्त की क्या आवश्यकता थी?'

'क्योंकि मेरी देह में जो रक्त है, वह धन्वंतरि का है और इसमें वे सभी गुण व शक्तियाँ हैं, जो उसे अमर बना सकती थीं। जब मुझे धन्वंतरि के पास लाया गया, तब मैं मृत था और मेरी देह से मेरा संपूर्ण रक्त लगभग बह गया था। धन्वंतरि के पास पहुँचने से पूर्व जो कुछ शेष था, वह हिमालय की पगडंडी में जम गया था। उन्होंने मृत संजीवनी की प्रक्रिया पूर्ण करने के पश्चात् अपना रक्त मेरी देह में चढ़ाया और सुश्रुत ने ऐसा करने में उनकी सहायता की। इस सत्य को धन्वंतरि एवं सुश्रुत के अतिरिक्त और कोई नहीं जानता था। बाद में, नागेंद्र ने धन्वंतरि को बंदी बना लिया था; परंतु उसे मृत संजीवनी की पुस्तकें प्राप्त नहीं हुईं। उसे पुस्तकें प्राप्त होतीं, उससे पूर्व ही उसने धन्वंतरि को खो दिया, जिसके लिए मिलारेपा को धन्यवाद। मुझे खेद है कि मैं मिलारेपा को ऐसा करने के लिए क्षमा कर पाता। दुर्भाग्य से, मैं अब ऐसा नहीं कर सकता।'

'परंतु मृत संजीवनी की पुस्तकें अभी भी लुप्त हैं और हमें उन्हें पुनः कैलाश पर लाने की आवश्यकता है, जो उनका वास्तविक स्थान है। मैं प्रसन्न हूँ कि नागेंद्र की मृत्यु के साथ यह सब समाप्त हो गया। अब, जबकि उसकी मृत्यु हो गई है, पृथ्वी सुरक्षित है।' वेदव्यास ने आश्वस्तता भरी साँस ली।

'मुझे वृषकपि से लिये गए इस विष को अवशोषित करने और शुद्ध करने के लिए कुछ समय चाहिए। कृपया मुझे ध्यान करने की अनुमति दें, ताकि मेरी मृत्यु से पूर्व जो कुछ हुआ, उसे भी मैं स्मरण कर सकूँ।'

वेदव्यास ने ओम् को आशीर्वाद दिया और चले गए। ओम् ने धीरे से अपने नेत्र बंद कर लिये, दीवार के सहारे स्थिर बैठ गया और ध्यान करने लगा। जब वेदव्यास अपनी शरण में वापस चले गए तो उन्होंने दो विभिन्न आवाजें सुनीं, जिन्होंने उनका ध्यान खींचा।

परिमल की आवाज गूँजी, 'शुक्राचार्य और नागेंद्र कैसे मिले?'

एल.एस.डी. ने उत्तर दिया, 'मुझे नहीं पता कि वे कितने समय से साथ हैं; परंतु मुझे पता है कि नागेंद्र शुक्राचार्य के सर्वश्रेष्ठ शिष्यों में से एक हैं।' शुक्राचार्य का नाम ही वेदव्यास को चिंतित और आशंकित करने हेतु पर्याप्त था।

'परंतु शुक्राचार्य कौन हैं और नागेंद्र जैसा शक्तिशाली व्यक्ति उनकी सेवा क्यों कर रहा था? और वेदव्यास जैसे चिरंजीवी को उनका नाम इतना प्रभावित क्यों कर रहा था?' मिसेज बत्रा ने पूछा।

'विश्व में संतुलन बनाए रखने हेतु इस ब्रह्मांड में अच्छाई व बुराई दोनों के बीच संतुलन की आवश्यकता है। दानव का भय मनुष्य को सारे नहीं तो अनेक देवताओं की पूजा करने पर विवश करता है। गुरु शुक्राचार्य इस ब्रह्मांड के निर्माता स्वयं ब्रह्मदेव के पौत्र हैं। रहस्यमय गुरु शुक्राचार्य ने देवों के गुरु आचार्य बृहस्पति का सामना करने के लिए असुरों को अपने शिष्यों के रूप में चुना। एक ओर अमर देवता थे, जबकि दूसरी ओर थे असुर, जिनकी मृत्यु निश्चित थी। शुक्राचार्य ने अपनी संजीवनी विद्या की सहायता से असुरों को देवों से लड़ने के लिए पुनर्जीवित करके अच्छाई और बुराई के बीच संतुलन बनाए रखने में महत्त्वपूर्ण भूमिका निभाई।

'किशोरावस्था में शुक्र और बृहस्पति ने बृहस्पति के पिता ऋषि अंगिरस के सान्निध्य में ज्ञान प्राप्त किया। आर्चाय शुक्र बृहस्पति से अधिक बुद्धिमान थे और उनमें एक ऋषि बनने के सभी गुण थे, जिससे वे अंगिरस के सर्वश्रेष्ठ शिष्य बन गए थे। परंतु अंगिरस का अपने पुत्र बृहस्पति के प्रति पूर्वग्रह शुक्र को कभी भी योग्य पहचान नहीं दिला पाया। किंवदंतियों में कहा गया है कि देवराज इंद्र ने भी बृहस्पति का पक्ष लिया था, यहाँ तक कि उनके साथ गठबंधन भी किया था। शुक्राचार्य ने सबकुछ किया और सबसे महान् ऋषि बनने के लिए आवश्यक सभी विद्याएँ सीखीं; किंतु इंद्र और बृहस्पति का गठबंधन उनके लिए एक बाधा बन गया। इंद्र ने जोर देकर कहा कि भगवान् विष्णु ने भी बृहस्पति को चुना है। फिर विष्णु के प्रति शुक्राचार्य के मन में जो घृणा उत्पन्न हुई, उसने उन्हें असुरों का गुरु बनने के लिए

विवश कर दिया। इस प्रकार, शुक्राचार्य ब्रह्मदेव के पौत्र होने के उपरांत असुरों के प्रमुख आचार्य बन गए।

'यद्यपि शुक्राचार्य और असुरों के गठबंधन से पूर्व यह माना जाता था कि असुर सरलता से देवों द्वारा पराजित हो जाते थे। युद्ध में कई असुरों का वध किया जाता था और देवता विजयी होकर चले जाते थे। परंतु असुरों के सर्वोच्च पद पर होने के पश्चात् शुक्राचार्य एक ऐसे अस्त्र की खोज करने लगे, जो देवों को पराजित कर सके और असुरों के सर्वोच्च रक्षक का कार्य कर सके। उन्होंने 'संजीवनी स्तोत्रम्' प्राप्त करने के लिए तपस्या आरंभ कर दी, जो एक दुर्लभ विज्ञान है, जिसे वे स्वयं मृत्युंजय भगवान् शिव से प्राप्त करना चाहते थे। 'संजीवनी स्तोत्रम्' एक शक्तिशाली स्तोत्रम् है, जो किसी को भी स्वस्थ और कायाकल्प कर सकता है तथा इसमें अमरता प्रदान करने की अत्यधिक अलौकिक शक्तियाँ हैं—एक ऐसा स्तोत्र, जो असुरों को भी अजेय और अमर बनाने की क्षमता रखता है।

'इस बीच, शुक्राचार्य ने असुरों को अपने पिता ऋषि भृगु के निवास में शरण लेने के लिए कहा, जब वे अपने निवास पर नहीं थे। ऋषि भृगु को ब्रह्मदेव के पुत्रों में से एक माना जाता है। देवों ने अनुभव किया कि यदि शुक्राचार्य अजेयता का मंत्र प्राप्त करने में सफल हो गए तो असुरों को फिर कभी पराजित करना असंभव होगा। उन्होंने निर्णय लिया कि असुरों पर वार करने का सबसे अनुकूल समय ऋषि भृगु के परिसर में शुक्राचार्य की अनुपस्थिति में था। देवों ने भगवान् विष्णु से सहायता माँगी, वे सहमत हो गए और सुनियोजित आक्रमण के लिए सेना का नेतृत्व किया।

'जब ऋषि भृगु अपने निवास पर नहीं थे, तब आक्रमण आरंभ हुआ। देवताओं ने राक्षसों पर वार किया और साथ ही विष्णु ने अपने सबसे शक्तिशाली अस्त्र सुदर्शन चक्र का प्रयोग किया। असहाय और अप्रस्तुत अनुभव करते हुए सारे असुर शुक्राचार्य की माँ काव्यामाता के पास दौड़े। वे उनके पास उनके अतिथि के रूप में शरण माँगने गए, जिस कारण वे उन्हें मना नहीं कर पाईं। काव्यामाता ने अपने कर्तव्य का पालन किया और असुरों की रक्षा अपनी यौगिक शक्तियों से की। अंततः देवराज इंद्र पराजित हुए। जब भगवान् विष्णु का सुदर्शन चक्र घर के पास पहुँचा तो काव्यामाता की शक्तियों ने उसे घर में घुसने और असुरों को मारने की अनुमति नहीं दी। जब कोई विकल्प नहीं रहा, तब विष्णु ने अपने सुदर्शन चक्र से काव्यामाता का मस्तक काट दिया। जब ऋषि भृगु लौटे और उन्होंने अपनी पत्नी का कटा हुआ मस्तक देखा, तब उन्होंने विष्णु को कई बार पृथ्वी पर जन्म लेने

और मृत्यु तथा सांसारिक जीवन के दुष्चक्र का कष्ट अनुभव करने का श्राप दिया। इसलिए, भगवान् विष्णु को पृथ्वी पर राम और कृष्ण जैसे अवतारों में जन्म लेना पड़ा। उन्होंने इन अवतारों के माध्यम से अपने प्रियजनों को खो दिया और जैसी पीड़ा ऋषि भृगु ने अपनी प्यारी पत्नी को खोकर अनुभव की थी, वैसी ही पीड़ा भगवान् विष्णु को भी सहनी पड़ी।

'जब शुक्राचार्य 'संजीवनी स्तोत्रम्' का वरदान लेकर लौटे और उन्हें पता चला कि उनकी अनुपस्थिति में देवों ने क्या किया था और कैसे भगवान् विष्णु ने शुक्राचार्य की माँ का मस्तक काट दिया था, तो यह उनकी प्रतीक्षा का अंतिम स्तर था। उसी क्षण शुक्राचार्य ने भगवान् विष्णु को अपना सबसे बड़ा शत्रु बना लिया और देवताओं को पराजित करने का संकल्प लिया। 'संजीवनी स्तोत्रम्' का उपयोग करके मृतकों को पुनर्जीवित करने की अपनी क्षमता के लिए वे शीघ्र ही लोकप्रिय बन गए। इस प्रकार, असुरों और देवों के मध्य एक अनंत युद्ध आरंभ हुआ। उन्होंने कई बार अपने शिष्य दैत्यों की सेना और मृतकों को पुनर्जीवित करने वाले संजीवनी मंत्र के वरदान से देवताओं पर विजय प्राप्त करने का प्रयास किया, फिर भी वे एक चिरंजीवी नहीं बना सके। हर बार जब देवताओं द्वारा असुरों को मार दिया गया, शुक्राचार्य ने उन्हें पुनर्जीवित किया। इस प्रकार, युद्ध का अंत कभी नहीं हुआ और वर्तमान तक चलता रहा।

'शुक्राचार्य का जन्म शुक्रवार को हुआ था, जिस कारण उनका नाम 'शुक्र' रखा गया।' पृथ्वी ने शुक्राचार्य की पृष्ठभूमि को समाप्त करते हुए कहा और 2021 में हुई घटनाओं की श्रृंखला का वर्णन आरंभ किया।

ज्ञानगंज में, जीवन के लक्षण दिखाते हुए, वृषकपि लगभग स्वस्थ हो गया था। ओम् एक स्थिर झील के समान मौन था, क्योंकि अपने घाव की पीड़ा अब वह सहन कर रहा था। उसकी नसें काली पड़ रही थीं, क्योंकि व्यतीत होते हर क्षण के साथ विष उसके भीतर और गहरा फैलता जा रहा था। वह एक ऐसे स्तर पर पहुँच गया, जहाँ ओम् के लिए श्वास लेना भी कठिन हो गया था, जिसने अश्वत्थामा के अलावा सारे ऋषियों को चिंतित कर दिया था।

'मैंने इसे हृदय पर लगे गहरे चीरे से भी कुछ दिनों में ठीक होते देखा है। वह इससे भी स्वस्थ हो जाएगा। हमें बस, उसे समय देना है।' अश्वत्थामा ने कहा। उसके आत्मविश्वास ने सभी को आश्वस्त किया।

'आदरणीय मुनियो, कृपया मुझे त्वरित सूचित करें, जब आप ओम् को

ठीक होते हुए देखें।' अश्वत्थामा ने कुटिया छोड़ने से पूर्व अनुरोध किया। यह निराशाजनक बात थी कि ओम् को ठीक होने के लिए और समय चाहिए था; परंतु शुभ समाचार यह था कि वृषकपि ने अपने नेत्र खोल लिये थे। वह अंततः स्वस्थ हो गया था। ओम् को इतनी भयानक अवस्था में देखकर वह स्तब्ध रह गया।

'क्या हुआ?' उसने पूछा।

'तुम लगभग मर चुके थे, परंतु ओम् ने तुम्हारी रक्षा करने हेतु तुम्हारे घाव को अपने ऊपर ले लिया।'

'मैं यहाँ कैसे पहुँचा? मेरी अंतिम स्मृति यह है कि रूपकुंड में मुझ पर वार करने वाले कंकालों से मैं स्वयं को अलग कर रहा था और जितना ऊँचा संभव था, मैं उतना ऊँचा उड़ रहा था। फिर मैंने एक यति को मुझे अपने कंधों पर ले जाते हुए देखा था।'

'मिलारेपा ने यति की सहायता से तुम्हारे जीवन की रक्षा की। वही थे, जो तुम्हें वापस लाए थे।'

'थे?'

'आगरा में नागेंद्र से लड़ते-लड़ते उनकी मृत्यु हो गई।'

'अन्य सब कहाँ हैं और नागेंद्र कहाँ है? क्या हमने उसे रोक दिया?'

'हाँ, हम सफल हुए। नागेंद्र की मृत्यु हो चुकी है। अश्वत्थामा ने उसे मार डाला।'

जहाँ अश्वत्थामा के हाथों नागेंद्र की मृत्यु का समाचार सुनकर वृषकपि राहत अनुभव कर रहा था, समुद्र की गहराइयों में, पनडुब्बी के वर्जित कक्ष में नागेंद्र की देह फिर से जीवित हो रही थी। अब अमर और अजेय वह धीरे-धीरे अपने नए जीवन में प्रवेश कर रहा था। शुक्राचार्य के नेत्रों के सामने उसकी निर्बल व जर्जर देह रूपांतरित हो रही थी। उसकी रीढ़ की हड्डी सीधी हो गई थी और उसके मुख से झुर्रियाँ गायब हो गई थीं। नागेंद्र क्रोध से टपकते प्रतिशोधपूर्ण नेत्रों से मुसकरा रहा था।

'तुम्हारा पुनः स्वागत है!' शुक्राचार्य ने गर्व से घोषणा की। नागेंद्र के बाएँ पैर की एड़ी पर काला तिल अब प्रमुख था।

उसकी दृष्टि शुक्राचार्य से मिली और उसने उनका आशीर्वाद लेने हेतु उनके पाँव छूकर उन्हें प्रणाम किया। जहाँ कैलाश पर सारे चिरंजीवी नागेंद्र की मृत्यु और पृथ्वी की सुरक्षा के प्रति आश्वस्त अनुभव कर रहे थे, नागेंद्र पहले से कहीं अधिक

शक्तिशाली एवं उत्सुक होकर उठ खड़ा हुआ।

'अब, जब नागेंद्र अंततः अमर हो गया है तो उससे सदैव के लिए मुक्त होने के पश्चात् तुमने हमारा नश्वर जीवन कैसा होगा, इसकी कल्पना की है?' परिमल ने मुसकराते हुए पूछा।

एल.एस.डी. ने उत्तर देने हेतु अपना मुख खोला, परंतु नागेंद्र के कदमों की दबी हुई आवाज से बाधित हुई। क्षण भर में परिमल भी नागेंद्र के निकट आने का आभास कर सकता था। नागेंद्र ने द्वार खोला और उन्हें एक साथ देखा। परिमल अपने सामने ऐसे मोहक व्यक्ति को देखकर चकित रह गया। उसकी निष्कलंक काया इतनी आकर्षक लग रही थी कि परिमल अपनी दृष्टि उस पर से नहीं हटा सका। नागेंद्र के नेत्र सबसे चमकीले तारे की तरह झिलमिला रहे थे और उसकी त्वचा अमृत चंद्र के समान चमक रही थी। परंतु एल.एस.डी. अब भी नागेंद्र को उसी पुराने रूखे भाव से देख रही थी। उसकी ओर बढ़ते हुए नागेंद्र की दृष्टि एल.एस.डी. पर ही टिकी थी। इससे पूर्व कि उनमें से कोई अगली चाल का अनुमान लगा पाता, नागेंद्र ने अपनी बाँहें एल.एस.डी. की कमर पर लपेटीं और परिमल के ठीक सामने उसे एक भावुक चुंबन में खींच लिया, जैसे कि परिमल वहाँ था ही नहीं।

उस कक्ष में जो कुछ भी हो रहा था, वह परिमल के लिए अविश्वसनीय और अस्वीकार्य था। उसने पहली बार ईर्ष्या और विश्वासघात का अनुभव किया; क्योंकि वह जो कुछ भी देख रहा था, वह उसकी पृष्ठभूमि से बिल्कुल अनजान था। जबकि नागेंद्र ने चुंबन को गहरा करना जारी रखा, कक्ष का वातावरण प्रश्नों, उत्तरों और अधिकार जताने के एक मूक युद्ध से भर गया। अनकही भावनाओं का एक पल वर्षों के विश्वासघात जैसा प्रतीत होने लगा। एल.एस.डी. की दृष्टि परिमल पर पड़ी, जो पहले से ही उसे देख रहा था। जो हो रहा था, उससे वह लज्जित अनुभव कर रही थी। उसने अपने नेत्र नीचे कर लिये, जबकि नागेंद्र ने बेशर्मी से अपना कार्य जारी रखा।

सदैव के लिए मुक्त होने के पश्चात् तुमने हमारा नश्वर जीवन कैसा होगा, इसकी कल्पना की है? परिमल के पास अब उसका उत्तर था। उसे आश्चर्य हुआ कि यह प्रश्न उसके मन में भी क्यों आया? उसने जो स्थूल दृश्य देखा था, वह उसे मिटा देना चाहता था। जो कुछ वह देख रहा था, उसे आत्मसात् करने के एक निराशाजनक प्रयास में, पीड़ित अनुभव करते हुए परिमल ने चुपचाप कक्ष के द्वार की ओर चलना आरंभ कर दिया।

'परिमल!' नागेंद्र ने पुकारा और परिमल ने मुड़कर नागेंद्र की ओर देखा।

नागेंद्र ने एल.एस.डी. के सामने घुटने टेके और उसके पेट को सहलाते हुए कहा, 'मैंने तुमसे कहा था कि इसके प्रेम में मत पड़ो। यह तुम्हारे शिशु को पालती है और तुमने इसके साथ संभोग किया है। परंतु तुम्हें पता होना चाहिए कि मैं इसका जीवनसाथी हूँ। चलो, हम सब इस विकृत परिवार और हमारे पुनर्मिलन का उत्सव मनाएँ। हमें गोवा ले चलो।'

□

2

डूबी हुई द्वारका

नागेंद्र परिमल की ओर बढ़ा और उसे एक नोट थमाते हुए कुछ अंकों की ओर संकेत किया।

'हम गोवा के पश्चात् इस स्थान पर जाएँगे।' आदेश निर्विकार भाव के साथ जारी किया गया था।

अभी भी भावनात्मक उथल-पुथल में फँसे हुए, इस तथ्य को आत्मसात् करते हुए कि नागेंद्र ने स्वयं को एल.एस.डी. के जीवनसाथी के रूप में संबोधित किया था, परिमल एक दास के समान झुककर आदेशों का पालन करने के अलावा कुछ नहीं कर सकता था। नागेंद्र मुड़ा, एल.एस.डी. का हाथ पकड़ा और कक्ष से बाहर जाने लगा।

'चलो, प्रिय, तब तक हम अपने कक्ष में कुछ रोचक समय व्यतीत करें।' वह कक्ष के बाहर जाए, उससे पूर्व परिमल एल.एस.डी. को एकांत में देखना चाहता था और उससे बहुत सी बातें पूछना चाहता था। अपनी दृष्टि हटाकर उसने सिर झुका लिया, जबकि एल.एस.डी. के नेत्र उस पर टिके रहे। नागेंद्र की मृत्यु हो गई थी, परंतु अब वह पुनर्जीवित हो गया था। असुर-गुरु शुक्राचार्य पनडुब्बी में थे। एल.एस.डी. का वास्तविक नाम लीजा सैमुअल डीकोस्टा नहीं, अपितु लतिका था। पूर्ववर्ती के सभी पालतू जीव, जिन्हें वह केवल जीव समझता था, वे सब उसकी पत्नी के अवतार थे। और अब, जैसे कि बाकी सबकुछ उसके मस्तिष्क को चकरा देने के लिए पर्याप्त नहीं था, नागेंद्र को अपनी पत्नी के इतना समीप देखकर और उसे अपनी जीवनसंगिनी कहते सुनकर परिमल इतना चकित रह गया था कि भ्रम से वास्तविकता को भिन्न करना उसके लिए अत्यंत कठिन था।

व्याकुल और अपने दायित्वों के बंधन से बँधे परिमल ने पराजय के क्षण को स्वीकार किया, क्योंकि उसे ज्ञात था कि अब उसकी दासता का न ही कोई अंत था और न ही कष्टदायी आश्चर्यों का। उसने स्वयं को शांत किया और अपना ध्यान

उस नोट की ओर मोड़ दिया, जो नागेंद्र ने उसे दिया था। गोवा के पश्चात् अगले पड़ाव की योजना आरंभ हो चुकी थी।

उसके हाथों में कुछ निर्देशांक थे। अक्षांश 22° 13′ 48.00″ N, देशांतर 68° 58′ 12.00″ E. परिमल को आश्चर्य हुआ कि ये मानचित्र पर कहाँ हो सकते थे! यह पता चला कि यह उनकी पनडुब्बी के वर्तमान स्थान से अधिक दूर नहीं था। नागेंद्र गोवा तक जाकर फिर गुजरात के तट पर क्यों लौटना चाहता है? उसने विचार किया। उसने बात की गहराई तक जाकर यह पता लगाने का निर्णय लिया कि वे गोवा के बाद कहाँ और क्यों जा सकते थे? जैसे ही उसने सिस्टम में निर्देशांक दर्ज किए, उसमें उसने जलमग्न द्वारका, भगवान् कृष्ण के लुप्त हुए राज्य को प्रदर्शित होते देखा। उसने अनुभव किया कि द्वारका के बारे में सबकुछ महत्त्वपूर्ण जानना अनिवार्य था और इसलिए उसका शोध आरंभ हुआ। उसने कई स्रोतों के माध्यम से जानकारी पढ़ी, जब पनडुब्बी गुजरात के मांडवी समुद्र-तट से गोवा के तट की ओर चुपके से समुद्र के नीचे चलती रही। 653 समुद्री मील की दूरी वे 10 समुद्री मील की गति से चलते हुए 65 घंटे में तय करने वाले थे।

वहाँ ज्ञानगंज में, परशुराम और अश्वत्थामा को पता चला था कि कृपाचार्य वापस जाने वाले थे। जैसा कि ज्ञानगंज के निवासियों के अनुसार, नागेंद्र नाम के संकट का अब अंत हो गया था, वे जानते थे कि ओम् की उपस्थिति कृपाचार्य को प्रसन्न नहीं कर रही थी।

'ओम् के बारे में ऐसा क्या है, जो आपको व्याकुल कर रहा है, कृपाचार्य?' परशुराम ने पूछा।

कृपाचार्य ने अपने क्रोध को दबाते हुए उत्तर दिया, 'जब द्वार के पीछे उसने मेरे आदेश का उल्लंघन किया तो मैंने उसे यह विचार करते हुए क्षमा किया कि वह एक सज्जन व्यक्ति है और केवल पीड़ित के प्रति दयालु है। परंतु अब मुझे प्रतीत हो रहा है कि वह इतना सरल नहीं है, जितना लगता था। यह सब उसकी योजना थी, जिससे उसने हमारे साथ छल किया है। हमें उसकी सहायता नहीं करनी चाहिए थी और अब उसके अतीत के बारे में जानने के पश्चात् मुझे लगता है कि हमें उसे कैलाश के बाहर नहीं जाने देना चाहिए। उसे या तो मार दिया जाना चाहिए या सदैव के लिए बंदी बना लिया जाना चाहिए।'

'वह हमारे समान चिरंजीवी है। उसे मारा नहीं जा सकता।' परशुराम ने उत्तर दिया।

'हाँ, परंतु उसे बंदी तो बना सकते हैं न!' कृपाचार्य ने जो कहा, वह सुझाव से अधिक एक आदेश लग रहा था।

परशुराम ने इस पर विचार किया और चुपचाप अपनी दृष्टि अश्वत्थामा एवं कृपाचार्य के बीच घुमाते रहे।

कृपाचार्य ने परशुराम की ओर देखा और कहा, 'मुझे लगता है कि वह चिरंजीवी होने के योग्य नहीं है और इसलिए स्वतंत्र रहने के योग्य नहीं है। उसे अब अपना अतीत स्मरण है, परंतु हम अभी भी नहीं जानते कि वह कौन है! यद्यपि हम अब उस अतीत से अवगत नहीं हैं, हम जानते हैं कि वह जो भी है, शक्तिशाली है। अपनी जड़ों को स्मरण करने से पूर्व ही वह इतना शक्तिशाली था कि उसने हम दोनों को अपने अतीत में फँसा लिया था। नागेंद्र का अंत हो गया है और ओम् तथा उसके अतीत के मध्य का द्वार अब नष्ट हो गया है। मेरे यहाँ रहने की अब कोई आवश्यकता नहीं है। मुझे अब जाना चाहिए। शेष मैं आपकी प्रवृत्ति और अश्वत्थामा की समझ पर छोड़ता हूँ।'

अश्वत्थामा ने कृपाचार्य को प्रणाम किया और कहा, 'मैं सम्मानपूर्वक अपनी असहमति व्यक्त करता हूँ।'

दुःखी कृपाचार्य ने आगे कुछ नहीं कहा और परशुराम से विदा लेकर वहाँ से चले गए।

परशुराम ने अश्वत्थामा से पूछा, 'अश्वत्थामा, जब से हम उसे यहाँ लाए हैं, तब से तुम ओम् के सबसे निकट रहे हो। ओम् को बंदी बनाने के बारे में तुम्हारे क्या विचार हैं?'

'मुझे नहीं लगता कि ओम् हम में से किसी के लिए संकट है। यद्यपि यह सत्य है कि हम उसके अतीत के बारे में कुछ नहीं जानते हैं और वह अब हमारे बारे में सबकुछ जानता है। ओम् ने वास्तव में कृपाचार्य के निर्देशों की अवहेलना करते हुए एक गर्भवती स्त्री को जन्म देने में सहायता की; परंतु मेरा मानना है कि वह केवल सहायता करने का प्रयत्न कर रहा था। वह इस तथ्य से अनभिज्ञ था कि वह नागेंद्र को जन्म देने में सहायक था, या जैसा कि वह अब कहता है—स्वयं को। यह नियति में विरोधाभास है। कोई नहीं बता सकता कि क्या ओम् अपने अतीत में गया और देवध्वज को जीवन में लाया या देवध्वज ने ओम् को अपने जन्म में सहायता करने के लिए हम तक पहुँचाया!

'क्या ओम् के लिए अतीत के द्वार के माध्यम से वहाँ उपस्थित होना नियति

थी? अन्यथा वह ठीक उसी समय कैसे उपस्थित हो सकता था, जब उसकी माँ को प्रसव-पीड़ा होने वाली थी? क्या वह अपरिचित व्यक्ति, जिसने उसकी माँ को देवध्वज को जन्म देने में सहायता की थी और जिसके बारे में वह सदैव बात करती थी, वह स्वयं ओम् था?' यह रहस्य में बंद एक उलझी हुई पहेली थी, जिसकी कुंजी संभवत: ओम् ही था।

'वह मेरे आदेशों के विपरीत कुलधरा आया था; परंतु उसने मेरी सहायता करने हेतु ऐसा किया। उसी प्रकार, उसने अपनी स्मृति में कृपाचार्य के आदेशों का उल्लंघन किया, परंतु उसने गर्भवती स्त्री की सहायता करने हेतु ऐसा किया, बिना यह जाने कि वह उसकी ही माँ थी। सत्य जो भी हो, ऐसी परिस्थितियों में एक माँ और शिशु की सहायता करना ही इस बात का प्रमाण है कि ओम् की आत्मा शुद्ध है। मुझे ओम् से कोई संकट नहीं प्रतीत होता; परंतु यदि आप मुझे उसे बंदी बनाने का आदेश देंगे तो मैं बिना किसी किंतु-परंतु के उसका पालन करूँगा।'

'नहीं! तुम्हें ऐसा करने की आवश्यकता नहीं है, इस क्षण तो नहीं।' परशुराम ने कहा। 'वह कहता है कि वह देवध्वज है, जिसका अर्थ है कि वह नागेंद्र होने का दावा कर रहा है। उसने ऐसा क्यों कहा? क्या इसके पीछे कोई छिपा हुआ उद्‌देश्य है? क्या हमसे कोई संकेत छूट गया है? ओम् से बात करो और उसके अतीत के बारे में सबकुछ पता करो। हम इस सत्य को अनदेखा नहीं कर सकते कि वह चिरंजीवी और अत्यंत शक्तिशाली है, जो उसे हम में से एक बनाता है, भले ही उसका अतीत कुछ भी हो! इसलिए उसका प्रशिक्षण जारी रखो और यह सुनिश्चित करो कि वह मेरी आज्ञा के बिना फिर से ज्ञानगंज न छोड़े।' परशुराम उठे और बोले, 'मैं वेदव्यास से भेंट करने जा रहा हूँ। मृत संजीवनी की पुस्तकें अभी भी लुप्त हैं। नागेंद्र का अंत भले ही हो गया हो, परंतु संकट अभी भी बड़ा है। पुस्तकें विश्व में कहीं हैं और इससे पूर्व कि बहुत देर हो जाए, हमें उन्हें प्राप्त करने की आवश्यकता है।'

कई घंटों के पश्चात् जब ओम् ने अपना पहला श्वास लिया तो वृषकपि के कक्ष में ओम् ने ठीक होने के लक्षण दिखाने आरंभ किए। उसकी नसें अपना सामान्य रंग वापस पा रही थीं, जो यह दरशा रहा था कि विष का प्रभाव अब धीमा पड़ रहा था। ओम् फिर से मृत्यु पर विजय प्राप्त कर रहा था; परंतु वह अभी भी गहन ध्यान की अवस्था में था।

जैसे ही कृपाचार्य ज्ञानगंज से बाहर निकले, उन्होंने पुकारा, 'बलहार!' और

धैर्यपूर्वक वहाँ खड़े हो गए। घने सफेद बालों में ढँका हुआ एक विशाल यति बर्फ से उभरा और कृपाचार्य के सामने खड़ा हो गया।

कृपाचार्य ने उसका अभिवादन किया और बिना समय व्यर्थ किए उसे आज्ञा दी, 'यहीं पर रहो। उस पर दृष्टि रखना और यदि वह कैलाश से अकेला कहीं जाता दिखे तो उसके टुकड़े-टुकड़े करके खा लेना।'

बलहार ने सहमति में सिर हिलाया और जब उसने तेजी से श्वास छोड़ा तो उसके नथनों से बादल जैसे उभरे। कृपाचार्य उस दिशा में चले गए, जहाँ से बलहार प्रकट हुआ था और उसे ज्ञानगंज के अदृश्य प्रवेश द्वार की रखवाली करने के लिए छोड़कर शीघ्र ही वे बर्फ में अदृश्य हो गए।

'उठने का समय हो गया, ओम्।' अश्वत्थामा ने कहा।

ओम् ने नेत्र खोले, अश्वत्थामा की ओर देखा और कहा, 'मुझे त्वरित रूपकुंड जाना है।'

अश्वत्थामा यह सुनने को सज्ज नहीं था। 'ऐसा क्या हुआ, जो तुम अचानक ऐसा करना चाहते हो?'

'जब मैं ध्यान कर रहा था, तब मैं अपनी सभी धुँधली स्मृतियों और उन अन्य विवरणों को ऊपर लाया, जो मेरे मरने से पूर्व तथा मेरे शव को धन्वंतरि तक ले जाने से पूर्व घटित हुए थे। मुझे अनुभव हुआ कि रूपकुंड में कोई मेरी वापसी की प्रतीक्षा कर रहा है।' ओम् ने उत्तर दिया।

अश्वत्थामा ने तर्क दिया, 'ओम्, यह कलियुग है! तुमने जो स्मृतियाँ प्राप्त की हैं, वे सहस्र वर्षों पूर्व की हैं—सतयुग की। एक नश्वर प्राणी अभी भी जीवित नहीं होगा। इसके उपरांत जैसे ही नागेंद्र ने शब्द निकाला, रूपकुंड सदैव के लिए नष्ट हो गया।'

'तुम्हारे प्रश्न और मेरे स्पष्टीकरण प्रतीक्षा कर सकते हैं, परंतु निभीशा और प्रतीक्षा नहीं कर सकती, क्योंकि उसने मेरे लिए अत्यंत लंबी प्रतीक्षा कर ली है। मैं पुन: आकर तुम्हें सबकुछ बता दूँगा।' ओम् ने कहा और वह शीघ्र जाने के लिए उठा।

'जब तक परशुराम आदेश नहीं देते, मैं तुम्हें ज्ञानगंज छोड़ने की अनुमति नहीं दे सकता, ओम्। मेरे आने तक यहीं रहना' अश्वत्थामा ने कठोरता से कहा और चला गया।

परशुराम, कृपाचार्य और अश्वत्थामा के बीच ओम् को ज्ञानगंज में बंदी बनाए

रखने की चर्चा से ओम् अनभिज्ञ था। इसलिए वह चुपचाप अनुमति की प्रतीक्षा करने को सज्ज हो गया। वह किसी और आदेश को रद्द नहीं करना चाहता था। जब ओम् वहाँ बैठा था, तब वृषकपि एक विस्तृत मुसकान के साथ उसके निकट आया और उसकी रक्षा करने हेतु उसे धन्यवाद दिया।

'जो जीवन को संकट में डालता है, उसे ही उस जीवन की रक्षा करनी चाहिए। मैंने बस, वही किया, जो मुझे करना चाहिए था।' ओम् ने उत्तर दिया।

'मैं तुम्हारा अर्थ नहीं समझा। तुमने मुझे मारने का प्रयास नहीं किया, वह तो नागेंद्र ने किया था। फिर तुम क्यों...' इससे पूर्व कि वृषकपि अपना प्रश्न पूर्ण कर पाता, वेदव्यास ने कक्ष में प्रवेश किया।

'वृषकपि, मुझे ओम् से कुछ बात करनी है। तुम्हें जाकर उस पार के सब प्राणियों से भेंट करनी चाहिए। वे बहुत दिनों से तुम्हें याद कर रहे हैं।'

वृषकपि समझ गया था कि यह केवल एक सुझाव नहीं, अपितु एक सूक्ष्म आदेश था। उसने आदरपूर्वक सबसे विदा ली और चला गया।

ओम् जानता था कि वेदव्यास के मन में क्या चल रहा था, फिर भी, वह उन्हें ही उस बात को संबोधित करते हुए सुनना चाहता था। 'प्रारंभ से लेकर अंत तक तुम्हें जो कुछ भी स्मरण है, वह सब मुझे बताओ।'

□

पानी के भीतर पनडुब्बी सरलता से समुद्र की धाराओं को चीरते हुए अपना मार्ग गोवा की ओर बना रही थी। परिमल अभी भी अपनी खोज में लीन था। अब तक उसने पढ़ा था कि द्वारका हिंदू धर्म के सबसे पवित्र नगरों में से एक था और बद्रीनाथ, पुरी एवं रामेश्वरम के साथ चार मुख्य निवासों में से एक था। वैष्णवों के लिए यह नगर अत्यंत महत्त्वपूर्ण है। इन सबसे ऊपर, द्वारका का पौराणिक नगर कभी भगवान् कृष्ण का निवास-स्थान हुआ करता था।

द्वारका का उल्लेख कई धार्मिक ग्रंथों में किया गया है, जिनमें महाभारत, श्रीमद्भगवद्गीता, हरिवंश, स्कंदपुराण और विष्णुपुराण उपस्थित हैं। समुद्री पुरातत्त्वविदों, वैज्ञानिकों और तकनीशियनों के समुद्री पुरातत्त्व से समर्पित और कठोर प्रयास राष्ट्रीय समुद्र विज्ञान संस्थान के केंद्र ने द्वारका की खोज की, जिसे कथित रूप से श्रीकृष्ण द्वारा स्थापित किया गया था। महाभारत की ऐतिहासिक प्रासंगिकता की मान्यता में द्वारका का अस्तित्व महत्त्वपूर्ण है। इसका अस्तित्व इतिहासकारों द्वारा महाभारत की ऐतिहासिकता और यहाँ तक कि जलमग्न नगर के

बारे में उठाए गए संदेहों को मिटाता है। वैदिक युग से लेकर वर्तमान तक चलती भारतीय सभ्यता की निरंतरता का सत्यापित होना उन संशयों को मिटाता है, जो कभी भारत के इतिहास में उठा करते थे।

जिस दिन श्रीकृष्ण पृथ्वी से चले गए, उसी दिन विनाशकारी व काले कलियुग का आरंभ हुआ। इस कारण महासागर उठे और द्वारका को पूर्णत: निगल लिया। प्राचीन ग्रंथों के अनुसार, कुरुक्षेत्र के युद्ध के लगभग 36 वर्ष पश्चात्, 3138 ईसा पूर्व में, जब श्रीकृष्ण ने वैकुंठ के लिए पृथ्वी छोड़ दी और प्रमुख यादव योद्धाओं ने बिना किसी विचार के उनके वंश का सफाया कर दिया, तो अर्जुन कृष्ण के पौत्रों और यादव वधुओं को सुरक्षित हस्तिनापुर लाने हेतु द्वारका गए। अर्जुन के द्वारका छोड़ने के पश्चात् यह नगरी समुद्र में डूब गई और महाभारत में जैसा कि उन्होंने देखा था, यह उसका विवरण है।

'समुद्र की बाढ़ नगर में घुस गई और राजमार्गों व भवनों से होकर बहने लगी। समुद्र ने नगर का सबकुछ ढँक लिया। मैंने सुंदर भवनों को एक-एक करके जलमग्न होते देखा। कुछ ही क्षणों में सबकुछ नष्ट हो गया। समुद्र अब झील के समान शांत हो गया था। नगर का कोई संकेत नहीं था। द्वारका तो बस, एक नाम था, केवल एक स्मृति!' अर्जुन ने लौटकर कहा।

द्वारका में पहली पुरातात्त्विक खुदाई सन् 1963 में एच.डी. संकालिया के निर्देशन में डेक्कन कॉलेज, पुणे और गुजरात सरकार के पुरातत्त्व विभाग द्वारा की गई थी। इससे उन कलाकृतियों का पता चला, जो सहस्राब्दियों पुरानी थीं। वर्ष 1983 और 1990 के बीच डॉ. एस.आर. राव की टीम ने चौंकाने वाली खोजों का रहस्योद्घाटन किया, जिसने जलमग्न नगर की उपस्थिति को और दृढ़ बनाया।

'अभी तक द्वारका का अस्तित्व ही किंवदंती का विषय था। अब, जब अवशेष पानी के भीतर खोजे गए हैं और कई सुराग पौराणिक द्वारका के रूप में उस स्थान को दृढ़तापूर्वक पुष्ट करते हैं, जहाँ कभी भगवान् कृष्ण का निवास था, तो क्या यह हो सकता है कि भगवान् कृष्ण और उनकी वीरता केवल एक मिथक से अधिक थी?' मिसेज बत्रा ने पूछा।

'पिछले इक्कीस वर्षों में मैंने अपने जन्म के पश्चात् जो कुछ देखा, सुना और किया है, उससे मुझे कोई संदेह नहीं है कि जिसे विश्व केवल 'हिंदू पौराणिक कथाओं' का नाम देता है, वह वास्तव में एक समृद्ध व सम्मोहक इतिहास है, जो इतना प्राचीन हो गया है कि आज लोगों का उस पर से विश्वास उठ गया है और

इसलिए वे मिथक एवं पौराणिक कथाओं की भाषा में उसके बारे में बात करते हैं। और आपके प्रश्न का उत्तर है—हाँ! भगवान् कृष्ण का अस्तित्व था। असत्य के पैर नहीं होते और इसलिए वह रेंगते हुए मर जाता है; परंतु कृष्ण और राम का नाम केवल दशकों एवं सहस्राब्दियों के पश्चात् ही नहीं, अपितु युगों पश्चात् भी वर्तमान है; यह सिद्ध करने हेतु पर्याप्त है कि उनकी कथाएँ मिथकों से कहीं आगे तक जाती हैं।

'समुद्री पुरातत्त्व ने सिद्ध किया है कि दूसरी सहस्राब्दी ईसा पूर्व में द्वारका का अस्तित्व और उसका जलमग्न होना, जिसका उल्लेख महाभारत, हरिवंश, मत्स्यपुराण और वायुपुराण में किया गया है, एक तथ्य है, न कि कल्पना। पुरातत्त्वविदों के निष्कर्षों को प्रमाण के रूप में स्वीकार करना कि धँसा हुआ नगर वास्तव में पौराणिक द्वारका है, यह महाभारत को समझने की ओर एक बड़ा कदम है। अब महाभारत केवल मिथकों और किंवदंतियों का संकलन नहीं है, अपितु कम-से-कम सीमित रूप से ऐतिहासिक घटनाओं का एक वास्तविक लेखा-जोखा है।' पृथ्वी ने समझाया।

परिमल ने खुदाई की गई संरचनाओं और 'हरिवंशपुराण' में द्वारका के ग्रंथों के लेखों के बीच संबंध को पढ़ना जारी रखा। यह आश्चर्यजनक था कि कैसे कलाकृतियों की कार्बन डेटिंग ने उन्हें लगभग 3,500 ईसा पूर्व पुराना बताया! उसी अवधि की, जब महाभारत का युद्ध हुआ था और द्वारका जलमग्न हुई थी, जैसा कि कई ज्योतिषों ने निष्कर्ष निकाला था।

पौराणिक नगर की खोज से पूर्व कुछ विद्वानों का मानना था कि महाभारत एक मिथक से अधिक कुछ नहीं था, जिससे प्राचीन नगर के अवशेषों की खोज करना, वह भी समुद्र के नीचे, एक व्यर्थ उद्देश्य बन गया। कुछ अन्य विद्वानों का मत था कि महाभारत केवल एक पारिवारिक विवाद था, जिसे बाद में एक युद्ध में बढ़ा दिया गया था। यद्यपि डॉ. एस.आर. राव द्वारा द्वारका में की गई खुदाई ने यह दृढ़ता से स्थापित किया कि ग्रंथों में पाए जाने वाले विवरणों को रोचक कथाओं के रूप में बहिष्कृत नहीं किया जाना चाहिए, अपितु उन्हें साक्ष्य और विज्ञान पर आधारित माना जाना चाहिए।

इस प्रकार, परिणामों ने सिद्ध किया है कि महाभारत में द्वारका की राजसी और अद्भुत राजधानी का वर्णन कल्पना की खोखली उपज नहीं थी, अपितु आज जो कुछ भी है, उसके विश्वसनीय प्रमाण हैं। परिमल ने यह भी पाया कि जिन पुरावशेषों

की खुदाई की गई थी, वे वर्तमान में एन.आई.ओ., गोवा में रखे गए थे। तभी परिमल को पता चला कि उसे अपना उत्तर मिल गया था।

अब तक द्वारका जाने के पीछे की मंशा पर विचार करते हुए वह योजना में इतना डूबा हुआ था कि उसने असे पीछे नागेंद्र और एल.एस.डी. की उपस्थिति का आभास ही नहीं हुआ। इससे पूर्व कि परिमल प्रतिक्रिया दे पाता, उसने सुना, 'तुम बचपन से ही बुद्धिमान रहे हो और मुझे आशा है कि तुमने द्वारका के बारे में सब कुछ शोध किया होगा, ताकि हम उस स्थान पर आवश्यक उपकरणों के साथ उचित रूप से सज्ज हो पहुँच सकें।' नागेंद्र ने मुसकराते हुए और उसके कंधे को कसकर पकड़ते हुए घोषणा की।

नागेंद्र ने आगे कहा, 'वर्तमान में, भारत में पानी के नीचे के जिन स्थलों का सर्वश्रेष्ठ अध्ययन किया गया है, उनमें से द्वारका एक है। परंतु आगे की खुदाई के कार्य में अकादमिक और सरकारी अड़चन के रूप में एक दुर्जेय मार्ग का सामना करना पड़ा है। लगभग एक दशक से इस परियोजना पर प्रगति की कमी ने अब यह स्पष्ट कर दिया है कि केंद्र सरकार द्वारका के बारे में अधिक जानने में रुचि नहीं रखती है। डॉ. एस.आर. राव द्वारा बनाया गया प्रस्ताव सरकार को दिया गया था, परंतु वह इतने वर्षों से धूल खा रहा है। और वह मेरे कारण है!

'जो उन्होंने आरंभ किया, उसे पूर्ण करने के लिए आवश्यक समर्थन और धन उन्हें नहीं दिया जा सकता, क्योंकि मैंने इसकी अनुमति नहीं दी है। इस तथाकथित भगवान् की भूमि के हर नगर, कस्बे, गाँव और गली में बैठे हुए हमारी जानकारी से अधिक लोग हैं।' नागेंद्र ने परिमल के कंधों से हाथ हटाते हुए अपनी बात समाप्त की।

परिमल अपने स्थान से खड़ा हो गया और उसे स्वयं को अपना अचंभा दिखाने से रोकना पड़ा। नागेंद्र के रूप का संपूर्ण परिवर्तन हो चुका था। उसने ढीली सफेद पैंट, एक आधी बाजू की चमकीली एवं फूलों वाली हरी शर्ट और एक टोपी पहन रखी थी। वह एक तेज-तर्रार और आकर्षक युवा वयस्क के समान लग रहा था, जो गोवा में कदम रखने से पहले ही एक पार्टी एनिमल बनने में और मद्यपान को सज्ज था। नागेंद्र ने अनुभव किया कि परिमल उसके नए रूप से थोड़ा अचंभित था।

'किसने कहा कि अमर लोग पार्टी नहीं कर सकते?' परिमल उलझन में खड़ा था और नागेंद्र ने कहा, 'मैं एक अमर हूँ और मुझे अपने जीवन का उत्सव मनाने का पूर्ण अधिकार है, वैसे ही जैसे कि नश्वर मनाते हैं और एक दिन मर जाते हैं।

अन्य अमर भी उत्सव में भागीदार हो सकते हैं; परंतु दुःख की बात है कि उनमें से कोई भी ऐसा नहीं कर पाएगा। जानते हो, क्यों? क्योंकि मैं नहीं चाहता कि उन्हें मेरे उत्सव स्थल के बारे में पता चले।'

परिमल का मुख भावहीन था, जबकि नागेंद्र के हाव-भाव विभिन्न रंगों से फूट रहे थे, जो उसकी बातों को और वास्तविक बना रहे थे।

'हम एक दिन में वापस आएँगे।' नागेंद्र ने एल.एस.डी. का हाथ कसकर पकड़ते हुए कहा। उसके बालों को सहलाते हुए उसने कहा, 'चलो, तुम्हारी एक दिन की छुट्टी मनाते हैं, मालती! एल.एस.डी.! उफ, लतिका!'

एल.एस.डी. चुपचाप नागेंद्र के साथ चली गई, जो एकाएक रुक गया। उसने अपना हाथ गिरा दिया और मुड़कर अब परिमल की ओर चलने लगा। अपने होंठों को परिमल के कानों के पास लाकर वह फुसफुसाया, 'मैंने तुम्हें कभी तुम्हारे बारे में एक महत्त्वपूर्ण बात नहीं बताई।'

परिमल ने सावधानी से एल.एस.डी. को देखा, जो दूर खड़ी थी—किसी रहस्योद्घाटन की आशा में। नागेंद्र जो कहने वाला था, सुनने हेतु परिमल के कान खड़े हो गए। नागेंद्र ने परिमल का ध्यान हटाने के लिए उसके गाल पर एक तेज गरम चुंबन रख दिया। 'तुम एक सुंदर युवक हो। हमारे लौटने तक मेरे जहाज की देखभाल करना।' फिर नागेंद्र ने एल.एस.डी. का हाथ पकड़ा और वहाँ से चला गया।

□

वृषकपि उस स्थान पर पहुँच चुका था, जहाँ कई पशु उसकी वापसी के लिए अधीर थे। जैसे ही उसने चारों ओर देखा, उसने क्वागास देखे। जेब्रा की एक उप-प्रजाति, जो 8 फीट ऊँचे और 4 फीट लंबे हो गए थे और घास चर रहे थे; हाथी पक्षी, जिनका वजन लगभग 1,000 पाउंड था; नीला हिरन; एक लंबे बालों वाली प्रजाति का मृग, जिसका एक घुमावदार दाँत था, जो 12 टन जितना भारी और 13 फीट या उससे अधिक लंबा था। ये विशाल प्राणी, जिन्हें पिछली बार लगभग दस सहस्राब्दियों पहले देखा गया था, अब यहाँ एकत्र हुए थे और वृषकपि को अपने समीप आते हुए देख रहे थे। इस बात से अज्ञात कि वह कब लौटेगा, अब उसे स्वस्थ और तंदुरुस्त देखकर प्राणियों ने अपने-अपने भिन्न तरीकों से अपना आनंद व्यक्त किया, जिससे वृषकपि को पता चला कि वे उसे वहाँ देखकर कितने प्रसन्न थे! यद्यपि जो कुछ हुआ था, उसके बारे में वह हर विवरण साझा नहीं कर सका, फिर भी, उसने उन्हें उस पुरुष के बारे में बताया, जिसने उसकी रक्षा की और कैसे की।

ज्येष्ठ (मई) के महीने में कुछ व्याकुल करने वाली घटनाएँ हुई थीं। नाथू ला क्रॉसिंग पर भारतीय एवं चीनी सैनिकों के बीच सीमा पार संघर्ष से लेकर पूर्वी भारत के तट पर टकराने वाले अमफन नामक चक्रवात तक तथा आंध्र प्रदेश के विशाखापत्तनम में एक रासायनिक संयंत्र में अचानक गैस रिसाव, जो सन् 1984 में हुई भोपाल गैस त्रासदी के समान थी, इस घटना तक हर दिशा में विनाश फैलाया था। जब इन घटनाओं का विश्लेषण किया जा रहा था, गोवा में कहीं डकैती का काम चल रहा था।

अभी के लिए, गोवा ने एक नए पार्टी-हॉपर का स्वागत किया था। नागेंद्र गोवा में एक रेव पार्टी में एक विश्व-प्रसिद्ध डी.जे. द्वारा बजाए गए संगीत का आनंद ले रहा था। वह एक ऐसे बच्चे की तरह नाच रहा था, जो केवल धुन के समान नृत्य करना जानता था। बाकी भीड़ में मद्यपान हो रहा था और सभी तेज संगीत में अपनी चेतना खो रहे थे, शारीरिक संबंध बना रहे थे और आनंद उठाने के लिए कुछ भी करने को सज्ज थे; परंतु नागेंद्र पहले से ही परमानंद अनुभव कर रहा था। उस रात्रि उसने एक राजा के समान उत्सव मनाया, जबकि एल.एस.डी. ने एक दासी के समान उसकी देखभाल की।

भोर होते ही, योजना के अनुसार, लूट की घटना को अंजाम दिया गया। द्वारका के गहरे पानी से प्राप्त किए गए विशाल संग्रह में एक विशिष्ट कलाकृति को चुराने हेतु वे एन.आई.ओ. में घुस गए। पहली दृष्टि में वह कलाकृति किसी पिरामिड के समान लग रही थी। आश्चर्यजनक रूप से आधुनिक दिखने वाली प्राचीन वस्तु में नौ इंटरलॉकिंग पॉइंट थे। पिरामिड को ध्यान से देखने पर पता चला कि इस पर लहरदार सममित पैटर्न था, जो उसनी नोक की ओर ऊपर की तरफ बढ़ रहा था। फिरोजी रंग की लहरें, सोने में ढँका हुआ पिरामिड सबसे लोकप्रिय और रहस्यमय पुरातात्त्विक खोजों में से एक था। और अब अंतत: वह नागेंद्र के हाथ लग गया था। पनडुब्बी के लिए रवाना होने से पूर्व उसने एन.आई.ओ. से कलाकृतियों को चुरा लिया।

□

3

ध्वजाधारी

नागेंद्र ने पनडुब्बी में नशे में धुत, प्रसन्नतापूर्वक प्रवेश किया और एल.एस. डी. ने चुपचाप उसे सीधे पकड़कर चलने में सहायता की। नागेंद्र की पैनी दृष्टि परिमल पर टिकी थी, जिसके लिए नागेंद्र एवं एल.एस.डी. के संबंधों के बीच का घटनाक्रम अभी भी नया था और समझ पाना कठिन। फिर भी, उसने अनिच्छा से अपनी दृष्टि नागेंद्र की पैनी दृष्टि से मिलाई।

'तुम बहुत आकर्षक हो···अपने पिता से अधिक आकर्षक।' नागेंद्र ने अपने विचारों का वर्णन किया। एक क्षणिक विराम के पश्चात् उसने कहा, 'मुझे हमारे अगले शब्द के शिकार पर ले चलो।'

उसे दूसरी ओर से चलने में समर्थन देने हेतु परिमल ने नागेंद्र का दूसरा हाथ उठाया और अपने कंधे पर लटका लिया और वे तीनों नागेंद्र के केबिन की ओर चलने लगे। भीतर जाते ही नागेंद्र अपने बिस्तर पर लेट गया और उसे तुरंत नींद आ गई, जिससे एल.एस.डी. व परिमल विचित्र-सी शांति में खड़े रह गए। एल.एस.डी. इस क्षण का उपयोग कर के परिमल से बात करना चाहती थी; परंतु परिमल ने उसे तथा नागेंद्र को प्रणाम किया और वहाँ से चला गया।

□

ठीक उसी रात्रि जब नागेंद्र गोवा संग्रहालय से कलाकृति चुराकर पनडुब्बी में वापस आया था, ओम् कैलाश में वेदव्यास को प्रारंभ से अपनी लगभग भूली हुई जीवन-कथा सुनाने वाला था। तभी अश्वत्थामा ने प्रवेश किया।

'परशुराम शीघ्र ही तुमसे मिलेंगे और तुम्हारे अनुरोध पर निर्णय लेंगे।'

वेदव्यास ने कहा, 'तब तक हम इसे सुन सकते हैं कि इसे क्या स्मरण है।'

अश्वत्थामा ने ओम् की ओर देखा, उसके कथा आरंभ करने की प्रतीक्षा में।

'आप दोनों के जन्म के सहस्र वर्ष पूर्व सतयुग के स्वर्ण युग में दरिद्रता, लोभ,

भौतिक संपदा का अस्तित्व नहीं था, यहाँ तक कि श्रम भी उपस्थित नहीं था। मनुष्य ने जो कुछ भी चाहा, उसने दृढ़ इच्छा-शक्ति से प्राप्त किया और वह जीवन की नीरसता से मुक्त होकर ही प्राप्त किया जा सकता था।

'सतयुग वह युग था, जहाँ मानवता सर्वोच्च शासन करती थी और प्रत्येक व्यक्ति पवित्र एवं ध्यानी था। यह युग बीमारियों और अक्षमताओं से मुक्त था, जब लोग जन्मजात अलौकिक गुणों के साथ पैदा हुआ करते थे। इस प्रकार, चारों युगों में से सतयुग का सबसे अधिक महत्त्व था। महिमा का रंग सफेद था; मोह, भय, द्वेष, दोष और कुकृत्यों का कोई स्थान नहीं था। यह केवल स्वर्ग का युग था, जहाँ संतोष और पूर्णता का झरना कभी नहीं सूखता था।

'मेरा जन्म तमिराबरानी नदी के तट पर एक छोटे से गाँव में हुआ था, जो वर्तमान में तिरुनेलवेली नामक नगर के पास है। उस संपूर्ण क्षेत्र को उस समय 'द्रविड़ देशम' कहा जाता था, जो आज का तमिलनाडु है। मेरी माता का नाम लक्ष्मी था। सबसे भयानक रातों में से एक के सबसे अँधेरे घंटे में मेरी माँ का पानी छूट गया और केवल मेरे पिता, विष्णुयश, उनके साथ थे। वे सहायता के लिए दौड़े। मेरी माँ गाँव की मुखिया थीं, इसलिए जब उनकी प्रसव-पीड़ा का समाचार आया तो गाँववाले आग की मशालें लेकर मेरी माँ को सहारा देने हेतु हमारे घर की ओर दौड़ पड़े।'

'हाँ, मुझे पता है।' अश्वत्थामा ने बीच में टोका, 'हमारे सूक्ष्म रूपों में जब हम तुम्हारे अतीत में थे और तुम उनकी सहायता कर रहे थे। जब तक मैं यह आश्वासन लिये लौटा कि आगे का रास्ता सुरक्षित है, तब तक तुम पहले से ही कृपाचार्य के आदेश का उल्लंघन करके कुटिया के भीतर चले गए थे। कृपाचार्य ने गाँववालों को आते देखा था और तुम्हें तुरंत बाहर आने की चेतावनी दी थी।'

'हाँ! और मैं तुरंत चला आया। परंतु जब वे सभी वहाँ पहुँचे तो उन्हें आश्चर्य हुआ कि वह पहले ही शिशु को जन्म दे चुकी थीं और वे साफ व अचेत थीं। शिशु भी अपनी माँ के पास स्वस्थ और हृष्ट-पुष्ट था। ऐसा किसने किया, किसी को नहीं ज्ञात।

'मेरा जन्म ग्रामीणों के लिए मेरे जीवन का पहला रहस्यमय चमत्कार था और उन्हें इस बात का अनुमान नहीं था कि यह रहस्यों की एक अनंत श्रृंखला का आरंभ था, जिसके वे साक्षी बनने वाले थे।

'अगली सुबह, मेरी माँ ने अपने नेत्र खोले और पहली बार मुझे अपनी गोद में

लिया। मेरे पिता ने उनसे पूछा कि उनकी अनुपस्थिति में क्या हुआ था? माँ ने उन्हें उस अपरिचित पुरुष के बारे में बताया, जो न जाने कहाँ से उनकी सहायता करने आया और फिर अदृश्य हो गया। मेरे पिता ने इस कथा को हमारे घर की चारदीवारी के भीतर रखने का सुझाव दिया और मेरी माँ सहमत हो गईं।

'चूँकि मेरा जन्म चमत्कारी था, मेरी माँ का मानना था कि मैं भगवान् की देन हूँ और इस कारण मेरा नाम रखा गया—देवध्वज, अर्थात् देवताओं का ध्वजाधारी।

'मैं अपनी माँ से यह सुनकर बड़ा हुआ हूँ कि भगवान् स्वयं मुझे उनके हाथों में सौंपने के लिए धरती पर अवतरित हुए थे। जितनी बार मैंने इसे सुना, मैंने सोचा कि यह केवल एक कहावत थी, जो उन्होंने मेरे लिए अपना प्रेम व्यक्त करने हेतु बनाई थी, और इसका अधिकांश भाग आंशिक रूप से गढ़ी हुई कथा थी। अब मुझे ज्ञान है कि यह केवल एक कथा नहीं थी और वह पुरुष कोई भगवान् नहीं था। वह पुरुष॰॰॰मैं था।'

ओम् ने अश्वत्थामा की ओर मुड़कर कहा, 'यद्यपि जब मैंने अपनी माँ को तुम्हारे और कृपाचार्य के साथ सूक्ष्म रूप में देखा तो मुझे अपना अतीत स्मरण नहीं आया, इसलिए मुझे पता नहीं था कि मैं क्या कर रहा हूँ। सबकुछ मुझे तभी स्मरण हुआ, जब अश्वत्थामा ने नागेंद्र को गोली मारी और उसका रक्त मेरी जीभ पर आ गिरा।' ओम् ने वेदव्यास की ओर मुड़कर उन्हें संबोधित करते हुए समझाया।

'मेरे पास अपनी माँ से बात करने और उन्हें अपने कष्टदायी भाग्य के बारे में बताने का एक सुनहरा अवसर था, ताकि मैं आने वाले वर्षों में उनके कुछ कष्टों से उन्हें राहत प्रदान कर सकूँ। काश, मुझे पता होता कि मैं किसी अनजान की नहीं, अपितु मेरी अपनी माँ को मुझे जन्म देने में सहायता कर रहा था! काश, मुझे यह पता होता!'

ओम् ने अपनी माँ को वह अवकाश नहीं दे पाने का शोक जताया, जिसकी वह हकदार थीं। वह जानता था कि वेदव्यास और अश्वत्थामा धैर्यपूर्वक उसकी पिछली कथा सुन रहे थे। ओम् उन्हें और प्रतीक्षा नहीं कराना चाहता था, इसलिए उसने स्वयं को नियंत्रित किया और कथा आगे बढ़ाई।

'जीवन शांतिपूर्ण था और गाँव शांत था। महिलाओं के पास सारी शक्ति हुआ करती थी और वे गाँव में सामंजस्य स्थापित करने, निर्णय लेने तथा बनाए रखने में महत्त्वपूर्ण भूमिका निभाती थीं। मेरा गाँव मातृसत्तात्मक था और हमारी वंशावली मातृ पक्ष द्वारा गिनी जाती थी। वह मातृसत्तात्मक समाज मेरी माँ के नेतृत्व में था

और सभी एक विस्तारित संयुक्त कुटुंब के समान रहते थे।

'बालपन में, मैं सदैव एक पुजारी बनना चाहता था। परंतु मेरे एक भाग में योद्धा बनने की इच्छा भी थी। मेरी इच्छाओं में निरंतर एक विवाद था, इसलिए मैंने दोनों में महारत हासिल करने का निर्णय लिया। परंतु जैसे-जैसे मैं बड़ा हुआ, उसने मुझमें अपने अस्तित्व के लक्षण दिखाने आरंभ कर दिए।'

'उसने?' अश्वत्थामा ने पूछा।

'हाँ, उसने! एक बेनाम, मुख-विहीन, मूक दानव, जो मेरे भीतर रहता और पलता था। उसकी कोई भौतिक उपस्थिति नहीं थी, कोई आवाज नहीं थी, कोई मुख नहीं था। वो वह व्यक्ति था, जिसे बाद में नागेंद्र के रूप में जाना जाता था, जब तक कि अश्वत्थामा ने अंततः उसे कुलधरा में गोली नहीं मार दी; किंतु उस समय उसका कोई नाम नहीं था। जब मैंने मुझमें उसके अस्तित्व का आभास किया, तब वह एक कीट मात्र मेरे भीतर प्रतीत होता था। परंतु जैसे-जैसे मैं बड़ा होता गया, वह मुझमें और दृढ़ होता गया।

'अब मुझे सबसे पहली घटनाओं में से एक स्मरण आती है, जब मैं एक सुंदर पालतू खरगोश के साथ खेल रहा था। हम घंटों तक इधर-उधर नाच रहे थे, जब तक कि मैं अंत में अपने पालतू पशु के साथ एक पेड़ के नीचे नहीं बैठ गया। खरगोश भी मेरी गोद में दुबक गया। जब मैं उसे प्रेम से दुलारने में मगन था तो मुझ पर जैसे कुछ हावी हो गया और मैंने त्वरित खरगोश की गरदन को मरोड़ दिया। क्षणभर के अंश में उसे मैंने दो हिस्सों में काट दिया। मेरी हरकतें इतनी बर्बर थीं कि देखने वालों को अत्यंत घृणा और भय का अनुभव होने लगा था। उसके पश्चात् मेरे बालपन में ऐसी अनेक घटनाएँ हुईं, जिन्होंने मेरे क्रूर पक्ष को दिखाया। ये सब उसके मुझ पर भीतर से हावी होने के संकेत थे।

'मेरे अप्रत्याशित व्यवहार के कारण बच्चे मुझसे अंतर बना लेते थे, इसलिए मैं पशुओं के साथ खेलता था। परंतु कभी-कभी उन्हें भी उसके गुस्से का प्रकोप झेलना पड़ता था, जो मेरे मुख पर दिखाई देता था। एक दिन, जब मैं छह वर्ष का था, मैं अकेला खेल रहा था और गाँव के बाहर टहल रहा था। वहाँ मुझे एक विशाल मृत प्राणी मिला, जिसके बारे में मुझे पता था कि वह उस क्षेत्र से नहीं था, क्योंकि मैंने पहले कभी ऐसा कुछ नहीं देखा था। उसकी देह सड़ रही थी, पेट कटकर खुला हुआ था और उसकी देह के कुछ भाग पहले ही हड्डियाँ बन चुके थे। मैंने किसी वृद्ध को बुलाने का प्रयत्न किया, जो मेरी सहायता कर सके; परंतु कोई

नहीं आया। यद्यपि मेरी चीखें उस विशाल प्राणी के पेट में कुछ हलचल कर रही थीं। मैं उत्सुक था, इसलिए मैं फिर से चिल्लाया, और वह ऐसे हिलने लगा, जैसे किसी अपरिचित आवाज से व्याकुल हो। यह रोचक था कि कैसे वह हर बार मेरी आवाज पर प्रतिक्रिया करता रहा! मैंने खुले पेट के भीतर झाँककर देखा और वहाँ हलचल का स्रोत पाया—शव के गर्भ में छिपा एक डरा हुआ छोटा जीव, इस बात से अनजान कि उसकी मृत माँ उसकी रक्षा करने में असमर्थ थी।

'पहली दृष्टि में तो वह इंद्रधनुष की गठरी के समान लग रहा था। ध्यान से देखने पर मैंने उसके सम्मिश्रण रंगों की पहचान की और उनमें अंतर दिखने लगा। वह एक मासूम और नवजात शिशु के समान सुंदर लग रही थी। यद्यपि उसकी और शव की विशेषताओं में कुछ समानता थी, उसका आकार शव के आकार से लगभग 1/900वाँ था।

'उसका विश्वास जीतने में मुझे कुछ घंटे लगे। अंततः, वह देह से उभरी और मुझे यह पुष्टि करने के लिए सूँघने लगी कि मैं उसके लिए कोई संकट तो नहीं था। मैं उस जीव से सम्मोहित था; मैंने वास्तव में उसके जैसा प्राणी कभी नहीं देखा था। वह एक नवगुनजरा शिशु थी।

'नवगुनजरा !' भ्रमित मिसेज बत्रा ने दोहराया और पृथ्वी ने अर्थ को सरल किया।

'नव का अर्थ है—नौ, गुन का अर्थ है—गुण और जर का अर्थ है—पुराना। अर्थात् यह जीव नौ विभिन्न गुणों का प्रतिनिधि है।'

ओम् के अनुसार, नवगुनजरा के पास एक पिल्ले का सिर था और चार भिन्न प्रकार के अंग थे—एक मानव शिशु का हाथ और पैरों में से एक बाघ के शिशु का पैर, एक हाथी के शिशु का तथा एक घोड़े के शिशु का। इसमें बैल के बछड़े के समान एक कूबड़ और शेर के शावक की कमर भी थी। एक सर्प का सँपोला उसकी पूँछ थी और प्राणी के दो हृदय थे, जो उसकी पतली लगभग पारभासी त्वचा के माध्यम से स्पष्ट दिखाई दे रहे थे।

ओम् ने अपना अतीत सुनाते हुए कहा, 'मैंने उसे अपने साथ घर ले जाने का निर्णय लिया। ग्रामीणों को निभीशा को मेरी सखी, और गाँव के कुटुंब का सदस्य मानने में कुछ समय लगा है।'

'निभीशा! भगवान् का उपहार!' वेदव्यास ने कहा।

'हाँ! मेरे लिए भी उसका यही अर्थ था और शीघ्र ही ग्रामीणों के लिए भी वह

यही बन गई। समय अपनी गति से चलता रहा और हम सबसे अच्छे मित्र बन गए। निभीशा ने शीघ्र ही सांकेतिक भाषा सीखना आरंभ कर दिया और मेरी आज्ञा का पालन करने लगी। मैं उसे एक भाई के समान प्रेम करता था और उसने भी वही किया। परंतु जब भी वह मुझ पर हावी होता था, निभीशा के साथ सदैव बुरा व्यवहार होता था। जैसे-जैसे वह बड़ी हुई, हमें पता चला कि उसके पास कुछ असाधारण, अप्राप्य शक्तियाँ थीं। वह स्वेच्छा से अपनी देह के किसी भी अंग को काट सकती थी या उन नौ प्राणियों में से किसी में भी स्वयं को पूर्ण रूप से परिवर्तित कर सकती थी। एक बार, जब मुझे एक ऊँचे पेड़ पर चढ़ने की आवश्यकता थी तो उसने स्वयं को सर्प में परिवर्तित कर लिया और मेरी रस्सी बन गई; और जब भी मुझे कुछ भी धकेलने, खींचने या उठाने के लिए सहायता चाहिए होती, तब वह एक स्त्री में परिवर्तित हो जाती। जब भी मुझे दूर की यात्रा करनी होती थी, वह घोड़े का रूप धारण कर लेती और जब मुझे ऐसी शक्ति की आवश्यकता होती, जो मानव क्षमता से परे थी, तब वह हाथी का रूप ले लेती। निभीशा की एक दुर्लभ जैविक विशेषता, जो सबसे भिन्न थी, वह स्वयं प्रजनन करने की उसकी क्षमता थी। उसके पास यह गुण था, जिसे 'कुँवारी रचना' कहा जाता था, जिसे बाद में वैज्ञानिकों द्वारा 'स्त्री अलैंगिक प्रजनन' के रूप में पहचाना गया, जिसमें मादा बिना संभोग के प्रजनन कर सकती है। इसके विपरीत, वे अपने प्रजनन तंत्र में बचे हुए अंडे की कोशिकाओं का उपयोग करके भ्रूण बनाने के लिए अशुद्ध निषेचन की विधि का प्रयोग करते थे। यह एक अद्वितीय गुण था, जो केवल सतयुग में नवगुनजरों में पाया जाता था। तथ्य यह है कि उसका स्वयं ही एक भयंकर व साहसी प्राणी को पालना तथा उसका पालन-पोषण करना यह सिद्ध करता था कि वह कितनी कुशल थी!

'जब अच्छाई और बुराई मेरे भीतर एक साथ विकसित होती रहीं, निभीशा मेरे साथ-साथ बढ़ी।

'मैं सरलता से क्रोधित नहीं होता था; परंतु जब भी मुझे किसी क्रोध के बुलबुले का आभास होता था तो किसी को गंभीर रूप से नुकसान पहुँचाया जाता था। कोई भी इस बात की भविष्यवाणी नहीं कर सकता था कि मेरे भीतर कब और कैसे कुछ परिवर्तित हो जाएगा! जहाँ सतयुग वह युग था, जो घृणा, क्रोध, ईर्ष्या और हत्या से रहित था, मैं इन सभी लक्षणों को अपने भीतर एक सुप्त ज्वालामुखी के समान लिये घूमता था। जब भी वह मुझ पर हावी होता, मुझे अपनी देह में बंदी होने का आभास होता; क्योंकि मुझे व्याकुलता से अपने समक्ष होते विनाश का साक्षी

बनना पड़ता, जबकि इस बात का मुझे पूर्ण ज्ञान होता कि मेरे कार्य स्पष्ट रूप से अस्वीकार्य थे। लोगों को केवल मेरा मुख और मेरी देह दिखती थी, जो हर वह घृणित कार्य कर रहा था, जो वह चाहता था। मैं पवित्र शास्त्र पढ़ता था और पशुओं से प्रेम करता था और जब मैं था तो उन्हें खिलाता था। यद्यपि मैंने अस्त्र चलाना भी सीखा और योद्धा बनने के लिए प्रशिक्षित हुआ। जब भी वह मुझ पर हावी होता, उन्हीं पालतू पशुओं को मैं अपने हाथों से मार देता और उन्हें खा भी लेता। यहाँ तक कि एक मतिभ्रष्ट पुरुष का भी अपनी देह पर मुझसे बेहतर नियंत्रण होता था, जितना कि जब भी वह मुझ पर हावी होता। मुझे उस बालक के नेत्र स्मरण हैं, जिसने मुझे मेरे एक पालतू पशु को मारकर उसी के रक्त और कच्चे मांस का स्वाद चखते देखा था। गाँव के एक बालक ने यह देख लिया था; परंतु उसकी दृष्टि से केवल मैं ही ऐसा घृणित कार्य कर रहा था।

'और फिर, अंततः वह दिन आया, जब एक ऋषि हमारे गाँव आए। मुझसे मिलने के पश्चात् उन्होंने सबको बताया कि मेरा जन्म गलत युग में हुआ है। यद्यपि मेरा जन्म सतयुग में हुआ था, फिर भी मुझमें कलियुग के मनुष्य के सभी गुण थे।

'उन्होंने कहा कि मेरे जन्म के समय में मेरे द्वंद्व और अप्रत्याशित निर्मम कार्यों का रहस्य छिपा था। मेरी आधी देह ने रात्रि के सबसे अँधेरे क्षणों में विश्व में प्रवेश किया था, जब राक्षसी शक्तियाँ अपने चरम पर थीं, और शेष आधी देह ने दिन के सबसे पवित्र समय ब्राह्म मुहूर्त में प्रवेश किया था।

'जब ऋषि ने मेरे भीतर इस विपरीत उपस्थिति के बारे में बताया तो मैंने उसके बढ़ते हुए क्रोध का आभास किया। मैं जानता था कि वह छिपा रहना चाहता है, परंतु ऋषि द्वारा बोला गया हर वाक्य उसका धीरे-धीरे रहस्योद्घाटन कर रहा था। वह ऋषि का मुँह बंद करना चाहता था, जबकि ऋषि उसे प्रकट करते रहे। एकाएक उसने मुझ पर नियंत्रण पा लिया और ग्रामीणों ने मुझे अपनी तलवार निकालते देखा और दिन के उजाले में मैंने ऋषि का सिर काट दिया—किसी भी पुरुष, स्त्री या बालक के नेत्रों का विचार न करते हुए। मैंने यह अनुमान नहीं लगाया था कि वह उनकी हत्या कर देगा; परंतु वहाँ मेरे हाथ में रक्त भरी तलवार थी और ऋषि का सिर भूमि पर पड़ा था। फिर उसने मुझे ऋषि के घूमते सिर को उठाने के लिए असहाय किया, जो रक्त के छींटे भूमि पर गिर रहे थे। यही वह दिन था, जब उसने स्वेच्छा से स्वयं को सभी के सामने प्रकट किया था। उस दिन तक मेरे व्यक्तित्व में आए आकस्मिक परिवर्तनों की व्याख्या करने के लिए सभी की विभिन्न धारणाएँ थीं।

कुछ ने दावा किया कि उन्होंने मुझे मृत पशुओं को खाते हुए देखा था। दूसरों ने कहा कि मैंने उनके खेतों में आग लगा दी थी। ऋषि की सार्वजनिक हत्या के पूर्व मेरे हिंसक कर्मों का कोई प्रमाण नहीं था; वे केवल जनश्रुतियाँ थीं, जिन पर कोई ध्यान नहीं दिया गया था। उस दिन से पूर्व केवल कुछ लोगों को मुझ पर शंका थी और बाकी लोग मेरा समर्थन करते थे; क्योंकि जब भी उन्हें आवश्यकता होती, वे मेरे अच्छे भाग से मिलते थे। यद्यपि उस दिन मेरे पक्ष में सभी के मुँह बंद थे। सतयुग में, जहाँ आज इतने बड़े स्तर पर होते पाप और छोटे-मोटे अपराधों का विचार भी नहीं रहता था, एक ऐसा युग, जिसमें चोरी करना या असत्य बोलना भी न तो अपेक्षित था और न ही स्वीकार किया जाता था—मैं वहाँ एक ऋषि के सिर को एक हाथ में उनके लंबे सफेद केशों से पकड़कर खड़ा था और दूसरे हाथ में मेरी तलवार हत्या का प्रमाण थी। कोई नहीं जानता था कि मेरे साथ क्या किया जाए, क्योंकि कारावास या मृत्युदंड की अवधारणा पर सतयुग में विचार भी नहीं किया गया था।

'ऋषि की सिर-विहीन देह ठीक मेरे सामने ढह गई थी और कोई भी उसके पास आने का साहस नहीं कर रहा था, क्योंकि उसके उग्र लाल नेत्र मेरे मस्तिष्क में सबको दिख रहे थे। मैं एकमात्र मुखौटा होने का अनुभव कर रहा था। उसने उनकी भयभीत दृष्टि पर हँसकर उनका उपहास किया। शीघ्र ही जब उसे कोई संकट नहीं दिखा तो वह शांत हो गया, जिससे मुझे अपनी देह पर नियंत्रण पाने में सहायता मिली। मैंने तलवार फेंक दी और जो मैंने किया था, उसके लिए शोक मनाया। मैं फूट-फूटकर रोया और दंड की गुहार लगाई, जब कुछ ग्रामीण मेरी ओर बढ़ने लगे। मैं आत्मसमर्पण करने के लिए सज्ज था, परंतु वह नहीं था। जैसे ही वे समीप आए, उसने फिर से मुझ पर नियंत्रण पाया और निभीशा को आक्रमण करने का आदेश दिया। निभीशा ने त्वरित आज्ञा का पालन किया और क्षण भर में कुछ ग्रामीणों को मार भी डाला तथा कई को घायल कर दिया। हर कोई मेरा मुख देखता रहा और मेरी आवाज सुनता रहा, जो निभीशा को निर्देश दे रही थी। मैंने फिर से स्वयं पर नियंत्रण पाया और निभीशा को स्थिर रहने का आदेश दिया। भारी असमंजस की स्थिति ने हमें घेर लिया था। ग्रामीणों को समझ नहीं आ रहा था कि वे मेरा समर्पण स्वीकार करें या मुझसे युद्ध करने हेतु सज्ज रहें! निभीशा को नहीं पता था कि उसे आक्रमण करना है या रुकना है! मैं स्वयं के साथ युद्ध लड़ रहा था, हर कथन के साथ अपना आदेश और स्वभाव परिवर्तित कर रहा था। मेरे प्रति उनके द्वारा अनुभव किए गए भय ने मुझे स्वयं से घृणा करने पर असहाय कर दिया। मैं इस अराजकता

से दूर चला गया और अपना सिर नीचे करके घर आ गया।

'कुछ घंटे के पश्चात् मेरी माँ आईं। वे भी भयभीत लग रही थीं; परंतु वे जानती थीं कि मैं किसी को भी उन्हें हानि पहुँचाने नहीं दूँगा। मेरी माँ ही एकमात्र व्यक्ति थीं, जिनके लिए उसके और मेरे समान विचार थे।

'उन्होंने मेरे सिर को सहलाया। मैं उनकी गोद में सिसक रहा था और उन्हें समझाने का प्रयत्न किया कि मैंने ऋषि और गाँववालों को नहीं मारा। मेरी माँ ने मुझे आश्वासन दिया कि वे मुझे समझती हैं और फिर उन्होंने मुझे कुछ खाने को दिया। मुझे भूख लगी थी, इसलिए मैंने सब खा लिया, इस बात से अनभिज्ञ कि मुझे अचेत करने के लिए उसमें कोई नशीला पदार्थ मिलाया गया था।

'उन कुछ घंटों में अब मैं घर पर माँ की प्रतीक्षा कर रहा था। ग्रामीणों ने ऋषि की बातों पर विचार किया था और निर्णय लिया था कि मैं वास्तव में गलत युग में पैदा हुआ था।

'मैं उन पुरुषों में से पहला था, जो कलियुग में अत्यंत सामान्य हैं। आज हर दूसरे व्यक्ति को यह कहते हुए सुना जा सकता है, 'मुझे प्रायः क्रोध नहीं आता, परंतु जब भी आता है, तब तीव्र आता है।' ऐसे लक्षणवाले व्यक्तियों का सतयुग में अस्तित्व था ही नहीं। इसलिए मुझे कलियुग के व्यक्ति के रूप में पहचानना सरल था। सारे ग्रामीण सर्वसम्मत निर्णय पर पहुँचे कि मैं मानव जाति के लिए संकट हूँ और इसलिए मुझे दो भागों में विभाजित करना अनिवार्य था।

'जब मैं उठा तो मैं एक अग्निकुंड के समक्ष बँधा हुआ था और कई संत मेरी परिक्रमा कर रहे थे, जो कि पृथक् व्यक्तित्व का आरंभ करने हेतु सज्ज थे।'

'पृथक् व्यक्तित्व—छानने की प्रक्रिया!' अश्वत्थामा ने समझते हुए कहा।

'हाँ, यह वही प्रक्रिया है, जो परशुराम ने तुम पर की थी, ताकि तुम में जो कुछ भी शुद्ध है, उसे सभी अशुद्धियों से छान लिया जाए। मैं भी इसका बहुत पहले अनुभव कर चुका हूँ।' ओम् ने कहा।

'अश्वत्थामा! अब मुझे पता है कि तुम्हें स्वयं को कुष्ठ रोग से पीड़ित देखकर कैसा अनुभव हुआ होगा, पूरी देह रक्त और मवाद से सनी हुई, उग्र लाल नेत्र जो अपने वास्तविक नेत्रों से अधिक शक्तिशाली लग रहे होंगे; वापस भीतर जाने के लिए उसका संघर्ष करना, जैसे कोई सर्प अपने बिल में जाने हेतु करता है, जब उसे बलपूर्वक निकाला जाता है। मुझे पता है, तुम्हें कैसा लगा होगा, क्योंकि मैंने भी ऐसा ही अनुभव किया है। एक बार जब पृथक् व्यक्तित्व पूर्ण हुआ तो मैंने अपना

प्रतिबिंब अपने समक्ष खड़ा देखा, यद्यपि मैं आईने में नहीं देख रहा था। वह, जो मुझे सदैव से सताता आ रहा था, अब मेरे समक्ष खड़ा था, मेरे ही जैसा दिख रहा था; परंतु भीतर से अत्यंत भिन्न। वह केवल मेरे भीतर पुनः जाना चाहता था और मुझे फिर से अपने नियंत्रण में लेना चाहता था। उसके लिए मैं उस बिल से अधिक कुछ नहीं था, जिसमें वह छिप सकता था और अपने शिकार को भक्ष सकता था, जो मेरे अलावा कोई नहीं था।'

□

पनडुब्बी द्वारका के जलमग्न हिस्सों के निकट पहुँचने लगी। चुराए गए टुकड़े को पकड़कर नागेंद्र और परिमल अगले शब्द की खोज में पनडुब्बी को प्रेतबाधित काले सागर में ले गए। पनडुब्बी का बड़े ब्लेड जैसा ऐंकर समुद्र में छोड़ दिया गया, जबकि परिमल और नागेंद्र अपने डाइविंग सूट एवं उपकरणों के साथ सज्ज हो गए। एल.एस.डी. ने उनकी चाल पर दृष्टि रखी, उनके हेलमेट पर लगे कैमरों के माध्यम से उन्हें पानी के भीतर के एक विशाल छिद्र की ओर निर्देशित किया।

एल.एस.डी. की तीव्र दृष्टि मॉनिटर पर प्रदर्शित समुद्र के स्कैन को देख रही थी। उसने एक रिक्त स्थान देखा, जैसे स्कैनिंग मशीन से वह भाग छूट गया हो! उसने स्कैनर को वापस वहाँ लाया और पाया कि स्कैनर फिर से चूक गया, क्योंकि रिक्त स्थान वहीं था। उसे यह समझने में देर नहीं लगी कि यह मशीन की कमी नहीं थी, अपितु वह स्थान ही था, जो मशीन को चकमा दे रहा था। उसने त्वरित परिमल व नागेंद्र को बुलाया और उन्हें इस विचित्र स्थिति के बारे में बताया। नागेंद्र ने परिमल को 'ब्लाइंड स्पॉट' को निकट से देखने का आदेश दिया। जैसे ही परिमल उसकी ओर तैरा, एल.एस.डी. ने परिमल के हीट सिग्नेचर का पीछा किया और मॉनिटर में उसे उस स्थान के निकट पहुँचते देखा।

यह समुद्र की धाराओं से घिरे एक विशाल भँवर से कम नहीं था और यह एक बादल के समान प्रतीत हो रहा था। बादलों के नीचे एक रहस्यमय रेखा थी, जो एक घेरे में घूम रही थी, जो उस बड़े से रिक्त स्थान की परिधि प्रतीत हो रही थी। एक अँधेरे सुप्त स्थान के रूप में इसकी बाहरी उपस्थिति के विपरीत, भीतर एक गोता लगाने से जीवन से भरा एक संपूर्ण नया संसार प्रकट हुआ। आवास ऊर्जा, पदार्थ, प्लैंकटन और विभिन्न अन्य तत्त्वों को वहाँ देखना ऐसा था, मानो वह एक और गहरे समुद्र का प्रवेश द्वार हो! सूर्य का प्रकाश केवल ऊपर की परत तक ही पहुँचता था और जितनी दूर तक तैराक जाता था, उतना ही अँधेरा हो जाता था। प्रकाश का

एकमात्र स्रोत कुछ चमकते पदार्थ थे, जो चारों ओर बिखरे हुए थे। ये जुगनू जैसे थे, परंतु वास्तव में वे कीमती पत्थर थे। वहाँ का वातावरण अरबों वर्ष पुराना लग रहा था। यह तो समुद्र के भीतर एक कुआँ था!

जिस प्रकार एक ब्लैक होल सभी पदार्थों को अपनी ओर आकर्षित करता है, उसी प्रकार यह स्थान भी परिमल को अपनी ओर आकर्षित करता रहा, जैसे-जैसे वह और गहराई में तैरता रहा। घटती दृश्यता, ऑक्सीजन और बढ़ती विषैली परतों के साथ परिमल के लिए तैरना कठिन हो रहा था। ऐसे समय में, जब उसे लगता कि वह तल पर पहुँच गया था, परंतु क्षण भर में उसे ज्ञात हो जाता कि तल अभी भी और गहरा था। उसके हृदय की धड़कन और उसके नीचे क्या है, यह जानने की उसकी जिज्ञासा समान तीव्र गति से बढ़ रही थी। शीघ्र ही पनडुब्बी के साथ उसका संबंध निर्बल होने लगा और वह पूर्णतः खो गया। समय समाप्त हो रहा था और उसे निर्णय लेना था। अपनी प्रवृत्ति का पालन करने का निर्णय लेते हुए वह और गहराई में चला गया, इस विश्वास के साथ कि यदि कुछ अनुचित होगा तो नागेंद्र उसका पीछा करेगा और उसे समय से बाहर निकालेगा। नागेंद्र ने पहले ही रस्सी का एक छोर स्वयं से बाँध लिया था।

जब उन्हें कोई प्रतिक्रिया नहीं मिली तो एल.एस.डी. और नागेंद्र को पता चला कि परिमल से उनका संपर्क टूट गया था। नागेंद्र तुरंत गहरे पानी में कूद गया और रस्सी के सहारे परिमल तक पहुँच गया। विशाल कुएँ की दीवार में, लगभग तल पर, नागेंद्र ने संचित रेत के जमाव को रगड़ दिया और कुछ ही समय में पत्थर की दीवार जैसी एक चमकदार धातु की झलक दिखाई दी, जो चाँदी और सोने दोनों के समान प्रतीत हो रही थी। वह लगभग 90 फीट ऊँचा था और उसने पूरी दीवार को ढँक दिया था। ऑक्सीजन सिलेंडर तेजी से समाप्त हो रहा था और पानी का दबाव उनके लिए वहाँ अधिक समय तक रुकना कठिन बना रहा था।

नागेंद्र ने परिमल को संकेत दिया कि वह सतह को कुरेदना आरंभ करे, ताकि यह पता लगाया जा सके कि लुप्त टुकड़े को कहाँ लगाना था! वे शीघ्रतापूर्वक कार्य पर लग गए। एल.एस.डी. मॉनिटर पर यह सब देखती रही। जैसे-जैसे वे जमा तलछँट को रगड़ते गए, दीवारों पर उकेरी गई विभिन्न आकृतियाँ उभरने लगीं—यह दरशाते हुए कि यह एक लंबे समय से खोया हुआ मंदिर हो सकता था, जिसमें ईश्वरीय आकृतियाँ और पौराणिक जीव हर जगह उकेरे गए हों। वे आकृतियाँ अन्य किसी की नहीं, अपितु विष्णु अवतारों की थीं।

समय निकल रहा था और ऑक्सीजन भी। जहाँ परिमल के हाथ लुप्त टुकड़े को लगाने के उचित स्थान की खोज में दीवारों पर काम कर रहे थे, एल.एस.डी. ने एक वास्तविक नेत्र की एक झलक पकड़ी, जिसने परिमल के हाथ से पोंछे जाने पर अपनी पलक झपकाई।

'परिमल, मुझे लगता है कि मैंने उस नेत्र को झपकते देखा!'

'क्या? तुम्हारी आवाज कट रही है। मैं तुम्हें स्पष्ट रूप से नहीं सुन सकता!'

'दीवार में कुछ जीवित है!'

परिमल अभी भी एल.एस.डी. को नहीं सुन सका, परंतु नागेंद्र उसकी बातों को समझ गया और तेजी से परिमल की ओर बढ़ा। परिमल अभी भी दीवार को रगड़ रहा था और एल.एस.डी. को सुनने का प्रयास कर रहा था, इस बात से अनभिज्ञ कि उस पर एक विशालकाय कछुए का आक्रमण होने वाला था, जिसका मुख और देह दीवार पर उत्कीर्णन आकृति के समान थे। जैसे ही परिमल पीछे मुड़ा, उसने देखा कि कछुआ अपने खुले हुए जबड़े के साथ उसकी ओर बढ़ रहा था—एक ही बार में उसके मुख को कुचलने के लिए सज्ज। अपने भारी गोताखोर सूट के कारण परिमल शीघ्र पीछे नहीं हट सका। कछुआ पूरी तरह से शैवाल की मोटी परतों में लिपटा हुआ था, यह सिद्ध करते हुए कि वह अब तक सदैव दीवार में जमकर कुएँ की रखवाली कर रहा था। परिमल को अपनी मृत्यु निश्चित लग रही थी। परंतु आश्चर्य, कछुआ आगे नहीं बढ़ा और उसके मुख से थोड़े ही अंतर पर रुक गया। परिमल ने जोर से श्वास लिया और उसके हृदय की धड़कनें तेज हो गईं। उसने कछुए से दूरी बनाने के अवसर का उपयोग किया। तभी उसने नागेंद्र को कछुए को उसके पिछले सिरे पर खोल से पकड़े हुए देखा। उसने देखा कि कछुआ कितना विशाल था, जैसा उसने पहले कभी नहीं देखा था। नागेंद्र ने परिमल की रक्षा की थी। पत्थर का नक्काशीदार टुकड़ा नागेंद्र की पकड़ से गिरकर कुएँ की सतह पर कीचड़ में जा गिरा। कछुए को स्वयं को मुक्त कराने के भारी प्रयासों के कारण नरम रेत में वह टुकड़ा अदृश्य होने वाला था। परिमल की दृष्टि उस पर पड़ी और उसने त्वरित उस टुकड़े को अपने हाथों में ले लिया। तभी उसे दीवार में एक सुरंग मिली, जिससे कछुआ बाहर निकला था।

'परिमल, सुरंग के भीतर जाओ। उस टुकड़े का स्थान वहाँ हो सकता है। जो भी रास्ते में आए, उसे मार डालो। जाओ!' एल.एस.डी. चिल्लाई।

परिमल ने नागेंद्र की ओर देखा, जो कछुए को व्यस्त रख रहा था और उसने

एक छुरा निकाल लिया था। परंतु इससे पूर्व कि वह तैर पाता, एक और उतना ही विशाल कछुआ परिमल पर आक्रमण करने आया। नागेंद्र ने अपना लंबा व नुकीला खंजर निकाला और खोल से बाहर निकलने वाले उसके सबसे निर्बल भाग—उसकी गरदन को काट डाला। नागेंद्र की चपेट में आने वाला कछुआ अब रक्त से लथपथ होकर मर रहा था।

मरते हुए कछुए को देख दूसरा कछुआ आक्रमण की नीयत से नागेंद्र की ओर बढ़ने लगा। परिमल ने कछुए के नेत्रों पर ध्यान दिया, जिसमें उसे पीड़ा और संकट के उपरांत कुछ नहीं दिखा। हर प्राणी के नेत्र बहुत कुछ कहते हैं। चूँकि परिमल मूल रूप से सर्पों के एक कबीले से संबंधित था, वह प्राणियों के नेत्रों को भलीभाँति पढ़ सकता था। उसने अनुभव किया कि वे दोनों एक जोड़ी थे।

'परिमल, जाओ!'

परिमल लंबी सुरंग में तैर गया। जैसे ही वह टुकड़े को लगाने हेतु उचित स्थान की खोज में आगे बढ़ा, उसे एक छोटा कछुआ मिला, जो भयभीत और अकेला लग रहा था। परिमल को यह समझने में देर नहीं लगी कि नागेंद्र इसके माता-पिता की हत्या कर रहा था। एल.एस.डी. ने भी कछुए के शिशु को देखा, जो पृथ्वी पर नियमित आकार के वयस्क कछुओं से बड़ा था।

परिमल बता सकता था कि वह अभी केवल एक बालक था।

एल.एस.डी. ने कहा, 'तुम्हारे लिए आदेश इसे मारने के हैं।'

कछुए को घेर लिया गया था और उसके पास छिपने या बचने के लिए कोई स्थान नहीं था। परिमल ने उसके नेत्रों में भय देखा और अपने अजनमे शिशु का विचार किए बिना नहीं रह सका। उसने आदेशों की अवहेलना करने का निर्णय लिया और इसके उपरांत, नागेंद्र की दृष्टि से उसे सुरक्षित करते हुए, उसके सामने एक बड़ी चट्टान ले जाकर कछुए को छिपा दिया। जैसे ही उसने कछुए के शिशु के सामने रखने के लिए भारी पत्थर सरकाया, उसने उस स्थान पर ध्यान दिया, जिसकी वे खोज कर रहे थे। वह स्थान वास्तव में चट्टान पर था, न कि किसी दीवार पर। इतने समय से वे गलत स्थान पर चाबी खोज रहे थे!

परिमल ने विचार किया कि हो सकता है, दया-भाव ही इस स्थान को खोजने की कुंजी थी!

यदि वह दयालु नहीं होता तो वह विशालकाय कछुए के शिशु के प्राण बचाने के लिए चट्टान को कभी नहीं हिलाता, जिसने कुछ समय पहले अपने माता-पिता

को खो दिया था। उसने लुप्त टुकड़े को चट्टान पर लगा दिया और बाहरी दीवार पर नागेंद्र के लिए एक द्वार खुल गया। पानी की तीव्रता से द्वार में घुसने से नागेंद्र भी भीतर घुस गया। शीघ्र ही द्वार अपने आप बंद हो गया और सभी तारों एवं कनेक्टर्स को काट दिया। सौभाग्य से, हेलमेट के ऊपर लगा कैमरा और उसके अंदर का माइक्रोफोन वायरलेस था, इसलिए एल.एस.डी. अभी भी नागेंद्र को देख व सुन सकती थी। परिमल सुरंग से बाहर आया और दोनों कछुओं को मृत तथा नागेंद्र को अदृश्य पाया। एल.एस.डी. अब दो भिन्न मॉनिटरों पर दो भिन्न दृश्य देख सकती थी। एक पर था नागेंद्र और दूसरे पर परिमल। दोनों एक ही गहराई पर, परंतु भिन्न परिवेश में।

परिमल की दृष्टि में दो मृत कछुए थे। उसके पीछे एक सुरंग थी और जलमग्न कुएँ के मुहाने पर धूप की किरणें आ रही थीं। वह इधर-उधर देख रहा था—नागेंद्र को ढूँढ़ते हुए, जो दूसरी ओर था, एक मार्ग से नीचे जा रहा था और केवल एल.एस.डी. उसे देख सकती थी। आश्चर्य से, मार्ग रेगिस्तान के समान सूखा था, जिसके चारों ओर जल का कोई संकेत नहीं था। पर्याप्त रोशनी थी, परंतु वह केवल नागेंद्र के आसपास के स्थान को रोशन कर रही थी। उसके आगे और पीछे सबकुछ अँधेरे ने निगल लिया था। यह ऐसा था, जैसे प्रकाश नागेंद्र पर केंद्रित था और उसकी गति के साथ चल रहा था। मार्ग चौड़ा, अनंत, क्षीण और धुँधला था। यह एक रिक्त गड्ढा था।

एल.एस.डी. देख सकती थी कि परिमल का ऑक्सीजन केवल कुछ मिनट और चलेगा।

'परिमल, नागेंद्र सुरक्षित हैं, परंतु तुम नहीं। तुम्हारा ऑक्सीजन स्तर तेजी से गिर रहा है। तुम्हें वहाँ से निकलने की आवश्यकता है।'

परिमल सतह की ओर तैरने लगा। नागेंद्र मार्ग के अंत पर पहुँच गया था और ऑक्सीजन खत्म हो गई थी। उसने अपना मास्क उतारा और देखा कि सुरंग में ऑक्सीजन नहीं और ऑक्सीजन सिलेंडर भी खाली था। वह श्वास लेने हेतु हाँफने लगा। देखते-ही-देखते नागेंद्र भूमि पर गिर पड़ा और स्थिर हो गया, जैसे मृत हो गया हो! एल.एस.डी. ने नागेंद्र के महत्त्वपूर्ण संकेतों को देखा, जो उसे मृत घोषित कर रहे थे। यह किसी भी नश्वर के लिए जीवन का अंत होता, परंतु नागेंद्र कोई नश्वर नहीं था।

कुछ ही क्षणों में उसने फिर से नेत्र खोले। वह अब श्वास नहीं ले रहा था। मृत

संजीवनी की पुस्तक ने उसे सिखाया था कि केवल चिरंजीवी ही इस शब्द की माँग कर सकते हैं और तभी यह प्रकट होगा। वह दृढ़ निश्चय के साथ खड़ा हुआ और बोला, 'मैं अमर हूँ और मैं शब्द के प्रकट होने की माँग करता हूँ।'

भाग्य ने उसका साथ दिया था, क्योंकि वह अब उनमें से एक था—नौवाँ चिरंजीवी, जो राक्षसों और उनकी सेनाओं को मुक्त करनेवाला था, जिन्हें विष्णु के नौ अवतारों ने बंद कर रखा था। यह सेना वेदव्यास द्वारा ज्ञानगंज के अमरों को सुनाई गई भविष्यवाणी को पूरा करते हुए शेष आठ के विपरीत जाकर नौवें अमर का पालन करेगी।

नागेंद्र की माँग पूरी की गई और नौवें अमर के लिए अगला शब्द प्रकट हुआ। 'तिहु-लो-नियंता'—अब नागेंद्र ने प्राप्त कर लिया था।

इसके साथ द्वार खुल गया और ज्वालामुखी विस्फोट के समान एक विस्फोट हुआ। कुएँ के तल पर एक विशाल भँवर फूट पड़ा और समुद्र की लहरों के समान उठते व गिरते हुए आगे बढ़ने लगा। शीघ्र ही यह लगभग 54 किलोमीटर प्रति घंटे की गति से एक भँवर में परिवर्तित हो गया। तेजी से उठती हुई लहरों के साथ सभी बाधाओं को तोड़ते हुए उसने जलमग्न द्वारका का जो कुछ भी शेष था, उसे नष्ट कर दिया, शिखा से शिखा तक, समुद्र में लोगों से छिपा हुआ था। इसके पश्चात् वह तट की ओर बढ़ा—जो कुछ भी उसके रास्ते में आया, उसे निगलने के लिए सज्ज, लाखों लोगों के जीवन को नष्ट करने, घातक परिणाम देने और गुजरात के तट पर एक अत्यंत विनाशकारी सूनामी में परिवर्तित होने के लिए सज्ज। कुछ ऐसा ही सहस्रों वर्ष पूर्व उस दिन हुआ था, जब समुद्र ने द्वारका को सदैव के लिए निगल लिया था।

□

4

संदेशवाहकों के नाम नहीं होते

परशुराम अश्वत्थामा और वेदव्यास को पुकारते हुए उनके पास दौड़ते हुए आए। उनके मुख पर झलकते भाव उन सहस्त्र व्यक्तियों के प्रति उनकी चिंता व्यक्त करने के लिए पर्याप्त थे, जो गुजरात के तट पर मृत्यु से केवल कुछ ही क्षण दूर थे। परशुराम को संदेह था कि सुनामी द्वारका के जल से निकली थी और उन्होंने कहा, 'यदि यह जलमग्न द्वारका के जल से उत्पन्न हुई है तो इसका सरल अर्थ है कि उसका शिकार अभी भी जारी है।'

'परंतु कैसे? मैंने स्वयं नागेंद्र की हत्या की थी और मैं उसके सिर-विहीन व मृत देह का साक्षी था।' अश्वत्थामा ने विरोध किया। उसके मुख पर निश्चितता और भ्रम का मिश्रण स्पष्ट था।

उत्तर वेदव्यास की ओर से आया, जो उनकी ओर बढ़ते और झिझकते हुए बोले, 'इस सबके पीछे शुक्राचार्य ही होंगे। मैंने सुना था कि शुक्राचार्य और नागेंद्र एक साथ काम कर रहे थे; परंतु मैंने इस पर ध्यान नहीं दिया, क्योंकि नागेंद्र की मृत्यु हो गई थी। किंतु अब ऐसा प्रतीत होता है कि नागेंद्र ही उनके लिए काम करने वाला एकमात्र असुर नहीं है।' वेदव्यास ने शुक्राचार्य और नागेंद्र की आवाज सुनने के पश्चात् भी इस बात को समझने में असमर्थ होने पर खेद व्यक्त किया।

'नागेंद्र कभी भी अमरता के लिए मृत संजीवनी की पुस्तकें नहीं खोज रहा था। अमरता तो केवल एक उपोत्पाद थी। वह शुक्राचार्य के लिए पुस्तकों से उन शब्दों के स्थान और उन्हें प्राप्त करने की प्रक्रिया चाहता था।' अश्वत्थामा ने कहा।

'मुझे उनकी रक्षा करने की आवश्यकता है।' परशुराम ने तत्परता से कहा और क्षण भर में अदृश्य होने से पूर्व, पहली बार ओम् के समक्ष टेलीपोर्ट करने की अपनी शक्तियों का उपयोग किया।

अमरों को अब पता चल गया था कि जलमग्न द्वारका से शब्द प्राप्त करने

के पश्चात् शुक्राचार्य अपनी योजना के एक कदम और निकट थे। परंतु जो उन्हें अभी तक नहीं पता था, वह यह था कि डॉ. बत्रा के पास ओम् का रक्त था और इस प्रकार नागेंद्र पुनः जीवित हो गया था। वह अब न केवल ओम् के समान युवा और स्वस्थ था, अपितु उसके समान अमर भी था।

अश्वत्थामा द्वारका के तट तक जाने हेतु परशुराम के पीछे-पीछे चलने लगा, परंतु वेदव्यास ने उसे रोक दिया। 'यदि परशुराम तुम्हारी सहायता चाहते तो वे तुम्हें अपने साथ ले जाते।' अश्वत्थामा ने वेदव्यास की ओर देखा, जब उन्होंने कहा, 'तुम वहीं हो, जहाँ तुम्हें होना चाहिए। यदि तुम चाहते हो कि ओम् परशुराम के निर्णयों पर विश्वास करे तो तुम्हें भी उन पर विश्वास करना होगा।' ऐसे आश्वासन के पश्चात् कोई तर्क शेष नहीं था, इसलिए दोनों ओम् की मूल कहानी सुनने उसके पास लौट आए।

ओम् को लगा कि वे परशुराम से उसे रूपकुंड जाने देने की अनुमति लेकर वापस आए थे।

'उन्होंने क्या कहा?' उसने उत्सुकता से पूछा।

अश्वत्थामा ने उत्तर दिया, 'ओम्, हम तुम्हारा अनुरोध उनके समक्ष नहीं रख सके; परंतु वे शीघ्र ही वापस आएँगे।'

इस उत्तर से ओम् व्याकुल हो गया और वेदव्यास को लगा कि वह तर्क कर सकता था। इसलिए, इससे पूर्व कि ओम् और कुछ कह पाता, उन्होंने कहा, 'हमें तुम्हारे रूपकुंड जाने के पीछे परशुराम को एक वैध कारण बताना होगा। इसके लिए हमें यह जानना होगा कि तुम कौन हो और तुम वहाँ जाने हेतु इतने अधीर क्यों हो? कृपया हमें बताओ कि नागेंद्र से अलग होने के पश्चात् क्या हुआ?'

'तब उसका नाम नागेंद्र नहीं था।'

'क्या अर्थ है…उसका नाम नागेंद्र नहीं था?'

इसका उत्तर देते हुए ओम् ने आगे कहा, 'जब वह मेरी देह से भिन्न हो गया और मैं उसके सभी कर्मों से मुक्त हो गया तो उसे बंदी बना लिया गया। परंतु गाँव वाले नहीं जानते थे कि उसके साथ क्या किया जाए? उस समय। मृत्युदंड जैसी कोई अवधारणा नहीं थी, इसलिए उसे फाँसी देना कोई विकल्प नहीं था। मुझे निर्देश दिया गया कि मैं उसके आसपास न रहूँ, यहाँ तक कि उसे दूर से भी न देखूँ; और मैं उससे कभी न मिलने के लिए सहमत हो गया। अंततः, उन्होंने मुझे बताया कि उसे एक सूखे कुएँ के भीतर ढक्कन से ढँककर रखा गया था, जिसमें एक छिद्र था। हर

दिन वे उस छिद्र के माध्यम से कुछ सब्जियाँ, फल और अन्य भोज्य पदार्थ फेंकते थे, जो उसके लिए हवा एवं पानी का एकमात्र स्रोत भी था। एक बार मैंने कुछ लोगों को मांस के प्रति उसकी लालसा और प्रतिदिन मांस के एक छोटे टुकड़े के लिए उसकी याचना के बारे में बात करते हुए सुना था।

'सूरज की रोशनी गहरे कुएँ के तल तक कभी नहीं पहुँची। हर पखवाड़े में एक बार उसे हथकड़ी लगाकर बाहर निकाला जाता था और मोटी जंजीरों में बाँधकर नहलाया जाता था। उसके पश्चात् उसके कपड़े बदले जाते थे और पुनः उसे कारावास में डाल दिया जाता था। यद्यपि यह आसान नहीं था, क्योंकि हर बार जब उसे बाहर लाया जाता था तो वह या तो किसी पर आक्रमण करता था या मुझे देखने का हठ करता था। परंतु जो उसे सँभाल रहे थे, उन्होंने उसके किसी भी अनुरोध का सम्मान नहीं किया।

'सप्ताह महीनों में परिवर्तित हो गए और अंततः वर्ष बन गए; परंतु मैंने उसे फिर कभी नहीं देखा। निभीशा और मैं अपना जीवन आगे बढ़ाते रहे, परंतु उसे भूलना कठिन हो गया। जब वह मेरे भीतर था तो उसने मेरा जीवन नारकीय बना दिया था। फिर भी, जब से हम भिन्न हुए थे, तब से अपूर्णता की भावना मेरे भीतर बनी हुई थी, जिसने मुझे फिर से सामान्य जीवन जीने की अनुमति नहीं दी। यह किसी बालपन में हुए आघात के समान था, जिसका किसी के व्यक्तित्व पर इतना स्थायी प्रभाव पड़ता है कि यह जीवन भर रहनेवाले दुष्प्रभावों के निशान छोड़ जाता है।

'मैं जानता था कि वैवाहिक और संतानों वाले सामान्य जीवन की अपेक्षा करना मेरे लिए असंभव था। इसलिए मैंने अपने गाँव और साथी योद्धाओं के कल्याण के लिए स्वयं को समर्पित करने का निर्णय लिया। मैं वह सबकुछ बनने हेतु सज्ज हो गया, जो मेरा बड़ा एवं संयुक्त कुटुंब मुझे बनाना चाहता था। मेरे द्वारा अर्जित सभी ज्ञान और युद्ध-कौशल के साथ मैं उनका नेतृत्व करने और उनकी रक्षा करनेवाला मार्गदर्शक बन गया। जब मैं अपने लोगों के कल्याण हेतु मार्ग प्रशस्त करने में व्यस्त था, तब किसी ने कभी विचार नहीं किया था कि वह अपने हाथों से कुएँ की दीवार के माध्यम से एक सुरंग खोद रहा था और उसे तमिराबरानी नदी से जोड़ रहा था, जो गाँव से लगभग 8.1 किलोमीटर दूर थी।

''देवध्वज! हम उसे नहलाने हेतु बाहर ले गए और उसने कहा कि उसके पास साझा करने हेतु कुछ महत्त्वपूर्ण जानकारी है, और वह उसे केवल तुम्हारे

साथ साझा करेगा।' एक पुरुष ने कहा, जिसे उसे इस पखवाड़े के कार्य करने का उत्तरदायित्व दिया गया था।

'उसने ऐसा कई बार कहा है। वह केवल तुम्हारे साथ चाल चल रहा है। हर कोई जानता है कि उसके पास देने के लिए कुछ भी नहीं है। वापस जाओ और कृपया अपना कार्य जारी रखो।' मैंने उत्तर दिया।

'देव! मुझे नहीं लगता कि इस बार वह असत्य कह रहा है। मुझे लगता है कि उसके पास वास्तव में कहने के लिए कुछ है।'

'मैंने उसकी प्रवृत्ति का सम्मान किया और उससे मिलने का निर्णय लिया। मैं कभी कल्पना भी नहीं कर सकता था कि कारावास का उस पर क्या प्रभाव पड़ेगा! यह मेरी अपेक्षा से भी बुरा था। उसके केश लंबे व उलझे हुए थे, जो उसके कूल्हों से थोड़ा आगे तक फैले हुए थे। उसकी दाढ़ी किसी अस्त-व्यस्त झाड़ी के समान थी, जो उसके पेट तक पहुँच गई थी। उसके दाँत सड़ रहे थे और उसके मुख से क्षुधित पशु के समान लार टपक रही थी। यद्यपि प्रक्रिया के पश्चात् से वह सदैव मेरे स्मरण में था, फिर भी, इतने वर्षों के पश्चात् भी उसकी उपस्थिति को सहन करना एक कठिन अनुभव था। मैंने स्वाभाविक रूप से अपना अंतर बनाए रखा, जबकि उसकी निर्बल एवं रहस्यमय रूप से दृढ़ देह मुझ तक पहुँचने का अथक प्रयास कर रही थी।

''तुम मुझसे कुछ कहना चाहते थे?' मैंने उसकी ओर घोर परिश्रम के पश्चात् देखते हुए पूछा।

'उसने एकाएक संघर्ष करना बंद कर दिया और कुछ क्षण गतिहीन खड़े रहने के पश्चात् उसने कहा, 'हाँ!'

'किस विषय में?'

'तुम्हारे जीवन के सबसे महत्त्वपूर्ण अध्याय के विषय में।'

'सबसे महत्त्वपूर्ण अध्याय? और तुम्हारे अनुसार वह क्या है—मेरा सबसे महत्त्वपूर्ण अध्याय?'

'तुम्हारी मृत्यु!' उसने व्यंग्यपूर्ण मुसकान के साथ उत्तर दिया, 'और मुझे पता है कि उसे तुम तक कौन लाएगा!' उसने आत्मविश्वास से कहा।

'अब तक मुझे पता था कि यह ध्यान आकर्षित करने की एक और निराशाजनक चाल के अतिरिक्त कुछ नहीं था, परंतु मैंने उससे बात करना जारी रखा।

'वह कौन होगा?'

'वह तुम्हारे जीवन का सबसे महत्त्वपूर्ण व्यक्ति होगा। मैं!' वह आनंदपूर्वक झूम उठा।

'मैंने उस पुरुष की ओर देखा, जो मुझे लेने आया था, यह दावा करते हुए कि वह कितना आश्वस्त था कि नागेंद्र को कुछ महत्त्वपूर्ण कहना था! उसने चुपचाप क्षमा माँगते हुए अपना सिर नीचे झुका लिया।

'इसे वापस बंद कर दो,' मैंने उसे आदेश दिया।

'तुम मरने वाले हो और मैं ही तुम्हें और तुम्हारे अनोखे पालतू पशु को मारने वाला हूँ, जो कभी मेरा भी था!' जब उसे पुनः कुएँ की ओर खींचा गया तो वह चिल्लाया। उसकी आवाज क्षण भर के लिए हवा में गूँजती रही, जिससे उसकी घोषणा की पुष्टि हुई। 'मैं तुम्हें मारकर कई दिनों तक तुम्हारा मांस खाऊँगा! मैं इतने वर्षों तक तुम्हारे भीतर रहा और तुम्हें आत्मसात् करके तुम्हारा ऋण चुकाऊँगा! मैं तुम्हें टुकड़े-टुकड़े करके खा जाऊँगा।'

'मैं तुम्हें एक दिन मार डालूँगा और वह दिन अब अधिक दूर नहीं है। क्या तुम समझे? मैं आज तुम्हें चेतावनी देता हूँ! तुम्हें न बताने के लिए बाद में मुझे दोष मत देना!' उसकी देह जंजीरों से बँधी हुई थी, परंतु उसकी आवाज नहीं। वह सत्य कह रहा था। उसने मुझे तब चेतावनी दी थी और उसे पुनः कुएँ में फेंक दिया गया था। और मैंने उसकी बातों को गंभीरता से न लेकर अपने जीवन की सबसे बड़ी भूल की।

'उसी दिन, एक पुरुष हमारे गाँव में सहायता माँगने आया। वह निर्बल लग रहा था और उसने अपने सिर पर पगड़ी बाँध रखी थी। वह निभीशा और मेरे बारे में तथा हमारी युद्धक क्षमताओं के बारे में बहुत कुछ जानता था। उसने मुझे एक शब्द के बारे में बताया, जो किसी श्लोक का भाग था और वह चाबी का एक अंश था।

'चाबी? परंतु इसका द्वार कहाँ है?' मैंने संदेह से पूछा।

'मुझे नहीं पता। मैं केवल एक संदेशवाहक हूँ। मैं केवल इतना जानता हूँ कि यह एक ही दिशा में जाता द्वार है, जिसके पीछे आत्माओं को प्रतिबंधित किया जा सकता है, ताकि वे पृथ्वी पर प्रवेश न कर सकें। इसे केवल एक चाबी से ही खोला जा सकता है और मेरे पास उस चाबी का केवल एक अंश है।'

'वह चाबी शब्दों से बनी थी, परंतु द्वार अज्ञात था। उसे उस शब्द को हिमालय में किसी को देने का आदेश दिया गया था और शब्द को उसके उचित

प्राप्तकर्ता तक सुरक्षित रूप से पहुँचाने में उसे मेरी सहायता की आवश्यकता थी।

'मैंने उससे पूछा कि वह शब्द क्या था और मुझे लगा कि वह उसका उच्चारण करेगा। परंतु मुझे आश्चर्य हुआ, जब उसने उसे केवल मुझे दिखाया। उसने अपनी पगड़ी उतारी और अपना केशहीन सिर उजागर कर दिया, जो एक रहस्यमय चमक बिखेर रहा था, जिसमें उज्ज्वल फिरोजा, चमकीला केसरिया और यहाँ तक कि तेज लाल रंग जैसे जादुई रंग उभर रहे थे। सबकुछ इतना उज्ज्वल था कि उसका सिर अँधेरे में भी सुनहरा प्रतीत हो रहा था। यह शब्द उसके सिर के भीतर एक ऊर्जा चक्र के रूप में उपस्थित था, जिसे मैंने पहले कभी नहीं देखा था। उसने कहा कि यदि बहुत आवश्यक होगा तो ही वह मुझे बताएगा।

'तुम्हें किस बात का भय है?' मैंने पूछा।

'गुरु शुक्राचार्य के शिष्यों का। वे उसे मुझसे छीनने के लिए कुछ भी करेंगे,' उसने उत्तर दिया।

'तुम्हारा नाम क्या है?' मैंने पूछा।

'संदेशवाहकों के नाम नहीं होते। उनके नाम और परिचय सदैव संदेशवाहक मात्र होते हैं। केवल उस पहचान के पीछे का चेहरा बदलता है।' उसने विनम्रतापूर्वक उत्तर दिया।

'जैसे ही दूत ने समझाना जारी रखा, मेरी माँ ने हमारी बातें सुन लीं। वह दूत नागेंद्र और मेरे बारे में बहुत विस्तार से जानता था और उसकी बातें मेरे पास आने के उसके उद्देश्य को प्रमाणित कर रही थीं। उसके कार्यों की विश्वसनीयता अनुभव करते हुए मेरी माँ ने मुझे योद्धाओं को दूत के अंतिम गंतव्य के लिए सज्ज होने का निर्देश देने का संकेत दिया।

'उसका उद्देश्य महत्त्वपूर्ण था और कारण पवित्र, इसलिए मैं वह शब्द पहुँचाने में उसकी सहायता करने हेतु सहमत हो गया। हमने पूर्णिमा को निकलने की योजना बनाई, जो कुछ ही रात्रि दूर थी। कुएँ के भीतर उसकी भी वे अंतिम रात्रियाँ थीं। हमने अपना भोजन एवं अस्त्र बाँध लिये और आने वाले दिनों में मार्ग में आने वाली बाधाओं से स्वयं को परिचित कर लिया। कुएँ की गहराई में उसने भागने हेतु अपनी सुरंग का अंतिम चरण खोद लिया था। निभीशा, मेरे योद्धाओं एवं मैंने गाँव से विदाई ली और उस पूर्णिमा की रात्रि को हिमालय के लिए रवाना हो गए।'

जहाँ ओम् अपने अतीत के वर्णन की गहराई से उतरा, वहाँ जलमग्न द्वारका में परिमल पनडुब्बी में लौट आया था और अपना डाइविंग गियर उतार रहा था।

'नागेंद्र कहाँ अदृश्य हो गया?' परिमल ने पूछा और एल.एस.डी. उसे कंट्रोल रूम में ले गई, जहाँ सारे वार्त्तालाप करने के उपकरण थे और मॉनिटर पर साक्षात् वे दृश्य दिख रहे थे, जो नागेंद्र उस समय देख रहा था। परिमल ने देखा कि नागेंद्र सुरक्षित था और पनडुब्बी की ओर वापस आ रहा था। मॉनिटर में नागेंद्र और पनडुब्बी के बीच की दूरी भी दिखाई, जहाँ उसके आगमन का अनुमानित समय 36 मिनट था। उन्हें एक शब्द और मिल गया था। नागेंद्र अपने गंतव्य के एक कदम और निकट था और एल.एस.डी. ने अपनी गर्भावस्था का एक महीना और पूर्ण कर लिया था।

दृश्य को देखते हुए परिमल ने पूछा, 'वे क्या प्राप्त करने का प्रयास कर रहे हैं और उन्हें एक साथ कौन लाया?'

एल.एस.डी. से उसने जो प्रश्न पूछा था, उसका उत्तर नागेंद्र ने दिया, जिससे परिमल आश्चर्यचकित रह गया। 'देवध्वज की मृत्यु हमें एक साथ लाई!' कक्ष के स्पीकर से उसके स्वामी की परिचित आवाज गूँजी। परिमल इस बात से अनभिज्ञ था कि नागेंद्र उसे ठीक उसी प्रकार सुन सकता था, जैसे परिमल एल.एस.डी. को गहरे कुएँ में सुन सकता था।

'तुम्हारे शिशु की माँ के पास तुम्हारे प्रश्न का उत्तर नहीं है, और मुझे विश्वास है कि वह भी विचार कर रही होगी कि शुक्राचार्य से मेरी भेंट कैसे हुई! मैं उचित कह रहा हूँ न, एल.एस.डी.?'

एल.एस.डी. ने परिमल की ओर देखा, परंतु नागेंद्र को कोई उत्तर नहीं दिया। 'ओह, मेरी प्रिय! तुम्हें मुझसे कुछ भी पूछने की आवश्यकता नहीं है। तुम्हारे माँगने से पूर्व ही मैं तुम्हें सबकुछ उपहार में दे दूँगा। अंततः तुम मुझसे प्रेम करती हो। तुम दोनों से बात करते हुए यह लंबी सैर छोटी लगने लगेगी।'

'परिमल, क्या तुम्हें स्मरण है कि मैंने रूपकुंड में क्या कहा था, जब हम दूसरे शब्द की खोज में वहाँ पहुँचे थे?' नागेंद्र ने आगे कहा।

'हाँ! आपने कहा था—जिस स्थान पर आपने कुछ तथाकथित अच्छे लोगों को मार डाला था, उसी स्थान पर एक नए जीवन का विचार विचित्र रूप से सुखद है।'...

'अति उत्तम! मैंने ऐसा इसलिए कहा, क्योंकि यदि तुम्हारी मृत्यु उस हनुमान जैसे वानर या कंकालों या हिम स्खलन के कारण हुई होती तो तुम्हारी मृत्यु रूपकुंड में मेरे लिए पहली घटना नहीं होती।' नागेंद्र ने कहा, 'उस कुएँ के भीतर जाने से

आज मेरी पुरानी स्मृतियाँ वापस आ गईं। आज मेरी सारी प्रतिशोधपूर्ण स्मृतियाँ ताजा हो गईं और देवध्वज के प्रति मेरे भीतर सुप्त क्रोध एवं घृणा की भावनाएँ पुनर्जीवित हो गईं। मैंने अपने जीवन के कई वर्ष उस बदबूदार, गंदे, कीचड़ भरे कुएँ के भीतर व्यतीत किए। सब उनके कारण!' यह उसकी गतिविधि में स्पष्ट था—परिमल और एल.एस.डी. देख सकते थे कि नागेंद्र के भीतर प्रतिशोध कैसे बढ़ रहा था!

'मुझे उस अंधकार भरे गड्ढे के भीतर समय का कोई भान नहीं था और मुझे अभी भी पता नहीं है कि बाहर निकलने के लिए अपने नग्न हाथों से उस सुरंग को खोदने में मुझे कितने वर्ष लगे थे। जब मैं उस सुरंग के मार्ग से उस कुएँ से निकला तो वह पूर्णिमा की रात्रि थी। मैं हर पुरुष, स्त्री और बालक को मारने पर आमादा होकर गाँव वापस चला गया; केवल उनके सिर काटने, उनके सिरों के ढेर और बिना सिरवाले शवों को एक पहेली की तरह देवध्वज के लिए छोड़ देने की आशा से, जिसे वह सुलझाता रहे कि कौन सा सिर किस देह का था? और फिर, अंतत: मैं उसे मार डालनेवाला था। मैं जानता था कि मुझे गाँव के सैनिकों की पहचान करके, जिनका नेतृत्व देवध्वज करता था, उन्हें निद्रावस्था में ही सबसे पूर्व मारना था, ताकि सूर्योदय तक जब गाँववालों को अपने ऊपर हुए अत्याचार का पता चले, तो उनकी रक्षा करनेवाला कोई न हो। तब, वे मेरी दया पर निर्भर होंगे।

'अपनी योजना को कार्यान्वित करने हेतु दृढ़ संकल्पित होकर मैं चंद्रमा के प्रकाश से बचते हुए सावधानी से गाँव में प्रवेश कर गया। यद्यपि मुझे यह देखकर आश्चर्य हुआ कि कई चीजें, जैसा कि मुझे स्मरण था, पूर्णत: परिवर्तित हो गई थीं—घर, मार्ग, सबकुछ। मैं रात्रि के शांत वातावरण में शांति और सद्भाव अनुभव कर सकता था। कोई भी सैनिक मार्ग पर गश्त नहीं कर रहा था, जिससे मैं और भी क्रोधित हो गया। ऐसा लगा, मानो वे यह दिखाकर मेरा उपहास कर रहे हों कि मेरे बिना उनका जीवन कितना आदर्श था!

'परंतु एक बात थी, जिसे मैं सदैव परिवर्तित करना चाहता था, जो हठपूर्वक वैसी ही बनी रही—उस गाँव की मातृसत्ता। उन रीढ़-विहीन पुरुषों को अभी भी उनकी महिलाओं द्वारा आदेश दिया जा रहा था। मैं चुपचाप एक घर में घुस गया, एक कोने में प्राप्त हुआ लोहे का एक नुकीला टुकड़ा उठाया और एक-एक करके उनका गला काट दिया। वह एक लोहार का घर था।

'फिर मैं अगले घर में गया। एक स्त्री अपनी दो नवजात बेटियों के पास गहरी निद्रा में थी। मैंने सोती हुई लड़कियों में से एक को पकड़ लिया और इससे

वह माँ जाग गई। उसने अपने नेत्र खोले; परंतु इससे पूर्व कि वह चिल्ला पाती, मैंने उस पर एक दृष्टि डाली, जो यह बताने के लिए पर्याप्त थी कि उसके चिल्लाने का परिणाम क्या होगा! वह यह भी नहीं जानती थी कि मुझे क्या कहकर पुकारे, क्योंकि उस अविवेकी देवध्वज और उसके लोगों ने मुझे कभी कोई दूसरा नाम ही नहीं दिया। तब मेरा नाम नागेंद्र नहीं था। जो नाम कभी मेरा भी हुआ करता था, अब केवल ओम् का है। मैं उससे सबकुछ वापस चाहता था—मेरा नाम, मेरा मुख, मेरा परिचय, मेरी शक्ति, मेरा जीवन, और जो मेरा अधिकार था, उसे लौटाने हेतु उसका मरना अनिवार्य था।

'उन्होंने मुझे नहीं मारा; क्योंकि सतयुग में किसी और का जीवा समाप्त करना किसी की कल्पना से परे था, परंतु मेरे लिए नहीं। मेरे हाथों व जीभ पर पहले से ही रक्त लगा हुआ था और मुझे उसका रंग तथा स्वाद अत्यंत प्रिय था। मैंने उस स्त्री से सैनिकों के ठिकाने के बारे में पूछा। उसने मुझे बताया कि उनमें से अधिकांश ने कुछ समय पूर्व गाँव छोड़ दिया था और एक पुरुष को कहीं पहुँचाने के उद्देश्य से हिमालय की श्रृंखला की यात्रा पर थे। यदि मैंने उन्हें बहुत आगे जाने दिया होता तो उनका पता लगाना असंभव होता। देवध्वज के प्रति मेरी घृणा ने गाँव के अन्य लोगों की रक्षा की, क्योंकि मेरे लिए उससे अपनी देह वापस लेने से अधिक महत्त्वपूर्ण कुछ भी नहीं था। मैं त्वरित चला गया और उसी रात्रि उत्तर की ओर चलना आरंभ कर दिया—अवश्य, उस माँ को मारने के पश्चात् और दोनों शिशुओं को यात्रा के लिए अपने भोजन के रूप में बाँध लेने के पश्चात्। क्या तुम्हें लगता है कि वह पहली कन्या भ्रूण-हत्या थी? मुझे अवश्य ऐसा लगता है।

'मुझे उनका रक्षक दल ढूँढ़ने में अधिक दिन नहीं लगे। यदि तुम शीघ्र कहीं जाना चाहते हो तो अकेले जाओ; यदि दूर तक जाना चाहते हो तो एक साथ जाओ। जितना बड़ा, उतना भारी, उतना धीमा। उन्हें हिमालय तक पहुँचने के लिए बहुत दूर जाना था और मुझे उन तक पहुँचने के लिए शीघ्र जाना था। जितना छोटा, उतना हलका, उतना तेज। उनका पीछा करने में मुझे केवल कुछ ही दिन लगे और फिर हिमालय के मार्ग में मृत्यु का क्रम आरंभ हो गया। वे संख्या में अधिक थे और इसलिए, उनका प्रत्यक्ष सामना करना मूर्खता होगी। इसलिए मैं परछाईं के समान उनके साथ चलता रहा और जब भी उनके दल में से किसी को अकेला पाता, वह अकेली मृत्यु मर जाता। रात्रि तक सभी के रूपकुंड पहुँचने तक किसी को नहीं ज्ञात था कि उनका शिकार कौन कर रहा था? अब तुम जानते हो कि तुम्हारी मृत्यु वह

पहली मृत्यु क्यों नहीं होती, जो मैंने रूपकुंड में देखी होती। क्या तुम्हें वे कंकाल स्मरण हैं, जो उस शब्द की रक्षा कर रहे थे, जिन्होंने हम पर आक्रमण किया था? उन सभी की हत्या मेरे द्वारा की गई थी।'

परिमल एवं एल.एस.डी. एक-दूसरे को चकित होकर देख रहे थे, जबकि नागेंद्र पानी के नीचे भारी डाइविंग गियर के बोझ तले दबकर बात कर रहा था और चल रहा था।

'वे जिस गंतव्य तक पहुँचने की योजना बना रहे थे, वह केवल कुछ सप्ताह दूर थी; परंतु उससे पूर्व वे अपने अंतिम गंतव्य—मृत्यु—पर पहुँच चुके थे। भोर होने से लगभग दो घंटे पूर्व, जब अँधेरा मेरा सहयोगी था, मैंने कुछ शेष लोगों को मारना आरंभ कर दिया, क्योंकि वे रूपकुंड में शांतिपूर्वक विश्राम कर रहे थे। मैंने उनमें से कई को उनकी निद्रा में ही मार डाला और उनमें से अधिकतर को पता चलने से पूर्व ही, कि उनके साथ क्या हो रहा था, वे शांत मृत्यु को प्राप्त हुए। परंतु दुर्भाग्यवश, उनमें से एक मरने से ठीक पूर्व चिल्लाया और देवध्वज एवं दूत सहित शेष चार लोग जाग गए।'

□

5

संदेशवाहकों के नाम होते हैं

कैलाश पर ओम् ने अश्वत्थामा से एक बार और विनती की, 'मैं कुछ ही समय में वापस आ जाऊँगा, यहाँ तक कि परशुराम के लौटने से भी पूर्व। वास्तव में, यदि तुम चाहो तो यह सुनिश्चित करने हेतु मेरे साथ आ सकते हो कि मैं कोई हानि नहीं पहुँचा रहा हूँ, या कोई परिवर्तन नहीं कर रहा हूँ।'

अश्वत्थामा जानता था कि कारण चाहे जो भी हो, वह ओम् को जाने नहीं दे सकता। साथ ही, वह ओम् के प्रति असभ्य नहीं होना चाहता था; क्योंकि पिछले कुछ महीनों में उन्होंने एक-दूसरे के बारे में बहुत कुछ सीखा था और इस प्रकार एक सम्मानजनक बंधन विकसित हुआ था।

अतः अपनी दुविधा को हल करने हेतु अश्वत्थामा ने पूछा, 'तुम रूपकुंड क्यों जाना चाहते हो?'

'क्योंकि मेरी मृत्यु रूपकुंड में हुई थी!' ओम् के उत्तर ने अश्वत्थामा की जिज्ञासा बढ़ा दी। ओम् ने आगे कहा, 'महीनों तक चलने और दक्षिणी भारत एवं हिमालय के बीच के बड़े अंतर को पार करने के पश्चात् हम अंततः रूपकुंड पहुँचे। मार्ग में हमारा सामना कई असुरों से हुआ, जिन्होंने हमें रोकने का प्रयास किया। हम एक दल के रूप में शौर्यता से लड़े और उन सभी को मार गिराया, परंतु अपने कई योद्धाओं को भी खो दिया। जब हम अपने गंतव्य के निकट पहुँच रहे थे और असुर अपने प्रहारों के माध्यम से और अधिक बाधाएँ पैदा कर रहे थे, तब कोई था, जो जहाँ भी संभव हो, हमारा शिकार कर रहा था और एक परछाईं के समान मौन रूप से हमारा पीछा कर रहा था। एक समय पर, केवल मुट्ठी भर लोग शेष थे; परंतु हमारा सबसे बड़ा अस्त्र अभी भी उपस्थित था। सबसे अजेय—निभीशा।

'रात्रि का अंत होने वाला था, जब उसका अंतिम शिकार प्रारंभ हुआ। रूपकुंड में दूत समेत हम कुल नौ पुरुष थे।

'हम में से एक की तेज चीख सुनकर हम त्वरित जाग गए। हमने अपने साथियों की जाँच करने हेतु अपनी मशालें जलाईं, किंतु दुर्भाग्यवश, उनमें से अधिकांश मृत पड़े हुए थे। हमारे पाँच योद्धा निद्रा में ही मारे गए थे और अंतिम योद्धा हमें सचेत करने में सफल रहा था। अब हम चार पुरुष शेष रह गए थे, जिनमें दो तो मैं और संदेशवाहक थे—अपने योद्धाओं के भयंकर रक्तपात से भीगी हुई लाल बर्फ में खड़े थे।

'हम केवल इस विचार में थे कि इस सामूहिक हत्या के पीछे कौन हो सकता था?

'मैंने निभीशा को पुकारा और अगले ही क्षण मैंने देखा कि मेरे एक योद्धा को मेरी दृष्टि के ठीक समक्ष अँधेरे में घसीटा जा रहा था। दूत की रक्षा हेतु अब केवल मैं ही शेष था, क्योंकि अंतिम योद्धा घसीटे गए सैनिक के पीछे दौड़ रहा था। मेरी पुकार का उत्तर देते हुए मेरी सबसे विश्वसनीय और शक्तिशाली मित्र निभीशा आई। मुझे अब विश्वास था कि जो कोई भी सामने आएगा, चाहे वह कितना भी बलवान् क्यों न, वह अवश्य पराजित होगा। सुबह होने ही वाली थी; परंतु उससे पूर्व ही हत्यारे ने स्वयं को प्रकट कर दिया। मैं अचंभित था और समझ नहीं पा रहा था कि यह कैसे संभव था!

'मैंने स्वयं को पुनः अपने समक्ष खड़ा देखा। उस विकट दृश्य ने मेरी रीढ़ में सिहरन पैदा कर दी।

'वह एक चलते-फिरते शव के समान लग रहा था, इतना भयानक कि एक राक्षस भी सभ्य लगे—सड़े हुए दाँत, अस्त-व्यस्त एवं उलझे लंबे केश, लंबे व मैले नाखून और रक्त से सने, जीर्ण-शीर्ण वस्त्र। मैं पहले कभी किसी से इतना भयभीत नहीं हुआ था, परंतु स्वयं के उस रूप को देखकर मुझे अनुभव हुआ कि स्वयं पर नियंत्रण न खोना कितना महत्त्वपूर्ण है। मुझे ज्ञात था कि मेरा उस पर कोई नियंत्रण नहीं था।

'वह बालपन से ही क्रूर था। किंतु इस बार उसके नेत्रों में मेरे प्रति जो क्रोध और घृणा थी, वह निभीशा की शक्ति से अधिक दृढ़ लग रही थी। जब निभीशा ने उसे वहाँ खड़ा पाया तो वातावरण भारी और अप्रिय प्रतीत होने लगा। यह अत्यंत असंवेदनशील था। अतीत की कष्टदायी झलकियों ने अभी भी निभीशा की स्मृति के एक भाग को अपने वश में कर रखा था। मैंने उसकी देह की आकृति में भय अनुभव किया और उसके नेत्रों में पीड़ा देखी। वह नहीं जानती थी कि उसके समक्ष

उपस्थित दो व्यक्तियों को कैसे भिन्न किया जाए, क्योंकि उसके लिए हम दो नहीं, अपितु एक थे।

'उसने कहा, 'तुमने हमारी पिछली भेंट में मेरे साथ अन्याय किया था और जब से हम भिन्न हुए हैं, तब से तुमने वही किया है। तुम कभी भी मुझ पर अपनी श्रेष्ठता सिद्ध नहीं कर सके और फिर भी मुझे दंड मिला। केवल इसलिए कि तुम्हारे पास स्वयं के लिए खड़े होने का साहस नहीं था, तुमने मुझे उस अँधेरे गड्ढे में सड़ने दिया और मेरे अधिकार का सुख व स्नेह सहित सबकुछ प्राप्त कर लिया। तुमने सबकुछ ले लिया!

'मैं अंधकार में विचार करता रहा—किस आधार पर तुम मुझसे बेहतर सिद्ध हुए हो? संभव है कि आज मुझे मेरे सारे उत्तर मिल जाएँगे। मैं इस दूत या तुम्हारे इस मूर्ख पालतू प्राणी को मारना नहीं चाहता। वे मेरे शत्रु नहीं हैं। यदि तुम उन्हें जीवित देखना चाहते हो तो मुझसे निष्पक्षता से द्वंद्व युद्ध करो।'

'मुझे वचन दो कि तुम उन्हें जाने दोगे, यदि तुम इस द्वंद्व में विजयी रहो और मुझे मार डालो, फिर भी।' मैंने उनकी सुरक्षा का आश्वासन पाने का प्रयास किया।

'यदि?, उसने मुझे ताना मारा और मुँह ऐंठ लिया।

'ठीक है, मैं वचन देता हूँ कि तुम्हें पराजित करने के पश्चात् मैं उन्हें जाने दूँगा। वे उसके पश्चात् स्वतंत्र हैं। फिर मैं तुम्हारा सिर काटकर तुम्हारे लोगों के पास वापस ले जाऊँगा और उन्हें दिखाऊँगा कि जो कोई भी मेरे विरुद्ध खड़ा होगा, उसका अंत कैसे होगा! तब उन्हें पता चल जाएगा।' वह राक्षसों के समान नहीं हँसा, परंतु उसके शब्द ही अत्यंत घृणास्पद थे।

'मैं निभीशा की ओर मुड़ा। इतनी विशाल, जंगली और भयंकर होने के उपरांत वह निश्छल, उदास, भयभीत व कोमल प्रतीत हो रही थी। मैंने उसे गले लगाया, सहलाया और उसने सदैव के समान अपनी गरदन मुझसे रगड़कर आलिंगन किया।

'उत्तर की ओर बढ़ते रहो। वह अब अधिक दूर नहीं है। निभीशा तुम्हारी सहायता करेगी।' मैंने दूत से कहा। वह अभी भी अपनी पगड़ी बाँधे हुए, अपने चमकदार सिर को छिपाते हुए खड़ा था।

'मैं उसकी ओर मुड़ा और अपनी तलवार निकाली, जबकि उसने एक मृत योद्धा की तलवार उठा ली। मेरा अनुमान था कि मैं इस छोटे से द्वंद्व में विजयी नहीं हो पाऊँगा, परंतु मैंने कभी विचार नहीं किया था कि जो युद्ध मैं लड़ने जा रहा था, वह मेरे जीवन का सबसे बड़ा युद्ध होगा। हम हर स्तर पर समान थे। हमारी लड़ने

की क्षमताएँ एक जैसी थीं। हमारी शक्तियाँ और अशक्तियाँ एक जैसी थीं। हमारी चालें एक जैसी थीं। हमारे बीच का अंतर लड़ाई के नियमों और मेरे प्रति उसके क्रोध का था। 'नैतिकता' केवल एक शब्द बनकर रह गया था और तभी उसने सबकुछ कुरूप व घातक बना दिया।

'निभीशा और दूत दूर खड़े दर्शक बनकर हमें एक-दूसरे से अनियंत्रित रूप से लड़ते हुए तथा हमारे ताजा घावों से बहते रक्त को देख रहे थे। संभवत: यह सुजन और दुर्जन गुणों के एक ही देह में सह-अस्तित्व के लिए लड़ने का परिणाम था।

'उसकी भुजाएँ आक्रमण करने हेतु व्याकुलता से घूम रही थीं और उसकी घृणा उसकी आक्रामकता को बढ़ावा दे रही थी। मैं अपनी रक्षा करता रहा, क्योंकि मैं उसे मारना नहीं चाहता था। यह कुछ समय तक चलता रहा, परंतु अंतत: उसकी हरकतें थोड़ी मंद हो गईं। मैंने अवसर का लाभ उठाकर उसकी तलवार पर अपना प्रभाव बढ़ाया। मैं बस, यही चाहता था कि वह अपनी तलवार छोड़ दे और पराजय स्वीकार कर ले। परंतु जिस प्रकार वह क्रोध से आगबबूला हो रहा था, उससे ऐसा प्रतीत हो रहा था कि उसे पराजय से उचित मृत्यु स्वीकार थी। एक क्षण ऐसा आया, जब मैंने भी अपना संयम खो दिया और निरंतर अपनी तलवार से उसकी तलवार पर प्रहार करता गया, जब तक कि वह आधी टूटकर अलग नहीं हो गई। टूटी हुई तलवार पराजय का संकेत मानी जाती थी और यह बात वह भलीभाँति जानता था। यह अंत होना चाहिए था—उसे अपने परिश्रांत हाथों में टूटी हुई तलवार के साथ अपना पतन स्वीकार कर लेना चाहिए था। मैंने उसके मुख पर स्वीकृति का भाव देखा कि वह पराजित हो गया था। मैं रुक गया और निभीशा की ओर मुड़ा। वह पुन: आई और मेरे घावों को चाटने लगी तथा मुझे सांत्वना देने का प्रयास करने लगी। तब तक, भोर की किरणें तीव्र होते हुए धीरे-धीरे अँधेरे आकाश पर हावी हो रही थीं। मैं परिश्रांत हो गया था और राहत की साँस लेते हुए क्षण भर के लिए अपने नेत्र बंद कर लिये। एकाएक मैंने निभीशा को गुर्राते हुए सुना और त्वरित अपने नेत्र खोल दिए। मैंने मुड़कर देखा कि उसने दूत की गरदन पर टूटी हुई तलवार रखी हुई थी और वह अपनी क्रूर दृष्टि से मेरी ओर देख रहा था।

'तुम्हारी क्या इच्छा है ? इस दूत की मृत्यु या युद्ध का एक और दौर ?' उसने पूछा।

'मैंने अपने कंधे सीधे किए और तलवार पर अपनी पकड़ मजबूत कर ली। उसे उसका उत्तर मिल गया। मैं लड़ने हेतु तैयार था।'

'नहीं, तलवार नहीं। जब मैं उस अँधेरे गड्ढे में था, तब तुमने अस्त्रों का उत्तम रूप से अभ्यास कर लिया था। इस बार हम बिना किसी अस्त्र के द्वंद्व करेंगे।' उसने व्यंग्य किया, फिर भी टूटी हुई तलवार की धार को दूत की गरदन पर पकड़ रखा था।

'तुम्हें ऐसा करने की आवश्यकता नहीं है। तुमने वचन दिया था कि तुम उसे जाने दोगे।' मैंने उसे स्मरण दिलाया।

'निभीशा उस पर गुर्राती रही और यह सुनकर उसने दूत पर अपनी पकड़ ढीली कर दी और कहा, 'तुम मुझ पर गुर्रा रही हो?'

'देवध्वज! मैं इसे तभी जाने दूँगा, जब तुम उसे मुझ पर गुर्राने के लिए दंड दोगे।'

'असहायतापूर्वक मैंने निभीशा की ओर देखा। वह जानती थी कि अब तक उसने जितने भी असुरों से युद्ध किया था, वह दूत की रक्षा हेतु ही किया गया था। वह और मैं जानते थे कि यदि दूत की मृत्यु हो गई। तो संपूर्ण उद्देश्य विफल हो जाएगा। दूत की रक्षा हेतु अनगिनत व्यक्ति पहले ही मृत हो चुके थे। यदि उसकी भी मृत्यु हो गई तो यह हमारे मृत योद्धाओं के साहस एवं त्याग को भी नष्ट कर देगा। इसलिए, मैं दूत को सुरक्षित रखने हेतु जो कुछ भी करना पड़े, करने के लिए बाध्य था। मैंने अपनी तलवार गिरा दी।

'उससे कहो कि वह पत्थर बन जाए और तब तक वहीं रहे, जब तक तुम उसका नाम दोबारा न पुकारो और उसे मुक्त न कर दो।'

'मैं वहीं ठिठककर खड़ा रहा। मैं निभीशा को इतना अमानवीय दंड कैसे दे सकता था; जबकि वह सदैव इतनी निष्ठावान् और मेरे लिए मृत्यु भी स्वीकार करने को तत्पर थी!

'मेरी दुविधा से अप्रभावित वह टूटी हुई तलवार की तेज धार को दूत की गरदन में तब तक दबाता रहा, जब तक उसे हलका घाव न हो गया और रक्त बहने लगा। मैं निभीशा की ओर मुड़ा और उसे प्रेम से देखा। उसने भी मुझे उदास सहमति से देखा, जैसे कि वह जानती हो कि हमारे पास कोई विकल्प नहीं था। हमने एक-दूसरे की ओर देखा और उसने स्वयं को एक निर्जीव चट्टान में परिवर्तित करने की आज्ञा देकर मुझे पाप करने की अनुमति दी। मैंने उसके मुख को सहलाया और उसे आलिंगन करते हुए उसे विदा किया।

'मैं शीघ्र ही तुम्हारा नाम पुकारूँगा, मेरी प्रिय। तुम्हारा समय तब तक रुका

रहेगा, जब तक तुम अपनी उचित अवधि तक जीवित नहीं रहतीं और स्वाभाविक मृत्यु नहीं पातीं।

'मेरे नेत्रों में देखते हुए निभीशा शीघ्रतापूर्वक भूमि पर सिमटकर बैठ गई। एक-एक करके उसकी देह के अंग, जो कभी साहस से भारी थे, धीरे-धीरे चट्टान में परिवर्तित हो गए। उसकी अंतिम दृष्टि ऐसी थी, मानो उसने कहा हो—मुझे तुम पर विश्वास है, मेरे मित्र, और मुझे ज्ञात है कि तुम मुझे शीघ्र ही पुनः पहले के स्वरूप में लाओगे।'...

'अपने अनमोल और एकमात्र मित्र को पत्थर बनता देख मेरा रक्त उबलने लगा। मैं उस व्यक्ति की ओर मुड़ा, जिसकी आज्ञा का पालन मुझे न चाहते हुए भी करना पड़ा। अब मुझमें उमड़ रहा क्रोध इस द्वंद्व में उसे फिर से पराजित करने हेतु मेरे ईंधन का काम कर रहा था।

'उसने टूटी हुई तलवार गिरा दी और दूत को मुक्त कर दिया। हमने एक-दूसरे पर वार किया और जैसे ही वह मेरी पहुँच में आया, मैंने अपना हाथ उछाला तथा उसके मुख पर मुक्का मारा। प्रत्युत्तर में उसने मेरी छाती पर एक मुक्का मारा। जबकि मेरे मुक्के से उसके मुख पर खरोंच तक नहीं आई, जहाँ उसने मुझे मारा था, वहाँ रक्त बहने लगा। तब मुझे आभास हुआ कि उसने अपनी उँगलियों के बीच किसी टूटे हुए तीर की नोक छिपा रखी थी और उसी ने मेरे मांस पर वार किया था, जिससे गहरा घाव हो गया था।

'घाव मेरी पसलियों के दाईं तरफ नीचे की ओर था, जिससे मेरे लिए तलवार उठाना और वार करना भी कठिन हो गया था। मैं उसे पराजित करने हेतु कड़ा संघर्ष कर रहा था, ताकि मैं उसे पकड़ सकूँ और जीवित ही पुनः गाँव खींच ले जाऊँ; परंतु वह अब बलवान् हो गया था और मुझे मारने हेतु और भी अधिक संघर्ष कर रहा था। उसने तलवार उठा ली और मेरी ओर बढ़ने लगा। सहायता करने की नीयत से दूत ने हस्तक्षेप किया और उसे रोकने का प्रयत्न किया; परंतु उसकी शक्ति अतुल्य थी। पलक झपकते ही उसने दूत की बाँह काट दी और पुनः मेरी ओर दौड़ा। मैंने किसी प्रकार तलवार उठा ली; परंतु हम दोनों को ज्ञात था कि मेरी पसलियों पर उसके विश्वासघात के नुकीले मुक्के के कारण मैं पहले ही पराजित हो चुका था। फिर उसने मेरी जाँघों पर चाकू मारा और मैं भूमि पर गिर पड़ा। जैसे ही मैं पीड़ा से चिल्लाया, उसने मेरी जीभ पकड़ ली, उसे बाहर खींचा और एक ही झटके में उसे काट दिया।

'वह संदेशवाहक के पास पुनः गया, मेरी ओर देखा और कहा, 'मुझे ज्ञात है

कि सबसे बड़ा कष्ट जो मैं तुम्हें दे सकता हूँ, वह तुम्हें यह दिखाना है कि तुमने अपना वचन कैसे तोड़ा है? इस पुरुष को सुरक्षित रखने का तुम्हारा वचन, चाहे उसका नाम कुछ भी हो और जहाँ भी उसे पहुँचना था, वहाँ पहुँचाना विफल हो गया है। तुमने निभीशा को वचन दिया कि तुम उसे शीघ्र ही बुला लोगे; परंतु अब तुम्हारी जीभ मेरे पास है और इसलिए तुम उस वचन को भी पूरा नहीं कर पाओगे, कभी नहीं। यह एक और विफलता है। तुमने अपने गाँववालों से कहा कि तुम वापस आओगे। परंतु खेदपूर्वक तुम अपने लोगों के पास वापस नहीं लौटोगे और उन्हें कभी पता नहीं चलेगा कि तुम्हारी मृत्यु कैसे हुई; एक बार फिर तुम असफल हुए।

'और अब इस दूत को अवश्य मरना होगा। तुम्हारे असहाय व मरणासन्न रक्षक के लिए कोई अंतिम शब्द, श्रीमान दूत?' उसने ताना मारा।

'संदेशवाहक दर्द से कराह रहा था। अश्रु भरे नेत्रों से उसने कहा, 'गाँव छोड़ने से पूर्व आप मेरा नाम जानना चाहते थे। मेरा नाम नागेंद्र है। धन्यवाद 'देवध्वज, अब तक मेरी सहायता करने के लिए।'

'संदेशवाहक घुटनों के बल बैठ गया और अपने नेत्र बंद कर लिये। उसने दूत का माथा पकड़ा, उसे आकाश दिखाया और फिर धीरे से उसकी गरदन घुमाई। दूत मरने तक श्वास लेने हेतु संघर्ष करता रहा। मैं उसकी हत्या का एक असहाय और क्षमाप्रार्थी साक्षी बना रहा। जब मैं मरते हुए दूत को देख रहा था तो वह उसे अपनी विजय का पुरस्कार समझकर मेरी दुर्बल अवस्था को देखकर प्रसन्न हुआ।

'इससे पूर्व कि मैं समझ पाता कि क्या हुआ था या भविष्यवाणी कर पाता कि आगे क्या होगा, वह मुझ पर झपट पड़ा। उसने अपनी तलवार उठाई और मेरे पेट में निरंतर वार करता गया। प्रत्येक वार के साथ उसने पिछले वर्षों में दबी अपनी हताशा को बाहर निकाला और साथ ही मेरी धीमी व कष्टदायी मृत्यु पर आनंद भी उठाया। अंततः मेरे नेत्र बंद हो गए और मेरी मृत्यु हो गई। मेरा अंतिम दृश्य उसका मुख था।'

'वह तुमसे इतनी घृणा करता था कि तुम्हारा वध करने में उसने संकोच भी नहीं किया। फिर वह तुम्हें पुनर्जीवित करने हेतु धन्वंतरि के पास क्यों ले गया?' अश्वत्थामा ने पूछा।

पनडुब्बी में वापस आकर नागेंद्र ने अपना सारा सामान उतारते हुए अपनी कथा जारी रखी।

'देवध्वज को मारने के पश्चात् मुझे एक विजेता के समान अनुभव हुआ; परंतु

शारीरिक रूप से मुझे एकाएक अत्यंत निर्बलता का आभास हुआ, जैसे कि कोई धीरे-धीरे मुझसे मेरा जीवन निकाल रहा हो। मैं अपनी घटती हुई शक्ति के कारण घुटनों के बल गिर पड़ा। तभी शुक्राचार्य पहली बार मेरे समक्ष उभरे।'

'परंतु प्रश्न तो अभी भी वही है!' मिसेज बत्रा ने टोकते हुए कहा, 'शुक्राचार्य और नागेंद्र के बीच क्या संबंध है? उन्होंने गठबंधन कैसे किया और क्यों?'

'यह परिमल भी आगे जानना चाहता था, अत: नागेंद्र ने समझाना जारी रखा।' पृथ्वी ने कहा और मिसेज बत्रा ने सिर हिलाया तथा उसे आगे बढ़ने के लिए कहा।

'मुझे नहीं पता था कि हममें से कोई एक-दूसरे के बिना जीवित नहीं रह सकता था कि देवध्वज को मारना स्वयं को मारने जैसा होगा। फिर भी, मैं उससे इतनी घृणा करता था कि मैं उसे पराजित करने के पश्चात् मरने हेतु तैयार था। मैंने अपने नेत्र बंद कर लिये और जैसे ही मैं अपने भाग्य को स्वीकार करने लगा था, शुक्राचार्य एक उद्धारकर्ता एवं मार्गदर्शक के रूप में प्रकट हुए।

'आप कौन हैं?' मैंने पूछा।

'मैं वह हूँ, जो देवध्वज को मारकर तुमने जो मृत्यु बुलाई है, उससे तुम्हें बचाऊँगा।'

'अर्थात्?'

'तुम्हारा और देवध्वज का एक होना निर्धारित था। तुम्हारी देह भिन्न हो गईं, परंतु तुम्हारी नियति नहीं। मृत्यु के देवता यमराज के लिए तुम्हारा जन्म व मृत्यु दो नहीं, अपितु एक हैं। अत: उसे मारकर तुमने न केवल अपनी शक्ति और क्षमता को कम किया है, अपितु अपना जीवन भी समाप्त कर लिया है। अब बस, कुछ ही समय की बात है, जब मृत्यु तुम्हें भी निगल जाएगी। देवध्वज के जीवन के बिना तुम्हारी मृत्यु अपरिहार्य है। अंतत:, मृत्यु के देवता भी उत्तरदायी हैं और इसलिए वे शीघ्र ही अपना उत्तरदायित्व सँभालने आएँगे।'

'आपने कहा था कि आप मेरी रक्षा करने वाले हैं। कैसे और क्यों?' मैंने पूछा।

'मैं शुक्राचार्य हूँ। दूत को रोकने हेतु देवध्वज के मार्ग में बाधा डालने के लिए भेजे गए सभी असुर मेरे शिष्य थे और वे सभी पराजित हुए। मैं धन्वंतरि के पास पहुँचने से पूर्व दूत का अपहरण कर लेना चाहता था और उसे अपने पास लाना चाहता था।'

'धन्वंतरि?'

'दूत के शव के निकट देवध्वज की पीड़ित देह को देखकर उन्होंने उत्तर दिया, 'हाँ! हिमालय में रहनेवाला देवता, जो सभी नौ शब्दों को संकलित कर रहा है, जो एक बार एक साथ पिरोए जाने पर एक कुंजी बन जाएँगे, जो धरती के दक्षिणी छोर पर दूर स्थित एक द्वार को खोलेगी। परंतु अब तुमने दूत की हत्या कर दी और देवध्वज को भी मारकर अपनी मृत्यु का मार्ग प्रशस्त कर लिया। तुमने अपने क्षुद्र व उद्देश्यहीन जीवन के साथ-साथ मेरी योजना को भी नष्ट कर दिया है और अब तुम हम दोनों के लिए इसे सही करोगे,' शुक्राचार्य मुझ पर क्रोधित हुए।

'अब मैं कुछ भी कैसे सुधार सकता हूँ? वे दोनों मर चुके हैं,' मैंने उत्तर दिया।

'अब तुम दूत की पहचान लोगे और देवध्वज को धन्वंतरि के पास ले जाओगे, जहाँ वह देवध्वज को पुनर्जीवित करेगा, ताकि तुम लंबे समय तक जीवित रह सको। तब तक मैं तुम्हारे जीवन का आधार बनूँगा और तुम्हें मृत्यु के देवता की दृष्टि से छिपाकर जीवन के कंबल में ढँककर रखूँगा।' शुक्राचार्य ने उत्तर दिया।

'और आप मेरे लिए ऐसा क्यों करेंगे?' मैंने पूछा।

'उन्होंने मुझे दृढ़ विश्वास के साथ देखा और अपना मुख मेरे मुख के निकट लाकर धीमे, परंतु कठोर स्वर में कहा, 'क्योंकि तुमने वह किया' जो मेरा कोई शिष्य नहीं कर सका। वे तुमसे अधिक शक्तिशाली थे, परंतु उनमें से कोई भी देवध्वज को मारकर उसके दूत को मेरे पास नहीं ला सका। सतयुग में पृथ्वी पर मनुष्यों में क्रूरता और दुष्टता देखना दुर्लभ है। और चूँकि जो कुछ भी दुर्लभ है, वह बहुमूल्य है, तुम भी बहुमूल्य हो। तुम्हारे पास विश्व से माँगने और मुझे देने के लिए बहुत कुछ है। इसलिए यहाँ खड़े-खड़े मृत्यु स्वीकार करना उचित नहीं होगा। यह दूत मेरे लिए मृत संजीवनी की पुस्तकें लाने वाला था, जो धन्वंतरि इसके दिए गए शब्द से लिखनेवाला था। तुम जीवित रहोगे, क्योंकि तभी तुम उस नुकसान की भरपाई करोगे, जो तुमने इस दूत को मारकर किया है। अब मैं तुम्हें तब तक जीवित रखूँगा, जब तक धन्वंतरि देवध्वज को पुनर्जीवित नहीं कर देता। और जैसे ही धन्वंतरि पुस्तकें पूर्ण करता है, वैसे ही तुम उन्हें मेरे पास लाओगे, ताकि मैं समस्त नौ शब्द एकत्र कर उस द्वार को खोल सकूँ।'

'मैं केवल जीवित रहना चाहता था, इसलिए मैंने कहा, परंतु मैं इस दूत के बारे में या उस शब्द के बारे में कुछ नहीं जानता। धन्वंतरि जो भी है, वह आपके अनुसार उस शब्द की प्रतीक्षा कर रहा है, जो यह दूत ले जाने वाला था। इसलिए आप मुझसे कैसे अपेक्षा रख सकते हैं कि मैं उसके पास वह शब्द ले जाऊँगा?'

'शुक्राचार्य ने मृत दूत के सिर पर बँधी पगड़ी हटाई और उसका प्रज्वल तथा फिरोजी, केसरी व तीव्र लाल रंग बिखरते हुए एक गोला बना रहे थे, जिसने हमें सम्मोहित कर लिया था। परंतु शीघ्र ही उसका प्रकाश धीमा होने लगा। वह अंतिम बार ऐसे जला और उसके मनमोहक रंग काले पड़ने लगे।

'मैं इसके नीचे छिपे शब्द को पढ़ सकता हूँ, किंतु निकाल नहीं सकता।' शुक्राचार्य ने कहा और शव के पास कुछ क्षण बैठे रहे। उन्होंने अपने नेत्र बंद कर लिये और एकाएक दूत के सिर का धीमा होता प्रकाश पूर्ण रूप से काला हो गया। शुक्राचार्य ने अपने नेत्र तेजी से खोले और कहा, 'अनादि!'

'यह शब्द तुम्हें धन्वंतरि के बंद द्वार में प्रवेश करने में सहायता करेगा। वे इसकी प्रतीक्षा कर रहे हैं और वे इसका नाम जानते हैं।' शुक्राचार्य ने विश्वासपूर्वक कहा।

'नागेंद्र!' मैंने कहा।

'क्या?' शुक्राचार्य ने पूछा।

'मरने से ठीक पूर्व उसने देवध्वज को अपना नाम बताया था और मैंने सुन लिया था। उसका नाम नागेंद्र था।' मैंने मृत दूत को देखते हुए उत्तर दिया।

'नागेंद्र है।' उन्होंने मुझे सुधारते हुए कहा। मैंने भौंहें सिकोड़ लीं और शुक्राचार्य ने समझाया। 'उनके लिए वह मृत नहीं है। वह जीवित है और उसका नाम नागेंद्र है। आज से तुम्हारा नाम नागेंद्र है और तुम वह दूत हो, जो 'अनादि' शब्द का वाहक है!'

'धन्वंतरि देवध्वज को पुनर्जीवित क्यों करेगा?' मैंने शुक्राचार्य से पूछा।

'वह उस शब्द के विनिमय में ऐसा अवश्य करेगा। तुम उसे यह सुझाव दोगे और उसे सहमत होना होगा।' शुक्राचार्य ने मुझे आश्वासन दिया। परंतु मुझे अभी भी संदेह था।

'क्या उसने पहले भी ऐसा किया है? किसी मृत को पुनर्जीवित करना?'

'नहीं! परंतु उसे इसका ज्ञान है। अंततः वही था, जिसने समुद्र-मंथन में समुद्र की गहराई से देवताओं के लिए अमृत प्राप्त किया था, जब भगवान् विष्णु ने कूर्म नामक कछुए के रूप में अवतार लिया था।' शुक्राचार्य ने संकोच नहीं किया, क्योंकि उन्हें धन्वंतरि की क्षमताओं पर विश्वास था।

"शुक्राचार्य ने स्वयं देवध्वज को पुनर्जीवित क्यों नहीं किया?" मिसेज बत्रा ने पूछा।

"क्योंकि शुक्राचार्य की शक्तियाँ केवल असुरों को पुनर्जीवित करने तक ही सीमित थीं। दुर्भाग्य से, देवध्वज मेरे जैसा नहीं था।" पृथ्वी ने उत्तर दिया।

"आगे क्या हुआ?" मिसेज बत्रा ने पूछा।

नागेंद्र ने आगे कहा, 'मैंने उसके दोनों पैर बाँध दिए और उसे रूपकुंड से लेकर हिमालय में धन्वंतरि के शिविर तक घसीटते हुए ले गया। स्वयं को ऊर्जावान् और गरम रखने हेतु मैंने देवध्वज की देह के हिस्सों को टुकड़ों में खाया। उसका मुख शीत-दंश के कारण नष्ट हो गया था और उसका शेष भाग चट्टानों पर तथा बर्फ में उलटा घसीटे जाने के कारण बेहतर नहीं था। जब तक मैं धन्वंतरि के पास पहुँचा, यह अनुमान लगाना असंभव था कि मरने से पूर्व वह कैसा दिखता था और इसलिए, कोई भी यह नहीं पहचान सका कि जिसे घसीटा जा रहा था और जो घसीट रहा था, उनके बीच कोई समानता भी थी!'

नागेंद्र क्षण भर के लिए रुका और एकाएक क्रोधित होते हुए जोर से चिल्लाने लगा। उसने अपने मुख की ओर एक आक्रामक उँगली उठाई और परिमल की ओर मुड़ा—'यह है हमारा वास्तविक मुख! तब से मैं इस मुख वाला एकमात्र व्यक्ति हूँ। मैं वास्तविक देवध्वज हूँ, ओम् नहीं!' उसने स्वयं को नियंत्रित कर हाँफते हुए कहा, 'शुक्राचार्य के मार्गदर्शन से मुझे हिमालय की शृंखला में धन्वंतरि मिला, जहाँ मैं उससे पहली बार मिला था—मेरे जीवन का प्रेम।' नागेंद्र ने कुटिलता से मुसकराते हुए, एल.एस.डी. की ओर संकेत किया।

उसने एल.एस.डी. को समीप आने का संकेत दिया और उसे एक भावुक चुंबन दिया। धन्वंतरि के शिविर में एल.एस.डी.! भ्रमित परिमल ने विचार किया। उसे कुछ समझ नहीं आ रहा था; परंतु वह केवल एक असहाय दर्शक था और एल.एस.डी.—एक विवाहिता, चार महीने की गर्भवती महिला, एक लज्जित पीड़िता थी। दोनों निराश कठपुतलियाँ एक-दूसरे की ओर देखने लगीं।

'अभी बाहर जाओ। मुझे विश्राम करने की आवश्यकता है।' नागेंद्र ने परिमल को आदेश दिया।

परिमल ने अपने स्वामी को प्रणाम किया और भावनात्मक रूप से दुःखी अनुभव करते हुए कक्ष से बाहर चला गया, इस विचार में कि धन्वंतरि के शिविर में अपने जीवन के प्रेम से भेंट करने से नागेंद्र का क्या अर्थ था?

□

6

खंडित अतीत

जब नागेंद्र पनडुब्बी के भीतर पहुँच गया था, परशुराम गुजरात के तट पर पहुँच गए थे, जहाँ विनाशकारी सुनामी आने वाली थी। वह पहले ही अपरिहार्य भँवर में घूमते हुए बिजली के कई खंभों, वाहनों और उखड़े हुए वृक्षों को निगल चुकी थी; क्योंकि यह समुद्र-तल पर विशाल और लंबी हो गई थी। लोगों में संगीन भगदड़ मच गई थी, क्योंकि हर कोई अपने परिवारों को बचाने और अपना सामान सुरक्षित करने हेतु इधर-उधर आश्रय खोज रहा था। स्थानीय अधिकारियों, तटरक्षकों और आपदा प्रबंधन बलों को लोगों की जान बचाने हेतु सन्नद्ध किया गया था। तूफानी हवा हर वस्तु को हर दिशा में धकेल रही थी और ऐसी अराजकता फैला रही थी, जो पहले कभी नहीं देखी गई थी। बढ़ता जल स्तर गुजरात के सुंदर समुद्र-तट को अपनी चपेट में लेने से केवल एक क्षण की दूरी पर था। परशुराम के पास समय समाप्त हो रहा था।

उन्होंने ध्यान केंद्रित करने हेतु अपने नेत्र बंद कर लिये और एक विशाल धनुष व बाण का आवाहन किया, जो था सैलास्त्र। यह शक्तिशाली बाण वायव्यास्त्र का प्रतिकार था। सैलास्त्र में भारी हवाओं को त्वरित शांत करने हेतु पर्याप्त बल था। जैसे ही परशुराम ने बाण छोड़ा, वह वज्र की ऊर्जा के साथ उछला तथा हवा को चीरता हुआ अकल्पनीय गति से सीधा सुनामी की ओर बढ़ गया। धधकते बाण ने विशाल भँवर को भेद दिया और एक अलौकिक दृश्य उभरा। यह बिजली और पानी के बीच का युद्ध था, जहाँ एक ही तीर से निकली बिजली ने पवन को रोक दिया था, राजसी समुद्र पर नियंत्रण पा लिया था और उसकी कठोर लहरों को कोमल कर दिया था। उस दिन एक अपरिचित वृद्ध पुरुष ने सहस्र प्राणों की रक्षा की थी। जो साक्षी थे, उन्होंने उस पुरुष की अपनी-अपनी परिभाषा दी और वे सभी काल्पनिक एवं मानव-निर्मित कथाओं जैसी थीं, ठीक वैसी ही, जैसी कुछ महीने पूर्व वृषकपि

को उड़ते हुए देखने के पश्चात् लोगों ने बनाई थीं। अंततः यह रहस्य, माया और भगवान् में मानव जाति के विश्वास को दृढ़ बनाने में एक और असफल परीक्षण बन गया।

पनडुब्बी के भीतर, जब नागेंद्र सो रहा था, तब एल.एस.डी. परिमल को देखने गई। परिमल की जिज्ञासा असहनीय होती जा रही थी और एल.एस.डी. उसके हर व्यवहार में इसका आभास कर रही थी।

'परिमल, तुम्हें जो पूछना है, पूछो।' एल.एस.डी. ने कहा और जैसी उसकी आशा थी, परिमल ने उस पर अपने प्रश्नों की बौछार कर दी।

'हम एक ही नाव में यात्रा करते हैं। मैं उसकी सेवा करने के लिए एक अभिशाप से बँधे वंश का वरदान लिये बैठा हूँ और तुम, एक आत्मा, जो शपथ-युक्त मुक्ति के विनिमय में सेवा कर रही है। मैंने तुम्हें अपने बारे में सबकुछ बता दिया, परंतु मुझे अब भी आंशिक उत्तर मिल रहे हैं। तुम्हारा विश्वास प्राप्त करने हेतु मुझे और क्या करना होगा?'

'मुझे तुम पर विश्वास है, परिमल।' एल.एस.डी. ने धीरे से कहा।

'ओह! क्या तुम सत्य कह रही हो?' उसने उसे घूरकर देखा, 'जब हम रॉस द्वीप पर ओम् से पूछताछ कर रहे थे तो तुम मेरे लिए एल.एस.डी. थीं।' परिमल अपने क्रोध को दबाने हेतु संघर्ष कर रहा था, जब वह अपना संयम बनाए रखने और अपनी आवाज धीमी रखने के लिए हाँफते और रुकते हुए बोल रहा था। 'मेरी हवेली में, हमारे विवाह से ठीक पूर्व, तुमने मुझे बताया था कि तुम्हारा नाम लतिका है। जब कुलधरा में नागेंद्र की मृत्यु हो गई और हम उसके शव के साथ लौटे तो मुझे पता चला कि मेरे पूर्वजों के पास जितने भी पशु थे, वे सभी तुम्हारे अलग-अलग अवतार थे।' परिमल ने स्वयं को अगला वाक्य कहने से रोक दिया। परंतु जिस प्रकार कोई भी अपनी साँस लंबे समय तक नहीं रोक सकता, उसके प्रयासों के उपरांत उसके मुख से बात निकल ही गई—'और अब मुझे पता चला कि तुम और नागेंद्र आत्मीय साथी हो! तुम वास्तव में क्या हो? तुम कौन हो?'

'मैं एक बंदी आत्मा हूँ, जिसे मुक्ति हेतु एक देह से दूसरी देह में स्थानांतरित किया जाता है, जिसका मुझसे एक बार वादा किया गया था, परंतु कभी नहीं दिया गया।' एल.एस.डी. ने स्वयं को सँभाला, जब उसने परिमल को सबकुछ समझाने का प्रयास किया।

'मैंने तुमसे एक सीधा प्रश्न पूछा है और मुझे सीधे उत्तर की अपेक्षा है।'

परिमल ने भावहीन मुख और ऐसी सख्त दृष्टि से कहा, जिसे एल.एस.डी. ने पहले कभी नहीं देखा था। उसने अपनी दृष्टि उससे मिलाई और उसे सटीक उत्तर देने लगी, ताकि उसकी पीड़ा शांत हो सके।

'सबकुछ हिमालय में सतयुग के अंत में आरंभ हुआ था, जब नागेंद्र एक दिन धन्वंतरि के शिविर में बिना बुलाए पहुँच गया। उसने किसी प्रकार हमारा शिविर ढूँढ़ लिया और एक मृत देह के साथ आया, जिसे वह भगवान् जाने कहाँ से घसीटकर ले आया था! वह बिल्कुल वैसा ही दिखता था, जैसा तुम अब उसके पुनरुत्थान के बाद देख सकते हो। वह दिखने में सुंदर था और आक्रामक प्रतीत होता था; परंतु उसकी वाणी शांत थी और उसकी विनम्रता ने धन्वंतरि के पास आने के उसके उद्देश्य को छिपा दिया था।

'जिस शव को वह पूरे रास्ते घसीटता रहा, वह पैरों से बँधा हुआ था। पहाड़ी रास्ते के साथ असमान सतहों पर घसीटे जाने के कारण उसका मुख पहचान में नहीं आ रहा था। वह सर्वत्र शीत-दंश से ग्रस्त था। शव का माथा कई स्थानों पर क्षत-विक्षत था और ऐसा प्रतीत होता था कि किसी शौकिया व्यक्ति द्वारा उसका उपचार किया गया था, जिससे वह केवल धन्वंतरि के शिविर तक पहुँचने तक उसी आकार में बना रहे। कई घावों से उसका अधिकांश रक्त बह चुका था और जो कुछ शेष था, वह उसकी नसों में जम गया था। उस दिन मैंने उसे पहली बार देखा था।

'यद्यपि वह उपस्थित सभी अन्य लोगों से असामान्य व भिन्न दिखता था, परंतु नागेंद्र में कुछ ऐसा था, जो उसकी प्राप्त की गई क्षमता और व्यक्तित्व के बारे में बताता था। वह बर्बर लग रहा था, परंतु फिर भी मेरी दृष्टि उस पर टिकी हुई थी। उसकी क्षीण, किंतु सुगठित देह और तीखे नैन-नक्श उसके आगमन के समय दिखी अभिव्यक्ति का खंडन कर रहे थे। जिस प्रकार नागेंद्र मेरी दृष्टि में भिन्न था, उसी प्रकार मेरी भी असामान्य कल्पनाएँ और छुपी इच्छाएँ थीं, जो शिविर के अन्य लोगों से पूर्णत: भिन्न थीं। शायद यही कारण था कि जब हमारी दृष्टि मिली तो मुझे लगा, जैसे मेरे भीतर कुछ परिवर्तित हो रहा था। इससे पूर्व कि मुझे इसका आभास होता, एक अपरिचित पुरुष क्षण भर में मेरा पूर्ण ब्रह्मांड बन गया था।'

'तुम धन्वंतरि द्वारा चुने गए उन दस ऋषियों में से एक थीं!' जैसे ही कथा धन्वंतरि के शिविर की ओर लौटी, परिमल को आभास हुआ।

एल.एस.डी. ने आगे कहा, 'हाँ, मैं थी। नागेंद्र अपरिचित था और उसके बारे में किसी को कुछ नहीं पता था। ऋषि-मुनि उसके साथ अपनी कुटिया साझा करने

हेतु सज्ज नहीं थे। प्रत्येक कुटिया में ऋषियों की एक जोड़ी रहती थी और मेरा साथी सुश्रुत था।'

'देवद्रथ!' परिमल के नेत्र बड़े हो गए, जब उसने एक और सत्य को आत्मसात् करने का प्रयास किया। वह जानता था कि देवद्रथ कौन था! उसने देखा था कि जब ओम् ने रॉस द्वीप में पूछताछ के दौरान अपनी कथा सुनाई थी तो ब्रेन मैपिंग प्रक्रिया में देवद्रथ कैसा दिखता था, और टीम ओम् की स्मृतियों को ठीक से देखने में सक्षम थी कि उसने उन्हें कैसे स्मरण किया था।

'यह जानते हुए कि सुश्रुत कितना मिलनसार था, मैंने नागेंद्र को अपने साथ रहने का सुझाव दिया। सुश्रुत ने मेरे प्रस्ताव पर कोई आपत्ति नहीं जताई और इस प्रकार, नागेंद्र ने मेरी कुटिया और मेरे जीवन में प्रवेश किया।

'हमारे दिन का आरंभ धन्वंतरि की शिक्षाओं से होता था और उसके पश्चात् हमारे पास अपने लिए पर्याप्त समय हुआ करता था।

'सुश्रुत—धन्वंतरि का सर्वश्रेष्ठ प्रतिभाशाली शिष्य होने के कारण सदैव उनके साथ व्यस्त रहता था, क्योंकि वे दोनों नागेंद्र द्वारा लाई गई मृत देह पर प्रयोग करते थे। नागेंद्र और मैं अवकाश का समय एक साथ व्यतीत करने लगे। हम भोजन पकाने हेतु सूखी लकड़ी एकत्र करने और जीवित रहने हेतु अन्य आवश्यक वस्तुएँ एकत्र करने जाते थे, जो हमें पर्वत के भीतर और उसके आसपास ले जाती थी। इससे हमें साथ व्यतीत करने हेतु पर्याप्त समय मिल गया। अब तक वह समझ गया था कि मैं उसके प्रेम में लीन थी। वह यह भी जानता था कि मैं अपनी भावनाओं को कभी व्यक्त नहीं करूँगी, क्योंकि एक पुरुष के लिए दूसरे पुरुष के प्रेम में पड़ना अनुचित माना जाता था, विशेषत: मेरे जैसे व्यक्ति के लिए, जिसने सभी सांसारिक इच्छाओं, भौतिक सुखों एवं सामाजिक जीवन को त्याग दिया था और एक नया जीवन अपनाया था तथा मानव जाति की सेवा हेतु अपना जीवन समर्पित करने की शपथ ली थी। मैं एक ऐसा व्यक्ति था, जो शायद कभी भी अपना सत्य स्पष्ट रूप से स्वीकार नहीं करता।

'यद्यपि शीघ्र ही सबकुछ परिवर्तित होने वाला था। एक दिन, जब हम दैनिक संसाधन जुटाने हेतु अपने सामान्य पथ पर थे, नागेंद्र ने अवसर का लाभ उठाया, मुझे एक गुफा में घेर लिया और मेरे सारे बंधन तोड़ दिए।

'तब तक मैं ब्रह्मचारी था। वर्षों के अभ्यास से मैंने अपनी देह और मन पर पूर्ण नियंत्रण प्राप्त कर लिया था। मैंने स्वेच्छा से स्वयं को किसी भी प्रकार के

विषैले तत्त्वों या ध्यान भटकाने वाले विचारों से अलग कर लिया था। ब्रह्मचारी रहने के प्रयास जान-बूझकर किए गए थे, क्योंकि मेरा ध्यान व्यक्तियों को सशक्त बनाने और प्रेरित करने तथा लोगों की सेवा करने पर था। मैं ब्रह्मा के मार्ग का अनुसरण कर रहा था और उस दिन तक मैंने कभी पीछे मुड़कर नहीं देखा था।

'उस गुफा के अँधेरे कोने में हमने सभी सीमाओं का उल्लंघन कर दिया। उसके कोमल स्पर्श ने मुझमें उत्तेजना की लहर भर दी और मैंने स्वयं को अपनी नई खोजी गई भावनाओं की धाराओं में समर्पित कर दिया। हमने ऐसे प्रेम किया, जैसे कल कभी आने ही नहीं वाला था।

'शीघ्र ही मुझे विश्वास होने लगा कि नागेंद्र ने मेरे लिए ही ऐसी विषम परिस्थितियों से जूझते हुए शिविर तक का सफर तय किया था कि वह जिस शव को अपने साथ लाया था, वह हमारे मिलन का एक माध्यम मात्र था।

'सुश्रुत के कुटिया-साथी होने के नाते कभी-कभी हमने भी धन्वंतरि को उनके दूसरे व तीसरे सहायक के रूप में सहायता की और धीरे-धीरे उनका विश्वास जीत लिया। यद्यपि धन्वंतरि और सुश्रुत ने दिन-रात शव पर कड़ा परिश्रम किया, परंतु हमें उनकी प्रगति के बारे में सूचित नहीं किया गया। अधिकांश कार्य धन्वंतरि और सुश्रुत की उपस्थिति में ही होते थे। जिस दिन हम धन्वंतरि की सहायता नहीं कर रहे होते, हम एक-दूसरे की बाँहों में रात्रियाँ व्यतीत करते थे। हमने अपने भविष्य की योजना बना ली थी कि हम हिमालय कब छोड़ेंगे।

'एक ओर मैं जीवन और मृत्यु के चक्र से मुक्ति पाना चाहती थी; परंतु नागेंद्र कोई द्वार खोलने और विश्व पर राज करने हेतु अधीर था। उसने मुझे कभी नहीं बताया कि द्वार से उसका क्या तात्पर्य था, चाहे वह वास्तविक हो या केवल एक रूपक, और न ही मैंने इस बात पर आग्रह किया कि वह मुझे बताए। वह कम बोलने वाला व्यक्ति था और उसने कभी भी अपनी पृष्ठभूमि या घर के बारे में अधिक कुछ साझा नहीं किया। मैंने भी कभी गहरी छानबीन नहीं की, क्योंकि मुझे लगा कि उसके लिए अपने अतीत के बारे में बात करना सहज नहीं था। इसके उपरांत, मुझे ज्ञात था कि हम जैसे लोगों के लिए अपने जीवन के बारे में खुलकर बात करना कभी सरल नहीं था और मेरे लिए जो सबसे अधिक महत्त्वपूर्ण था, वह केवल वर्तमान था, जिसमें मैं अपने जीवन के प्रेम के साथ बर्फीली परतों से घिरे एक शांत पर्वत पर जी रही थी।

'जब तक धन्वंतरि और सुश्रुत मृत देह को पुनर्जीवित करने में सफल नहीं

हुए, तब तक सबकुछ ठीक था। जब वह पहली बार सचेत हुआ और उसने अपने नेत्र खोले, तब मैं नागेंद्र और सुश्रुत के साथ कुटिया में थी।

'उसकी देह टाँकों और भरते घावों से सनी हुई थी। उसके गंजे सिर पर भयानक युद्ध के निशान दिख रहे थे। उसका एक नेत्र पिघल गया था और दूसरे नेत्र पर काला धब्बा पड़ गया था। उसका दायाँ कान नहीं था। उसका मुख अभी भी जीर्ण-शीर्ण था और उसका राक्षस जैसा रूप देखना भयानक था।

'पुनरुत्थान के पश्चात् उस व्यक्ति का नाम 'मृत्युंजय' रखा गया, जिसका अर्थ है—मृत्यु पर विजय।

'मैं नागेंद्र के बारे में जो कुछ भी जानती थी, वह उस दिन एकाएक परिवर्तित हो गया। वह हर समय क्रोधित रहता था, भौंहें चढ़ाता था, लड़खड़ाता था और कड़वे स्वर में बोलता था। वह मृत्युंजय से घृणा करता था; यद्यपि मृत्युंजय हृदय से मात्र एक शिशु था और अपने अतीत एवं वास्तविक दुनिया के बारे में कुछ भी नहीं जानता था। वह केवल उन ऋषियों को जानता था, जिनके साथ वह बड़ा हो रहा था।

'हम उसका कुटुंब थे, उसका पूरा विश्व।

'मैंने कई बार नागेंद्र से इस बारे में बात करने का प्रयास किया कि उसे क्या व्याकुल कर रहा था, परंतु उसने कभी भी अपनी बात व्यक्त नहीं की। फिर भी, सबकुछ होने के पश्चात् हमारा प्रेम बढ़ता रहा; किंतु इसके साथ ही उसके प्रति मेरा भय और उसके परिवर्तित व्यवहार में भी वृद्धि हुई।

'मृत्युंजय को पुनर्जीवित करने के पश्चात् सुश्रुत पूरे दिन हमारे साथ चिकित्सा-पद्धतियाँ सीखता और जब रात्रि होती तो धन्वंतरि उसे मृत्युंजय बनाने की प्रक्रिया में अपने उपदेशों को संकलित करने हेतु अपनी कुटिया में बुला लेता। शिविर में जनश्रुति फैलने लगी कि कुछ देवता भी रात्रि में धन्वंतरि को शक्तियों का आशीर्वाद देने हेतु उसके पास आते थे। जब भी सुश्रुत धन्वंतरि के दर्शन करने हेतु कुटिया से बाहर निकलता था और मृत्युंजय एक बालक के समान गहरी निद्रा में डूबा रहता था, तब मैंने देखा कि नागेंद्र भी कुटिया से निकल जाता था और कई घंटों के पश्चात् वापस आता था। मैं उससे इस विषय में प्रश्न करना चाहती थी, परंतु कभी साहस नहीं जुटा सकी; क्योंकि न केवल मैं उससे भयभीत थी, अपितु उससे इतना प्रेम भी करती थी कि उसे चिंतित नहीं कर सकती थी।

'मैं अधिकारवादी हो गई थी और उसे किसी के साथ साझा करने को तैयार

नहीं थी। यह भय इस संदेह के कारण उत्पन्न हुआ था कि हो सकता था, कोई और भी हो, जिससे वह प्रेम करता था। अत: एक रात्रि मैं चुपचाप उसके पीछे गई। जब मैंने उसे धन्वंतरि की कुटिया के बाहर अकेले बैठे देखा तो यह आभास करना बहुत सुख की बात थी कि मेरा संदेह असत्य था।

'फिर, एक रात्रि जब हमने संभोग किया और प्रेम से एक-दूसरे के आलिंगन में लेटे रहे, मैंने नागेंद्र से पूछा कि वह हर रात्रि धन्वंतरि की कुटिया के बाहर क्यों बैठता था?

'उसने बताया कि वह ऐसा कुछ शब्दों को सुनने हेतु करता था, जिनके लिए वह इतनी दूर आया था; परंतु उसे ऐसा लग रहा था कि प्रकृति उसके विरुद्ध थी। कभी-कभी धन्वंतरि के बोलने के समय बहुत तेज हवा चलती थी और कभी-कभी भेड़िए चिल्लाते थे और जो शब्द वह सुनना चाहता था, वे उन शोरों में दब जाते थे।

'उसके छिपे उद्‌देश्य के बारे में पता चलने के पश्चात् मुझे लगा कि यह विश्वास करना मूर्खता थी कि ब्रह्मांड ने हमें एक साथ लाने का संयोग रचा था।

'मुझे लगा था कि उसके साथ रहकर उसे समझने हेतु हमारे पास हिमालय में बहुत समय था; परंतु शीघ्र ही वह दिन आया, जब धन्वंतरि ने सभी ऋषियों को अपने प्रांतों में वापस जाने और उनसे सीखा हुआ ज्ञान प्रदान करने का आदेश दिया। यह घोषणा अप्रत्याशित थी और हम में से कोई भी इसके लिए तैयार नहीं था। तब धन्वंतरि ने नागेंद्र और मुझे सबके विदा होने से पूर्व भोजन बनाने का आदेश दिया। फिर भी, मैं आगे बढ़ने और उसे अपनी दुनिया दिखाने तथा यह देखने हेतु उत्साहित थी कि वह कहाँ से आया था। शिविर से निकलने के पश्चात् जहाँ भी वह मुझे ले जाता, मैं उसके साथ जाने हेतु तत्पर रहती थी।

'मैंने अपने शेष जीवन की योजना उसके साथ बनाई थी; परंतु मेरा काल्पनिक विश्व तब बिखर गया, जब मैंने देखा कि उस दिन तैयारी के मध्य ही नागेंद्र को रसोई से बाहर जाते देखा। रसोई की छोटी-सी खिड़की से मैं उसे हमारी कुटिया की ओर जाते देख सकता था। कुछ क्षणों के पश्चात् वह वापस आया और मैंने अनजान होने का नाटक किया। परंतु जब मैंने उसे हमारे द्वारा पकाए गए मीठे पकवान में कुछ जड़ी-बूटियाँ मिलाते हुए देखा तो मेरे धैर्य का बाँध टूट गया। मैंने उससे वैसे ही प्रश्न किया, जैसे तुमने आज मुझसे किया, परिमल। नागेंद्र को पूछताछ की अपेक्षा नहीं थी और उत्तर देते समय वह कुछ हड़बड़ा गया। वह जो कुछ भी कर रहा था, मैं उसका समर्थन नहीं करना चाहती थी। इसलिए मैं जाकर धन्वंतरि को बताने के

लिए द्वार की ओर बढ़ी। परंतु इससे पूर्व कि मैं बाहर निकल पाती, नागेंद्र ने मेरा मार्ग रोक लिया। उसने केवल गहराई से मेरे नेत्रों में देखा और मुसकराया। मुझे नहीं पता था कि फिर क्या हुआ। मैं भरकस प्रयास करने पर भी अपनी दृष्टि उस पर से नहीं हटा पा रही थी। कुछ ही क्षणों में मैं सम्मोहित हो गई। मैंने अपने जीवन में कभी भी इस प्रकार के सम्मोहन का अनुभव नहीं किया था। मैं अब पूर्णत: उसके वश में थी।

'अब जाओ और मुसकराहट के साथ उन सभी को यह परोसो।' यह उसका सबसे पहला आदेश था।

'मुझे पता था कि मैं कितना घोर अपराध करने जा रही थी। एक ऋषि की हत्या करना सभी पापों में सबसे बड़ा पाप था और मैं सात ऋषियों की हत्या करने वाली थी। मेरी देह ने केवल एक कठपुतली बनकर मुसकराते हुए मुख के साथ उन सभी को मिठाई परोसी। उन्होंने भी मुसकराकर प्रत्युत्तर दिया और मेरे प्रस्ताव को स्नेहपूर्वक स्वीकार कर लिया। मेरे ऋषियों की सेवा करने से ठीक पूर्व सुश्रुत और मृत्युंजय को धन्वंतरि ने अपनी कुटिया में बुलाया था। मैं उन्हें चिल्लाकर कहना चाहती थी कि वे इसका सेवन न करें, परंतु मैं ऐसा नहीं कर सकी। मैंने उन्हें एक के बाद एक गिरते हुए देखा और उन्होंने मुझे कुछ दूरी पर खड़ा देखा। फिर भी, एक आदमी की त्वचा के नीचे छिपे एक पर-पीड़क राक्षस की तरह उन्हें देखकर मुसकरा रहा था।

'बाद में, नागेंद्र रसोई से बाहर आया और बोला, 'सो जाओ।' मैं मृत ऋषियों के बीच त्वरित सो गया। मुझे नहीं पता कि मैं कितनी देर तक सोता रहा, परंतु नागेंद्र की आवाज ने मेरा नाम पुकारते हुए मुझे जगाया।

'देवद्रथ! यहाँ आओ!' उसने आदेश दिया। सभी ऋषि अभी भी मेरे आसपास मृत पड़े थे। मैं खड़ा हुआ और नागेंद्र के सम्मोहन से वशीभूत होकर धन्वंतरि की कुटिया में चला गया।

'मैंने कुटिया में जो देखा, उसने मुझे भीतर तक ऐसे झकझोर दिया था, जैसा कभी किसी दृश्य ने नहीं किया था।' एल.एस.डी. अपने शब्दों से ही रुँध गई और उसके नेत्रों में अश्रु भर आए। ऐसा लग रहा था कि वह ज्वलंत स्मृति के साथ आए भय और अपराध-बोध को पुन: जी रही थी। उसने एक गहरी व लड़खड़ाती साँस और भारी मन से आगे कहा।

'मैंने नागेंद्र को मांसाहारी पशु के समान सुश्रुत के शव का सेवन करते हुए

देखा। वह मृत देहों को कुरेदने वाले गिद्ध से कम नहीं लग रहा था! हिंसक और निर्दयी रूप से पीटे गए धन्वंतरि को पैरों से बाँध दिया गया था।

'मैं वहीं मूर्ति के समान खड़ी थी, जब नागेंद्र ने मेरी ओर देखा। उसके हाथ में सुश्रुत की आँतें थीं और उसके पूरे मुख पर रक्त लगा हुआ था। उसने बर्बरता से उसका सेवन किया और आसपास का परिसर मलिन कर दिया। उसने अपना बर्बर कृत्य रोका। वह खड़ा हुआ और मेरी ओर चलने लगा। धन्वंतरि ने मुझे देखा और विचार किया कि मैं सहायता करने हेतु वहाँ थी, क्योंकि उनके नेत्रों में आशा की किरण स्पष्ट थी। यद्यपि उन्हें अपनी चिंता नहीं थी। उन्हें अन्य सभी ऋषियों की चिंता थी।

'भागो देवद्रथ, भागो! दूसरों की रक्षा करो, मृत्युंजय की सहायता करो! वह अकेला है। दौड़ो!' धन्वंतरि चिल्लाए।

'नागेंद्र मेरी ओर बढ़ता रहा और धन्वंतरि के सामने मुझे चूम लिया। उसका रक्त से लथपथ मुख मेरे मुख से टकरा गया, जब उसकी जीभ मेरे होंठों और मुख पर फिर रही थी। रक्त का स्वाद और यह जानकर कि उसका मुख कहाँ था, मेरा मुख बंद हो गया; परंतु मैं असहाय था। मैं धन्वंतरि को देख सकता था, जबकि नागेंद्र उनके सामने मेरी वास्तविकता उजागर करता रहा। धन्वंतरि को न चाहते हुए भी जो देखना पड़ा, वह उनके लिए अकल्पनीय था। वह ऐसे समय में यौन संबंध बनाते हुए दो पुरुषों को देख रहे थे, जब ऐसा कोई संबंध न तो अस्तित्व में था और न ही इसके बारे में कभी विचार किया गया था। मेरे मुख पर लगे रक्त ने मुझे नागेंद्र के समान पापी के रूप में चिह्नित कर दिया था, जिससे मैं धन्वंतरि की दृष्टि में उनके सभी कार्यों में नागेंद्र के समान दोषी बन गया था।

'देवद्रथ ने सभी ऋषियों को विषैला मिष्टान्न परोसा और वे सभी बाहर मृत पड़े हैं। आओ, मैं तुम्हें दिखाता हूँ।' नागेंद्र ने धन्वंतरि से कहा, उन्हें रस्सी से वैसे ही खींचते हुए कुटिया से बाहर ले गया, जैसे वह मृत्युंजय की मृत देह के पैर बाँधकर उसे हमारे शिविर तक लाया था। धन्वंतरि नागेंद्र के कर्मों के प्रति आश्वस्त थे और उन्हें प्रमाण की आवश्यकता नहीं थी। मुझे ज्ञात था कि वह मृत संजीवनी की पुस्तकें चुराना चाहता था; परंतु मैंने कभी स्वप्न में भी नहीं विचार किया था कि वह उन सभी की हत्या कर देगा! वे नहीं जानते थे कि वे मेरे हाथों से अपनी मृत्यु स्वीकार कर रहे थे। मैं जोर-जोर से चिल्लाना चाहता था, सिसकना चाहता था, जानना चाहता था कि उसने मुझे जीवित क्यों रखा परंतु मैं एक अश्रु भी नहीं

बहा सका, क्योंकि यह भी उसके नियंत्रण में था।

'सुश्रुत की अमानवीय मृत्यु की पीड़ा और उनके दो विश्वसनीय शिष्यों द्वारा विश्वासघात का कुरूप आश्चर्य क्रोध में परिवर्तित हो गया, जब धन्वंतरि को अन्य ऋषियों के शव मिले। जिस व्यक्ति ने दूसरों की जान बचाने हेतु अपना जीवन समर्पित कर दिया था, वह अब अपने ही शिष्यों के शवों से घिरा हुआ था।

'मुसकराओ, देवद्रथ।' नागेंद्र ने कहा और मैं अनजाने में फिर से मुसकराने लगा। धन्वंतरि ने हम दोनों की ओर देखा। उसके सामने दो पुरुष निर्लज्जता से मुख पर रक्त लगाए खड़े थे।

'धन्वंतरि ने अपना रक्त निकालने हेतु अपने घावों में से एक को निचोड़ा, उसे अपनी हथेली पर रखा, उसे ऊँचा रखा और कहा, 'मुझे ज्ञात है कि तुम मोक्ष की कामना करते हो। इस प्रकार छल से अपने ही लोगों की हत्या करने के लिए मैं तुम्हें शाप देता हूँ कि तुम जीवन और मृत्यु के चक्र से कभी मुक्त नहीं हो पाओगे। तुम जो खोज रहे हो, वह तुम्हें कभी नहीं मिलेगा। तुम सभी योनियों में जन्म लोगे और सभी युगों में बार-बार कष्टपूर्वक मरोगे। तुम्हें यह अभिशाप स्मरण रहेगा और अपने सभी दयनीय, विडंबनापूर्ण जीवनों की हर पीड़ा तुम्हें स्मरण रहेगी, जो तुम्हारे अपने ही लोगों के विरुद्ध इस राक्षस का समर्थन करने के निर्णय का उपहास करती रहेंगी। तुम्हें अपने जीवन में पीड़ा से अधिक कुछ भी अनुभव नहीं होगा और तुम कभी भी सम्मानजनक मृत्यु नहीं मरोगे। तुम अपनी मृत्यु के पश्चात् अपने शवों की दुर्दशा देखने से भी वंचित नहीं रहोगे। तुमने उसके प्रेम के लिए अपनी आत्मा बेच दी। मैं तुम्हें श्राप देता हूँ कि तुम्हारी आत्मा सदैव उसकी दास बनी रहेगी और आने वाले सभी जीवनों में तुम उसे और केवल उसे ही अंतिम पड़ाव के रूप में पाओगे।'

'आदेश था मुसकराने का। मानो उसे ताना मार रहा हो, मैं अपने मुख पर सुश्रुत का रक्त और अपने हाथों पर अन्य सभी ऋषियों की मृत्यु के साथ धन्वंतरि को देखकर निर्लज्जता से मुसकराता रहा। ये देवद्रथ से कहे गए उनके अंतिम शब्द थे।

'धन्वंतरि को वर्षों तक पास की गुफा में बंदी बनाकर रखा गया था, जहाँ हमने पहली बार संभोग किया था।

'देवद्रथ की देह मेरी आत्मा के लिए कारागार बन गई। देवद्रथ के शेष जीवन में मुझे सदैव सम्मोहित रखा गया। देवद्रथ तो नागेंद्र के हाथ की कठपुतली मात्र

था। उसने देवद्रथ का जहाँ चाहा, जिस प्रकार चाहा, उपयोग किया। समय के साथ देवद्रथ वृद्ध हो गया और देखा कि शुक्राचार्य के कारण नागेंद्र की आयु एक दिन भी नहीं बढ़ी। वह इतना वृद्ध हो गया था कि वह स्वयं चल भी नहीं सकता था; परंतु नागेंद्र जहाँ भी जाता था, सदैव उसे अपने साथ ले जाता था।

'एक दिन, देवद्रथ की तेजी से नष्ट हो रही देह से संभोग करने के पश्चात् नागेंद्र उसके पास बैठा और बोला, 'क्या तुमने कभी विचार किया है कि मैंने उन सभी ऋषियों के साथ तुम्हें क्यों नहीं मारा? क्योंकि मुझे तुमसे प्रेम है! तुमने मेरे साथ खड़े रहने हेतु इतना कुछ सहा है और इसलिए, मैंने तुम्हें आपने पास आने से पूर्व आज धन्वंतरि को सत्य बताने का निर्णय लिया है। मैंने उससे कहा कि तुम सम्मोहित थे और उन सभी ऋषियों की हत्या तुमने नहीं की थी। मैंने उससे तुम्हें श्राप से मुक्त करने हेतु कहा और उसने मुझे अपना श्राप तोड़ने का उपाय बताया और तुम्हें मोक्ष प्राप्त करने हेतु मुक्त कर दिया। मैं तुम्हें मुक्ति दे सकता हूँ और दूँगा; परंतु केवल तभी, जब तुम मुझे द्वार खोलने और विश्व पर राज करने में सहायता करने का वचन दोगे। मेरे प्रिय! तुम जो चाहते हो, वह तुम्हें तभी प्राप्त होगा, जब तुम मुझे वह प्राप्त करने में सहायता करोगे, जो मैं चाहता हूँ। अब तुम्हारी मोक्ष-प्राप्ति मेरी इच्छा की पूर्ति पर निर्भर है। एक बार तुमने मुझे यह वचन दे दिया तो तुम चाहकर भी इसे कभी नहीं तोड़ पाओगे। यदि तुम द्वार खुलने तक जो कुछ भी मैं तुमसे माँगता हूँ, उसे करने का वचन देते हो तो मैं तुम्हें मुक्ति का वचन देता हूँ। यदि तुम इससे सहमत हो तो मैं तुम्हें त्वरित अपने सम्मोहन से मुक्त करने का भी वचन देता हूँ।'

'मैं चालीस वर्षों से अधिक समय से देवद्रथ की देह में फँसी हुई थी और उसने जो माँगा, उसे देने के उपरांत मेरे पास कोई विकल्प नहीं था। फिर, मैंने अपने जीवन की सबसे बड़ी भूल की। मैंने उसे वचन दिया, यह जानते हुए भी कि मैं चाहकर भी पीछे नहीं हट सकती। जैसा कि उसने मुझे वचन दिया था, उसने देवद्रथ को अपने वश से मुक्त कर दिया। देवद्रथ स्वयं का प्रतिशोध लेने या लड़ने हेतु बहुत वृद्ध हो गया था। देवद्रथ के जीवन के अंतिम दिन तक नागेंद्र देवद्रथ को अपने साथ रखता रहा, परंतु देवद्रथ की मृत्यु स्वाभाविक नहीं थी।

'उसका अंतिम दिन वह दिन था, जब नागेंद्र ने एक झील के किनारे एक मगरमच्छ को देखा था। 'मुझे तुमसे प्रेम है। शीघ्र ही मिलेंगे।' नागेंद्र ने कहा और मेरी देह को जीवित मगरमच्छ को परोस दिया।

'मैं अपनी रक्षा करने या यहाँ तक कि अपने क्रूर भाग्य से भागने का प्रयास करने के लिए भी बहुत वृद्ध थी। मुझे वह पीड़ा स्मरण है, जिससे मैं गुजरी थी, जब मगरमच्छ ने मुझे चीर डाला था और मेरे जीवित तथा साँस लेती देह को भक्ष लिया था। मैंने नागेंद्र को मगरमच्छ को दुलारते देखा, उसे मुझे खाते हुए देखा। मेरी मृत्यु हो गई और मेरी आत्मा वहीं खड़ी मगरमच्छ को शव की हड्डियाँ कुचलते तथा टुकड़े-टुकड़े मांस खाते हुए देखती रही। मगरमच्छ ने जी भरकर मेरा सेवन किया और फिर पानी में लौटने से पूर्व मेरी आधी देह भूमि पर छोड़ दी। नागेंद्र भी चला गया। शव पर दावा करने या दाह-संस्कार करनेवाला कोई नहीं होने के कारण देह का जो कुछ भी शेष था, उसे पहले गिद्धों व कौंओं ने खाया और फिर कीड़ों ने। कई दिनों तक मैं धन्वंतरि के श्राप के कारण अपनी देह को क्षय होते और विलीन होते देख रही थी। मैं एक नेक मनुष्य थी; परंतु जब आपको अनुचित मनुष्य में प्रेम मिलता है तो आपकी नेकी का यही हाल होता है।

'इस क्रूर मृत्यु के पश्चात् मैंने एक छोटे पक्षी के रूप में अपने नेत्र खोले और मैंने जो पहला मुख देखा, वह नागेंद्र का था। जो वचन उसने मुझसे लिया था, वह बस, एक और जाल था। धन्वंतरि ने जो शाप दिए थे, वे सब अब मेरे लिए सत्य होते जा रहे थे। देवद्रथ, जो कभी नागेंद्र का प्रेमी था, अब एक छोटे पक्षी के रूप में उसका पालतू पशु था। तब से अब तक मेरे अनगिनत पुनर्जन्म हो चुके हैं। मैं कई जन्मों में कई वृक्ष रह चुकी हूँ और नागेंद्र द्वारा एक के बाद एक, मेरी शाखाओं को काटा गया है, कभी-कभी उसे गरम रखने हेतु या कभी उसके लिए घर बनाने तथा अन्य आवश्यक वस्तुओं के लिए। उसने मुझे काटने हेतु अपनी कुल्हाड़ी के हत्थे भी मुझसे बना लिये! मैं इस विश्व के लगभग सभी जीवित और विलुप्त प्राणियों, पक्षियों और जलीय जीवों में से एक रही हूँ; परंतु देवद्रथ के पश्चात् मुझे कभी दूसरी मानव देह नहीं मिली। लतिका के रूप में अब तक। जब भी मेरा जन्म हुआ, मुझे नागेंद्र मिल जाता, मुझ पर शासन करने हेतु``या मुझे कहना चाहिए, वह सदैव मुझे ढूँढ़ लेता। मैं जो कुछ भी बनती, नागेंद्र ही मेरा अंत होता, जैसे धन्वंतरि ने श्राप दिया था। मुझे अपने सारे जीवन, अपनी मृत्यु, अपने दुःख और पीड़ाएँ स्मरण हैं। मेरी अधिकांश मृत्युएँ नागेंद्र के हाथ हुईं, और प्रत्येक जीवन का वास्तव में कष्टदायी अंत हुआ। कभी-कभी वह मुझे नई देह देने हेतु दूसरे जानवरों को खिला देता था, और कभी-कभी वह ही मुझे खा जाता था।'

□

7

जन्म और ऋण

परिमल का मानना था कि अब तक उसने एल.एस.डी. के बारे में जो कुछ भी सुना था, वह उसके जीवन में उसके अनगिनत रूपों का संक्षेप में वर्णन करने हेतु पर्याप्त था। फिर भी, एल.एस.डी. गहराई तक जाना चाहती थी और इस प्रकार, उसने हर वह विवरण साझा करना जारी रखा, जो उसे लगा कि परिमल के लिए जानना आवश्यक था।

परिमल की ओर देखकर अपनी दृष्टि फेरते हुए एल.एस.डी. ने कहा, 'सतयुग और त्रेता युग में मैं नागेंद्र के साथ थी, जब वह अथक रूप से मृत्युंजय को खोज रहा था। त्रेता युग के अंत के पश्चात् द्वापर युग का आरंभ हुआ, जिसमें भगवान् कृष्ण का जन्म हुआ। मैं एक विशाल ऊदबिलाव के रूप में जीवित थी, जो उस समय ग्रह का सबसे बड़ा कृंतक था।

'एक दिन नागेंद्र ने एक रहस्यमय शेरनी को देखा, जो गहरे काले रंग की थी और उसकी देह चमकदार थी। शेरनी गर्भवती थी और अकेले शिकार करने में असमर्थ थी। नागेंद्र को अपना अगला पालतू पशु मिल गया था। उसने मुझे फिर मार डाला और शेरनी को परोस दिया। कुछ ही क्षणों में मैंने अपने जीवन को मृत्यु में परिवर्तित होते और स्वयं को पुनर्जन्म की प्रक्रिया अनुभव करते देखा। मेरे लिए कुछ भी नया नहीं लग रहा था; न मृत्यु की पीड़ा, न पुनर्जन्म का सुख। विशाल ऊदबिलाव की पीड़ा के परिणामस्वरूप एक आकर्षक काले शेर के शिशु के रूप में मेरा जन्म हुआ, जिसकी चमक माँ के समान ही मनमोहक थी। नागेंद्र मुझे वैसे ही गले लगाता और दुलारता था, जैसे वह अब करता है। शीघ्र ही मैं एक वयस्क शेर बन गई।

'नागेंद्र मेरी सवारी करता, और उस असामान्य दृश्य ने लोगों को यह विश्वास करने पर विवश कर दिया कि वह एक ईश्वर-प्रदत्त व्यक्ति था। उसकी प्रतिष्ठा

दावाग्नि से भी अधिक तेजी से फैलने लगी और वर्तमान मध्य भारत के हर प्रांत को उसके बारे में पता चल गया था। एक दिन, जब हम अपनी तृष्णा बुझाने हेतु एक नदी के किनारे रुका तो एक स्त्री सहायता हेतु उसके पास आई। उसने उससे कहा कि वह उस ईश्वरीय पुरुष की खोज में थी, जो काले शेर पर सवार था। वह अपने नवजात पुत्र को अपने वस्त्रों में लपेटे हुए लाई थी। जब उसे ज्ञात हुआ कि उसे नागेंद्र मिल गया था, तो उसने वस्त्र खोला और उसे अपना शिशु दिखाया तथा उन आशाओं के बारे में कहा, जो लोगों ने उसे दी थीं और यह कि कैसे यह ईश्वर-प्रदत्त व्यक्ति उसका अंतिम सहारा था!

'पहले तो शिशु अंधा प्रतीत हो रहा था, क्योंकि उसके माथे पर नेत्रों के छिद्र ही नहीं थे; परंतु जब महिला ने उसे पूर्णतः खोला, तब हमें ज्ञात हुआ कि वह अर्ध-पुरुष और अर्ध-सर्प था। उसके नेत्र समतल त्वचा की एक परत से ढँके हुए थे, जबकि उसकी देह का ऊपरी भाग एक पुरुष का था और निचला भाग एक अजगर का। वह स्त्री सरपुती थी और जिस शिशु को वह लाई थी, वह था लोपाक्ष—तुम्हारा सबसे पहला पूर्वज।'

एल.एस.डी. की यह बात सुनकर परिमल अवाक् रह गया। उसने नई जानकारी के टुकड़ों को एकत्र करना आरंभ किया, जिन्हें वह धीरे-धीरे उजागर कर रही थी परंतु उसे लगा कि एल.एस.डी. को और भी कुछ कहना था।

'सरपुती ने हमें अष्टावक्र के बारे में बताया और बताया कि क्यों उसके पति अघासुर को भगवान् कृष्ण ने लोपाक्ष को जन्म देने से पूर्व ही मार डाला था! उसने अपने पुत्र को सर्पों के विश्व के साथ-साथ मनुष्यों द्वारा भी अस्वीकार किए जाने की व्यथा व्यक्त की और बताया कि वह हमें क्यों उग्रता से ढूँढ़ रही थी। उसने अपने पुत्र को बचाने हेतु कोई भी मूल्य चुकाने का वचन दिया, यहाँ तक कि अपने प्राण त्यागने को भी वह तत्पर थी। उसकी निर्बलता नागेंद्र के लिए एक अवसर थी।

'वह उसके पुत्र की रक्षा करने हेतु सहमत हो गया, उसने उसे आश्वासन दिया कि वह उचित स्थान पर आई थी और केवल उसके पास ही उसके प्रश्नों के उत्तर थे। उसका करिश्मा और उसकी प्रभावशाली आभा उन पर भी काम कर रही थी। नागेंद्र ने अपनी शर्तें रखीं कि उसके पुत्र को दृष्टि और पूर्ण मानव देह तभी प्राप्त होगी, जब सरपुती शपथ लेगी कि उसके वंश की आने वाली पीढ़ियाँ नागेंद्र की सेवा करने के लिए बाध्य होंगी। यह तब तक जारी रहेगा, जब तक वे नागेंद्र की सेवा करते रहेंगे और एक बार जब उनके पुत्र नागेंद्र की सेवा करने के योग्य हो

जाएँगे, तब तक सेवा करने वाली पीढ़ी अंततः अर्ध-सर्प और अर्ध-मानव के अपने मूल स्वरूप में मृत्यु को प्राप्त हो जाएँगी।

'बुद्धिमान होने और सबकुछ देखने वाले नेत्र होने के उपरांत सरपुती उस आसन्न दुःख को नहीं देख सकी, जो उसकी आने वाली पीढ़ियों पर भारी पड़ेगा। अपने पुत्र के प्रति प्रेम से अभिभूत होकर उसने सभी शर्तें स्वीकार कर लीं। इस प्रकार नागेंद्र को अपना अगला दास मिल गया।

'स्मरण है, जब तुमने मुझे अपने अतीत के बारे में बताया था और कहा था कि तुम नागेंद्र से कैसे जुड़े हुए हो? और मैंने तुम्हें बताया था कि मैं सरपुती एवं लोपाक्ष के बारे में जानती थी; क्योंकि मैंने उनके बारे में सोते समय नागेंद्र की कही कथाओं में सुना था? मैंने असत्य कहा था! यह सोने के समय की कथा नहीं थी, अपितु एक घटना थी, जिसकी मैं प्रत्यक्षदर्शी थी। जब यह सब हुआ, मैं काले शेर के रूप में उसके ठीक बगल में थी।

'तब से तुम्हारे पूर्वज पीढ़ी-दर-पीढ़ी नागेंद्र की सेवा करने के अभिशाप के साथ वरदान की हवेली में फँस गए और मैं उनकी पालतू बनकर रह गई तथा सभी प्रकार के पशु-रूपों में नागेंद्र की सेवा करती रही, जिन्हें अब तुम अपनी हवेली की दीवारों पर लटके हुए चित्रों में देखते हो।'

इसके साथ ही एल.एस.डी. ने परिमल के नेत्रों में देखा, जो पहले से ही उस पर अटके हुए थे। वे केवल यही विचार कर सकते थे कि नागेंद्र के साथ उनके आपसी बंधन से परे उनका जीवन कितना जटिल और दूर तक एक-दूसरे से जुड़ा हुआ था।

एल.एस.डी. ने आगे कहा, 'द्वापर युग में मैंने जो एक और बड़ी घटना देखी, वह महाभारत में द्रोणाचार्य की मृत्यु थी।'

'द्रोणाचार्य! अश्वत्थामा के पिता?' परिमल चकित होकर नए रहस्योद्घाटन को समझने का प्रयास कर रहा था, जो किसी-न-किसी प्रकार एल.एस.डी. द्वारा अब तक कही गई हर बात से संबंधित था।

'हाँ, द्रोणाचार्य! पांडवों एवं कौरवों के गुरु, अनुकरणीय सैन्य कौशल और ज्ञान से परिपूर्ण पुरुष, महर्षि भरद्वाज के पुत्र तथा अश्वत्थामा के पिता।

'द्वापर युग के दौरान, जब भगवान् कृष्ण किशोरावस्था में प्रवेश करने वाले थे और कुरुक्षेत्र का युद्ध अभी कुछ समय दूर था, तुम्हारे पूर्वजों ने नागेंद्र की सेवा करनी आरंभ कर दी थी और वृद्ध काले शेर के रूप में मेरी मृत्यु हो गई थी। फिर

मैंने एक मक्खी के रूप में पुनर्जन्म लिया, जो कि मेरे द्वारा अनुभव किया गया सबसे छोटा जीवनकाल था—चौदह दिन। केवल एक पखवाड़े के भीतर मैंने एक काले शेर के रूप में मरकर एक मक्खी के रूप में और फिर हाथी के एक बच्चे के रूप में पुनर्जन्म लेकर तीन भिन्न जीवन पार किए।

'हाथी के बच्चे के रूप में ही नागेंद्र ने मुझे बड़े पैमाने पर प्रशिक्षण देना आरंभ कर दिया था। मुझे जो खिलाया जाता था, उस पर वह अच्छी दृष्टि रखता था और मेरे रख-रखाव पर पूरा ध्यान देता था। मुझे विभिन्न अस्त्रों के सभी प्रकार के प्रहारों को सहन करने, युद्ध के दौरान अपने सवार की रक्षा करने और आदेशों का पालन करने के लिए प्रशिक्षित किया गया था, जिसमें शत्रु के रथों, घोड़ों और अन्य हाथियों को क्षति पहुँचाना भी शामिल था। कुछ वर्षों के कठोर प्रशिक्षण के पश्चात् मैंने युद्ध में अपनी देह के सभी अंगों का अस्त्र के रूप में प्रयोग करने में महारत हासिल कर ली थी। जब वह मुझे लेकर कुरुक्षेत्र पहुँचा, जहाँ सभी योद्धाओं एवं साम्राज्यों ने युद्ध में भाग लिया तो सारा प्रशिक्षण उनके लिए उपयोगी साबित हुआ। वह ओम्, जो उस समय विदुर की भूमिका निभा रहा था, की खोज में एक साधारण सवार के रूप में कौरवों की सेना में जुड़ गया; परंतु तब नागेंद्र को इसकी जानकारी नहीं थी। विदुर उन अत्यंत कम लोगों में से एक थे, जिन्हें युद्ध में भाग लेना अस्वीकार्य था। नागेंद्र युद्ध की धूल भरी आँधियों में ओम् का मुख ढूँढ़ता रहा।'

'तुमने महाभारत युद्ध में भाग लिया था?' परिमल ने प्रश्न किया।

'हाँ! और मैं भीम द्वारा मारी गई।' एल.एस.डी. का स्वर दुःख भरा था।

'भीम! वह शक्तिशाली और दुर्जेय पांडव, जिसने बाद में दुर्योधन को मार डाला?' परिमल ने पुष्टि की।

'हाँ!' एल.एस.डी. ने गंभीर, किंतु चिड़चिड़े स्वर में उत्तर दिया।

'क्यों?' जिज्ञासु परिमल ने पूछा।

'द्रोणाचार्य सर्वोच्च एवं सबसे महान् योद्धाओं में से एक थे। ऐसे योद्धा को सरल रणनीतियों से पराजित करना असंभव था। परंतु कृष्ण एक ऐसी योजना लेकर आए थे, जो हर किसी की समझ से परे थी। उन्होंने पांडवों से बस, उनके निर्देशों का पालन करने को कहा। उनकी शरारतपूर्ण ढंग से बनाई गई रणनीति एक हाथी को मारने की थी, जिसका नाम 'अश्वत्थामा' था, जो द्रोणाचार्य के पुत्र का भी नाम था, और फिर द्रोणाचार्य को यह विश्वास दिलाना था कि वह उनका पुत्र था, जो युद्धभूमि में मारा गया था। कृष्ण के सुझाव पर भीम ने हाथी को मार डाला।'

'क्या तुम अश्वत्थामा नामक हाथी थीं, जो मारा गया था?' परिमल ने अधिक जानने के लिए उत्सुक और चौड़े नेत्रों के साथ अपने अनुमान को व्यक्त किया, साथ ही उसकी कथा के हर पहलू के बीच संबंध को समझने का प्रयास किया।

'हाँ, मैं ही थी। भीम ने वैसे ही किया, जैसे योजना बनाई गई थी; क्योंकि द्रोणाचार्य को पराजित करने का यही एकमात्र उपाय था। उसने मुझे मार डाला और त्वरित अपने कर्कश स्वर में घोषणा की, 'अश्वत्थामा हतः इतत्।' अर्थात्, 'अश्वत्थामा मारा गया'।

'सशंकित द्रोणाचार्य ने उस दिन के युद्ध में फैल रही इस अफवाह पर ध्यान नहीं दिया और युधिष्ठिर के पास पहुँचे, जो सत्य और धर्म के पालन के लिए जाने जाते थे। 'क्या यह सत्य है, जो मैंने सुना है? क्या मेरा पुत्र मारा गया है? क्या अश्वत्थामा की मृत्यु हो गई है? मुझे उत्तर दो!' द्रोणाचार्य ने युधिष्ठिर से प्रश्न किया।

'युधिष्ठिर ने धीमे स्वर में उत्तर दिया और कहा, 'अश्वत्थामा हतः इतत्। नरो वा कुंजरो वा।' इसका अर्थ था—अश्वत्थामा मारा गया है। पता नहीं पुरुष है या हाथी।

'यद्यपि द्रोणाचार्य युधिष्ठिर के उत्तर का दूसरा भाग—'नरो वा कुंजरो वा' (पता नहीं पुरुष या हाथी) नहीं सुन सके, क्योंकि कृष्ण ने योद्धाओं को विजय के बिगुल और तुरही इतनी जोर से बजाने का निर्देश दिया था, जिससे रणभूमि का ध्यान भटक जाए और युधिष्ठिर के मुख से निकले शेष शब्द भी दब जाएँ। द्रोणाचार्य केवल 'अश्वत्थामा हतः इतत्' (अश्वत्थामा मारा गया) कथन का पहला भाग ही सुन पाए। चकित व निराश द्रोणाचार्य अपने रथ से उतर गए और रक्त से लथपथ भूमि पर सिर झुकाकर बैठ गए और अपने पुत्र के लिए विलाप करने लगे। तभी निहत्थे द्रोणाचार्य का सिर काट दिया गया। युद्ध के नियम का उल्लंघन किया गया। विश्वासघात और ऐसी कपटपूर्ण रणनीति से आचार्य द्रोण की मृत्यु का समाचार अश्वत्थामा तक पहुँचा, जिससे वह क्रोध व प्रतिशोध से भर गया, जिसने उसे इतनी गंभीर त्रुटियाँ करने के लिए विवश किया कि अंततः उसे ऐसी स्थिति में डाल दिया गया, जहाँ उसे स्वयं कृष्ण द्वारा श्राप दिया गया था।

'अपनी हवेली में, जब तुमने हमारे विवाह से ठीक पूर्व मुझे नम नेत्रों के साथ फ्रेम के सामने खड़ा पाया, जहाँ मैंने तुम्हें बताया था कि मेरा नाम लतिका है, तो मैं किसी को स्मरण नहीं कर रही थी। मैं अपने पिछले जीवन को देख रही थी। मैं विचार कर रही थी कि मैं धन्वंतरि के शिविर से लेकर विभिन्न आकृतियों

एवं आकारों में जन्म लेने से एक पालतू पशु के रूप में सेवा करने तक कितनी दूर आ गई हूँ, और मुझे अभी भी उस द्वार तक पहुँचने हेतु कितना आगे जाना है, जिसे नागेंद्र खोलना चाहता है! मैं अभी भी नहीं जानती कि उस द्वार के पीछे क्या है? परंतु एक तथ्य के बारे में मैं निश्चित हूँ कि जब वह खुल जाएगा, तब मुझे मोक्ष प्राप्त हो जाएगा। तब तक मुझे अपने स्वामी के आदेशों का पालन करते रहना चाहिए, जो त्रुटिपूर्वक इस विचार में है कि वह मेरा जीवनसाथी है।

'तुम्हें पता है, परिमल, जिस प्रकार मेरी मृत्यु हुई है, मुझे सदैव उसका खेद था और मैं तब तक इस बात को अनदेखा नहीं कर सकी कि मेरा सम्मानपूर्वक अंतिम संस्कार नहीं किया गया, जब तक कि मैं तुम्हारे पिता के उस पालतू पशु के रूप में नहीं मर गई, जो तुम्हें भी प्रिय था...'

'बादल—मेरा सफेद हिरण!' परिमल ने कहा।

'हाँ! तुम्हारी हवेली के प्रबंधक शुभेंद्र ने ही बादल का अंतिम संस्कार उचित ढंग से किया था। यद्यपि बाद में नागेंद्र के आदेश पर तुम्हारे पिता द्वारा उन्हें दंडित किया गया, क्योंकि नागेंद्र को हिरण का मांस पसंद है और इसलिए वह बादल के मांस का स्वाद लेना चाह रहा था; परंतु ऐसा नहीं हो सका। मुझे अब भी स्मरण है कि जब बादल की मृत्यु हुई तो तुमने किस प्रकार शोक मनाया था। जब मैं हिरण की देह से मुक्त हुई थी, तब तुम केवल पाँच वर्ष के थे। इसलिए मैं तुमसे पाँच वर्ष छोटी हूँ, क्योंकि मैंने उसी हवेली के भीतर एक मनुष्य के रूप में पुनर्जन्म लिया था।'

इससे परिमल चकित हो गया और उसके मन में उन लोगों तथा हवेली की झलक स्पष्ट रूप से घूमने लगी। वह उन स्मृतियों को छानने और किसी असामान्य व्यक्ति को जोड़ने का प्रयास कर रहा था, जो एल.एस.डी. हो सकती थी; परंतु उससे पूर्व एल.एस.डी. ने स्वयं ही इसका उत्तर दे दिया।

'मैंने चौरासी लाख योनियों, अर्थात् चौरासी लाख अवतारों के पश्चात् एक मनुष्य के रूप में जन्म लिया है। बादल की मृत्यु के समय शुभेंद्र की पत्नी अपनी पहली तिमाही में थी और वही मेरे नए जीवन का मार्ग बन गई। प्रसव के दौरान उसकी मृत्यु हो गई और जब शुभेंद्र अपनी पत्नी की मृत्यु का शोक मना रहा था, नागेंद्र ने अवसरवादी होने के नाते, मुझे उससे चुरा लिया और रात के अँधेरे में हवेली छोड़ दी। यही कारण है कि मैंने शुभेंद्र को कन्यादान की रस्में निभाने के लिए चुना था, ताकि मैं उन्हें वह सम्मान दे सकूँ, जिसके एक पिता के रूप में वे हकदार थे। मैंने कहीं सुना था कि जो कन्यादान करता है, उसे मोक्ष अवश्य प्राप्त होता है। बादल के लिए

उन्होंने जो किया, उसके लिए उन्हें धन्यवाद देने का यह मेरा विनम्र तरीका भी था।

'मिलारेपा, जिन्हें तुमने हाल ही में आगरा में जलकर मरते देखा था, वे एक सहस्र वर्ष पूर्व नागेंद्र के साथी भी थे। मैं भी उन्हें जानती थी। जब मिलारेपा पहली बार नागेंद्र से मिले तो मैं एक मृत पत्ती जैसी दिखने वाली तितली थी। मेरा नाम मालती था। उस समय नागेंद्र 'ननशाद' के नाम से जाना जाता था और रावण के प्रति लोगों की आस्था को दृढ़ करने में लगा हुआ था, जिसके लिए वह एक मंदिर भी बना रहा था, जो आज भी उत्तर प्रदेश के बिसरख में स्थित है।

'मुझे मिलारेपा के सामने एक गर्भवती छिपकली को खिलाया गया था और इस प्रकार, छिपकली के रूप में मेरा पुनर्जन्म हुआ और मिलारेपा ने उसका नाम 'कर्क' रखा। मेरा अगला जन्म 'कुरूप' नाम के लकड़बग्घे के रूप में हुआ और मुझे मिलारेपा ने नागेंद्र के प्रति विश्वासघात के तहत मार डाला। उस दिन उन्होंने परशुराम और अश्वत्थामा को ओम् के अस्तित्व के बारे में सूचित करने के लिए कैलाश पर्वत पर भागने से पूर्व कुरूप और धन्वंतरि को मार डाला। मिलारेपा को सदैव आश्चर्य होता था कि वे जंगली पशु नागेंद्र के आदेशों को कैसे समझते थे और उसकी आज्ञाओं का पालन करते थे तथा उसके कहने पर मिलारेपा पर दृष्टि रखते थे। परंतु उन्हें कभी ज्ञात नहीं हुआ कि मृत पत्ती वाली तितली, छिपकली और लकड़बग्घा—सभी में एक ही आत्मा थी—मेरी।

'और यह मेरी पूरी कहानी है, परिमल। अब ऐसा कुछ भी नहीं है, जो तुम नहीं जानते और इससे अधिक साझा करने हेतु मेरे पास कुछ नहीं। मुझे आशा है कि मैंने तुम्हारे सभी प्रश्नों के उत्तर दे दिए हैं।'

'एक को छोड़कर।' परिमल ने कहा।

एल.एस.डी. ने परिमल की ओर देखा और उसके पूछने की प्रतीक्षा की।

'अब हम एक-दूसरे के लिए कौन हैं?' परिमल ने उसके नेत्रों में देखते हुए पूछा।

एल.एस.डी. मौन खड़ी रही। उसके पास इसका कोई उत्तर नहीं था। अपने जीवन के ऐसे महत्त्वपूर्ण मोड़ पर, जब वे माता-पिता बनने वाले थे, तब भी वे इस बात से अनजान थे कि उनके बीच किस प्रकार का संबंध था। परिमल ने एल.एस.डी. से उत्तर की आशा में एक क्षण प्रतीक्षा की, परंतु उसकी लंबी चुप्पी ने उसे उत्तर दे दिया। फिर क्रोधित होकर उसने एक दास के समान अपना सिर झुकाकर उसे ताना दिया और वहाँ से चला गया।

एल.एस.डी. उसी भावनात्मक स्थिति में अपने अतीत में खोई रही।

इस बीच, गुजरात में समुद्र-तट को सुरक्षित कर लिया गया और संरक्षित किया गया; परंतु जलमग्न द्वारका सदैव के लिए अदृश्य हो गई। समाचार विभिन्न मृत जलीय पशुओं व मछलियों के ढेर के दृश्यों से भरे हुए थे, जो भारी हवाओं और विशाल, उछलती लहरों के परिणामस्वरूप तट पर जमा हो गए थे। एक और शब्द के खो जाने और एक और विपत्ति के कहर के साथ दुनिया पर संकट गहरा हो गया था। जो लोग इस विनाश के पीछे के कारणों को जानते थे, वे समय की भयानक गति से भी परिचित थे। इस विनाश और शिकार को समाप्त करने के लिए शुक्राचार्य के अगले पड़ाव और उनके शिष्य कहाँ जाने वाले थे, इसका पता लगाना महत्त्वपूर्ण था।

□

अब परशुराम ज्ञानगंज लौट आए थे और उसी कुटिया में वेदव्यास से मिलने पहुँचे, जहाँ अश्वत्थामा और वेदव्यास ओम् के अतीत के बारे में सुन रहे थे। ओम् ने आशा भरी दृष्टि से परशुराम की ओर देखा; परंतु इससे पूर्व कि वह कुछ कह पाता, परशुराम ने वेदव्यास को बुलाया और चले गए। वेदव्यास खड़े हुए और परशुराम के पीछे गए। ओम् के उत्तर प्राप्त करने का उचित समय अभी भी नहीं आया था।

'वेदव्यास, मुझे आपकी सहायता की आवश्यकता है। आप जो भी कर सकते हैं, कीजिए और पता लगाइए कि शुक्राचार्य कहाँ हैं! हमने ऐतिहासिक रूप से पाँच महत्त्वपूर्ण स्थान खो दिए हैं और इसके साथ ही असुरों ने पाँच शब्द प्राप्त कर लिये हैं। हमें लगा था कि नागेंद्र की मृत्यु के साथ यह सब समाप्त हो गया था, परंतु ऐसा नहीं है। शुक्राचार्य के असुरों को मारना कोई समाधान नहीं है। हमें शुक्राचार्य को ढूँढ़ना होगा और उन्हें रोकना होगा। अगला शब्द मिलने से पूर्व हमें उन्हें ढूँढ़ना होगा, इसलिए आपको अभी से प्रयास आरंभ करना होगा!'

वेदव्यास ने उन्हें आश्वासन दिया, 'मैं उन्हें ढूँढ़ने का हर संभव प्रयास करूँगा।' परशुराम को फिर से ज्ञानगंज छोड़ने के लिए मुड़ते देख वेदव्यास ने प्रश्न किया, 'आप अभी वापस आए हैं। अब कहाँ जा रहे हैं?'

'एक असुर से भेंट करने। संभव है, वे कुछ जानते हों।' परशुराम ने आशा भरे स्वर में कहा और चले गए।

वेदव्यास अश्वत्थामा एवं ओम् के पास वापस गए और कहा, 'मुझे एक कार्य दिया गया है और मैं कुछ समय के लिए यहाँ नहीं रहूँगा।'

अश्वत्थामा ने पूछा, 'परशुराम कहाँ हैं?'

'वे चले गए।' वेदव्यास ने देखा कि उनके उत्तर ने ओम् को कितना निराश कर दिया; परंतु जटिल स्थिति ने उन्हें भी कक्ष से बाहर जाने पर विवश कर दिया।

ओम् अत्यंत धैर्यवान् रह चुका था और अपने अनुरोध के समाधान एवं अनुमति के लिए अब और प्रतीक्षा नहीं कर सकता था। उसने निर्णय लिया कि यदि वह फिर से ज्ञानगंज से बाहर निकलना चाहता है तो उसे कुछ चरम कदम उठाने होंगे। परंतु विद्रोह का रास्ता चुनने से पूर्व वह अंतिम बार अश्वत्थामा को समझाने का प्रयत्न करना चाहता था। इस बात को अपना अंतिम शांतिपूर्ण उपाय मानते हुए ओम् ने कथा जारी रखी।

'मैं न तो दूत की रक्षा कर सका और न ही अपने गाँव लौटने के अपने वचन को निभा सका; परंतु मुझे विश्वास है कि निभीशा अभी भी मेरे द्वारा उसे वापस बुलाने की प्रतीक्षा कर रही है, जैसा कि मैंने उसे वचन दिया था। अश्वत्थामा, अब तुम जानते हो कि मुझे क्यों जाना है! मैं यह जोखिम क्यों उठाना चाहता हूँ और मुझे क्यों लगता है कि यह मेरे जाने का उचित समय है! अन्यथा अत्यंत विलंब हो जाएगा। कृपया···कृपया मुझे जाने दो। मुझे निभीशा को मुक्त कराना है! उसे मेरे प्रति अपनी निष्ठा का दंड मिला है। अब, जब मुझे अपना वचन स्मरण आ गया है तो मैं उससे अब और प्रतीक्षा नहीं करवा सकता।'

ओम् की भावनात्मक उथल-पुथल को जानने, समझने और इस तथ्य से सहमत होने के उपरांत कि निभीशा मुक्त होने की हकदार थी, अश्वत्थामा लड़खड़ा नहीं सकता था, क्योंकि वह एक दायित्व से बँधा हुआ था।

'मुझे आदेश है कि तुम्हें रोका जाए और तुम्हें ज्ञानगंज से बाहर न जाने दिया जाए। तुम्हें परशुराम की अगली आज्ञा तक यहीं रहना होगा।'

'मैं किसी के आदेश का उल्लंघन नहीं करना चाहता, अश्वत्थामा। मैंने तुम्हें रूपकुंड पहुँचने की शीघ्रता समझाने में बहुत समय व्यतीत कर दिया है। मैं अब और धैर्य नहीं रख सकता।' ओम् ने कहा।

'तुमने अपने अतीत में कृपाचार्य की अवज्ञा की और शिशु का जन्म हुआ···' अश्वत्थामा ने तर्क दिया और इससे पूर्व कि ओम् विरोध कर पाता, अश्वत्थामा ने उस पर अपने तर्कों की बौछार कर दी, 'मिलारेपा की मृत्यु हो गई। वृषकपि के तो प्राण ही निकल गए। एक शिशु के जन्म के कारण विश्व विनाश के इतने निकट आ गया!' ओम् मौन खड़ा रहा, परंतु अश्वत्थामा की ओर देखता रहा, जबकि

अश्वत्थामा बोलता रहा। ऐसा लग रहा था कि वह क्रोधित था।

'तुमने एक बार ज्ञानगंज छोड़ दिया था; परंतु मेरी दृष्टि में, तुम पुनः ऐसा नहीं करोगे। मुझे क्या उचित या अनुचित लगता है, इसका कोई महत्त्व नहीं। मैं तुम्हें बाहर नहीं जाने दे सकता।' अश्वत्थामा की आवाज धीमी और भारी हो गई।

गहरी साँस लेते हुए निराश ओम् ने कहा, 'जिस प्रकार सफेद रंग के भी कई रंग होते हैं, उसी प्रकार अनुचित और उचित के भी कई रंग होते हैं। यद्यपि हम में से कोई भी अनुचित नहीं है, दुर्भाग्यवश इस समय तुम्हारा अधिकार और मेरा अधिकार एक-दूसरे के विपरीत खड़े हैं। मैं वही करूँगा, जो मेरी दृष्टि में उचित है और तुम वही करो, जो तुम्हारी दृष्टि में उचित है। मैं जा रहा हूँ।' और ओम् कुटिया से बाहर जाने लगा।

अश्वत्थामा ने चेतावनी दी, 'मुझे तुम पर अपने आदेश थोपने के लिए विवश मत करो, ओम्, क्योंकि तब मुझे तुम्हें इस प्रकार से अपमानित करना होगा, जो न केवल तुम्हें शारीरिक रूप से हानि पहुँचाएगा, अपितु हमारे सम्मानजनक संबंध पर भी कुछ दाग लग जाएँगे।'

'मैं भी तुमसे यही अनुरोध करता हूँ, अश्वत्थामा। मुझे विवश मत करो। मैं नई मित्रता को सुरक्षित रखने हेतु पुराने संबंध को नष्ट नहीं कर सकता। कृपया मुझे रोकने का प्रयास न करो।' ओम् ने उत्तर दिया और बाहर चला गया।

अश्वत्थामा ने उसका पीछा करते हुए अपनी अंतिम चेतावनी दी, 'ओम्, इससे पूर्व कि मेरे पास कोई विकल्प न रहे, वहीं रुक जाओ!'

ओम् ने ध्यान नहीं दिया और आगे बढ़ता रहा, जिससे अश्वत्थामा क्रोधित हो गया। वह ओम् के पीछे दौड़ा और उस पर वार कर दिया। दोनों के बीच युद्ध छिड़ गया। उसका पहला आक्रमण हलका था, क्योंकि उसका उद्देश्य केवल ओम् को रोकना था। परंतु ओम् ने उसके वार का करारा उत्तर दिया। इस प्रकार, उसने हर वार के साथ लड़ाई की तीव्रता बढ़ा दी, क्योंकि ओम् को कुछ भी रोक नहीं सकता था। अश्वत्थामा को ओम् की वास्तविक शक्ति की झलक मिली, जिसे वह अपनी नीयत और कार्य के मिलन से प्राप्त कर रहा था। अश्वत्थामा ऐसा कौशल देखकर आश्चर्यचकित रह गया। उसने देखा कि ओम् उसकी अगली चाल का अनुमान लगा सकता था और कुशलता से उन सभी को चकमा दे रहा था। वह ऐसे वार कर रहा था, जिन्हें अश्वत्थामा ने अभी तक ओम् को नहीं सिखाया था, परंतु वह उन सभी में पारंगत था।

अश्वत्थामा ने कहा, 'जब से तुम्हें सबकुछ स्मरण आया है, तब से तुम पूर्ण रूप से परिवर्तित हो गए हो।' ओम् न केवल एक योद्धा के समान शक्तिशाली था, अपितु उसके पास अश्वत्थामा की बातों का चातुर्यपूर्ण उत्तर भी था।

'अश्वत्थामा, जब मैं बाहर जाने हेतु तुम्हारी अनुमति माँग रहा था तो मैं केवल पद का सम्मान करने का प्रयास कर रहा था। यह तुम्हारे पद के प्रति सम्मान का प्रतीक मात्र था। उचित सदैव उचित होता है, और यदि तुम्हें विश्वास है कि तुम जो कर रहे हो वह उचित है, तो तुम्हें किसी की अनुमति की आवश्यकता नहीं है; क्योंकि मुझे तुम्हारी अनुमति की आवश्यकता नहीं है।

'अश्वत्थामा, मुझे आशा है कि तुम्हें आभास होगा कि मैंने अब तक केवल तुम्हारे वारों के विपरीत अपना रक्षण किया है। आशा है कि तुम रुकोगे और मुझे चुपचाप जाने दोगे। कृपया मुझ पर आक्रमण न करो। मैं तुम्हें आघात नहीं पहुँचाना चाहता, क्योंकि मैं जानता हूँ कि यद्यपि मैंने जो कहा, उस पर तुम विश्वास रखते हो; परंतु मुझे रोकना तुम्हारा कर्तव्य है।' ओम् को आशा थी कि उसके शब्द अश्वत्थामा को शांत कर देंगे, परंतु उन्होंने इसके विपरीत कार्य किया और उसे अधिक क्रोधित कर दिया। ओम् जानता था कि यदि वह जाना चाहता था तो अश्वत्थामा को रोकना ही एकमात्र विकल्प शेष था। इस बार ओम् ने न केवल स्वयं की रक्षा की अपितु पुनः वार भी किया। जैसे ही अश्वत्थामा ओम् की ओर बढ़ा, उसके हाथ में तलवार उभर आई। ओम् ने अपने नेत्र बंद कर लिये और अश्वत्थामा ने ओम् के हाथ में तलवार प्रकट होते देखी। यह अश्वत्थामा के लिए आश्चर्यजनक था, क्योंकि उसने कभी ओम् को तलवार का आवाहन करना नहीं सिखाया था; फिर भी वह ऐसा कर सकता था। तलवार ने ओम् को नागेंद्र और उसके साथ हुए द्वंद्व में उसकी पराजय का स्मरण दिलाया। ओम् क्रोधित हो गया और अश्वत्थामा ने भी तब तक अपनी तलवार पकड़ ली। तलवारबाजी आरंभ हो गई। दोनों योद्धाओं ने एक-दूसरे पर इतने उग्र क्रोध से वार किया कि एक ही झटके में एक मानवीय देह आधा हो सकती थी। कुछ ही समय में अश्वत्थामा को पता चला कि वह शौकिया तौर पर नहीं लड़ रहा था और ओम् की शक्ति एवं कौशल का सामना करना एक चुनौती थी। पासा पलट गया था। जो इस समय आक्रमण कर रहा था, वह अब रक्षण हेतु संघर्ष कर रहा था। ओम् की तलवार लगातार अश्वत्थामा पर प्रहार कर रही थी, क्योंकि ओम् की भुजाएँ बिल्कुल परिश्रांत नहीं लग रही थीं। प्रत्येक प्रहार ने न केवल अश्वत्थामा के अस्त्र पर, अपितु उसके मस्तिष्क पर भी प्रभाव डाला और यह तब तक जारी

रहा जब तक कि उसकी तलवार और उसकी इच्छा-शक्ति नष्ट नहीं हो गई। अश्वत्थामा जो हुआ, उसे स्वीकार नहीं कर सका।

'बहुत हुआ यह उन्माद, अश्वत्थामा!' ओम् दहाड़ा। अश्वत्थामा अपने घुटनों के बल बैठा था और सबकुछ समझने का प्रयास कर रहा था। 'वहीं रहो। मुझे ज्ञात है कि मैं क्या कर रहा हूँ। यह मत भूलो कि तुम्हारे जन्म से भी बहुत पूर्व मैं इस धरती पर था।' ओम् अब अनुरोध नहीं कर रहा था, अपितु दृढ़ स्वर में आदेश दे रहा था। यद्यपि अश्वत्थामा भी कोई निर्बल योद्धा नहीं था। जैसे ही ओम् उससे दूर चला गया, वह अपनी पूरी शक्ति लगाकर पुनः खड़ा हो गया। अश्वत्थामा ने अपने नेत्र बंद कर लिये और अब, जब तलवार पर्याप्त नहीं थी, तो धनुष व बाण का आवाहन किया। अश्वत्थामा को यह देखकर आश्चर्य हुआ कि ओम् ने भी एक धनुष व बाण पकड़ रखा था। अश्वत्थामा ओम् को क्षति पहुँचाए बिना केवल रोकना चाहता था। ओम् की इच्छा भी अश्वत्थामा को क्षति पहुँचाए बिना वहाँ से जाने की थी। फिर भी, उनके बीच बाणों का संघर्ष छिड़ गया। अश्वत्थामा के हर बाण की शक्ति और गति बढ़ती रही; परंतु ओम् सरलता से उनका सामना करने में सक्षम था। जब सबकुछ व्यर्थ सिद्ध हुआ, तब अश्वत्थामा ने नागपाश का आवाहन किया। नागपाश अपने लक्ष्य को जीवित व विषैले सर्पों की कुंडली में बाँध सकता था। 'रामायण' में रावण के पुत्र इंद्रजीत ने राम और लक्ष्मण पर इसका प्रयोग किया था। जब ओम् ने नागपाश को अपनी ओर आते देखा तो उसे रोकने हेतु उसने कोई बाण नहीं चलाया। अश्वत्थामा को विश्वास था कि इससे युद्ध समाप्त हो जाएगा और ओम् को बंदी बना लिया जाएगा; परंतु उसे यह देखकर आश्चर्य हुआ कि ओम् से केवल एक इंच की दूरी पर नागपाश हवा में अदृश्य हो गया। अगले ही क्षण वह पुनः प्रकट हुआ और उसका सिर अब अश्वत्थामा की ओर था। पलक झपकते ही अश्वत्थामा सहस्र सर्पों से बँधा हुआ गिर पड़ा।

ओम् शांतिपूर्वक अश्वत्थामा की ओर बढ़ा और उससे कहा कि नागपाश उसे नौ दिनों में मुक्त कर देगा और तब तक ओम् ज्ञानगंज से बहुत दूर निकल जाएगा। नागपाश से उलझा अश्वत्थामा असहाय होकर भूमि पर पड़ा रहा, ओम् को जाते हुए देखता रहा और यह विचार करता रहा कि जिस अस्त्र का आवाहन उसने किया था, वह उलटा कैसे पड़ गया?

□

8

लक्ष्य, वचन और शक्ति

ओम् अंततः ज्ञानगंज से बाहर आ गया, परंतु कैलाश से नहीं। उसने राहत की साँस ली और दक्षिण की ओर देखा, जहाँ से रास्ता रूपकुंड की ओर जाता था। वह इस बात से अनभिज्ञ था कि बलहार की दृष्टि उस पर थी। जैसे ही ओम् ज्ञानगंज से कुछ कदम दूर गया, बलहार ने एक बड़ी छलाँग लगाकर उस पर आक्रमण कर दिया। ओम् सतर्क हो गया और इससे पूर्व कि वह संकट को भाँप पाता, बलहार की विशाल देह ने उसे नीचे गिरा दिया। स्वयं को मुक्त करने के लिए संघर्ष करते हुए ओम् ने बलहार को अपने ऊपर हावी होते देखा, जबकि यति गुर्रा रहा था और ओम् के मुख पर लार टपका रहा था। बलहार इतना शक्तिशाली पशु था कि वह किसी भी मनुष्य को केवल अपने हाथों से ही कुचल सकता था। उसकी पकड़ ओम् की गरदन पर दृढ़ होती गई; जबकि ओम् एकाएक इतना गरम होने लगा कि बलहार की हथेलियाँ जलने लगीं, जिससे उसकी पकड़ ढीली हो गई। ओम् अवसर का लाभ उठाते हुए वहाँ से तेजी से हटा और त्वरित अपने पैरों पर खड़ा हो गया, जैसे ही उसकी देह त्वरित शिथिल हो गई। यह ओम् की देह की एक विशेषता थी, जिसका श्रेय उसमें उपस्थित काली रक्त कोशिकाओं को जाता था। ओम् के लिए स्वयं को पुनः लड़ने के लिए सज्ज करने हेतु कुछ क्षण पर्याप्त थे; परंतु उसे यह भी ज्ञात था कि वह वहाँ बलहार से कुश्ती लड़ने में अधिक समय व्यर्थ नहीं कर सकता था। उसे शीघ्र-अतिशीघ्र रूपकुंड पहुँचना था, इसलिए उसने अब लड़ाई में भाग न लेने का निर्णय लिया और सिर से पैर तक बलहार पर अपनी दृष्टि गड़ाना आरंभ कर दिया, जैसे उसकी जाँच कर रहा हो! बलहार पर इसका कोई प्रभाव नहीं पड़ रहा था और वह कृपाचार्य के आदेशानुसार उसे टुकड़े-टुकड़े करने की स्पष्ट नीयत से दहाड़ते हुए, उसी आक्रामकता के साथ ओम् की ओर दौड़ा। यहाँ तक कि जब बलहार ओम् की ओर दौड़ा, तो ओम् एक इंच भी आगे

नहीं बढ़ा, बचाव का कोई संकेत नहीं दिखाया और बलहार को निरंतर देखता रहा।

एक बार जब वे निकट आ गए तो बलहार ने उसे इतनी जोर से मुक्का मारा कि एक सामान्य मनुष्य की मृत्यु हो जाती; परंतु आश्चर्य की बात यह थी कि भूमि पर गिरने के पश्चात् भी ओम् की दृष्टि बलहार से नहीं हटी। बलहार इस बात से थोड़ा अचंभित लग रहा था कि इतने भारी प्रहार का ओम् पर कितना कम प्रभाव पड़ा! इससे बलहार और भी अधिक आहत हुआ, इसलिए उसने अपनी मुट्ठियाँ भींच लीं और क्रोध में दहाड़ते हुए एक ही झटके में ओम् के सिर के टुकड़े-टुकड़े कर देने हेतु सज्ज हो गया। जैसे ही बलहार अपना अंतिम वार करने हेतु आगे बढ़ा, ओम् ने शांतिपूर्वक अपने नेत्र बंद कर लिये, जैसे कि वह ध्यान समाधि में प्रवेश करने वाला हो। बलहार को यह मृत्यु के प्रति पूर्ण समर्पण जैसा लगा; परंतु वास्तव में, ओम् किसी को बुला रहा था। बलहार की दृढ़ भुजाएँ फैल गईं और ओम् के सिर को कुचलने के लिए बंद होने ही वाली थीं और ओम् के सिर से एक इंच दूर थीं कि दो अत्यंत विशाल हाथों ने उसके हाथों को पकड़ लिया। हक्का-बक्का बलहार ने ऊपर देखा तो पाया कि एक विशालकाय प्राणी उसके चारों ओर छाया हुआ था और क्रोध से उसकी ओर देख रहा था। इससे पूर्व कि बलहार कुछ समझ पाता कि क्या हो रहा है, एक शक्तिशाली मुक्का उसके मुख पर आया। उसे पहली बार अपनी औषधि का स्वाद मिला।

"वह प्राणी कौन था और कहाँ से आया था?" मिसेज बत्रा ने पूछा।

"वह वृषकपि था, जिसे ओम् ने तब बुलाया था, जब उसने अपने नेत्र बंद कर लिये थे। बलहार को सिर से पाँव तक देखने के पश्चात् ओम् केवल वृषकपि के बारे में विचार कर सका, जो बलहार पर विजय पाने और उसे पराजित करने में सक्षम था। इस प्रकार, ओम् ने उसे बुलाया था, ताकि वह बलहार को दूर रख सके और ओम् शीघ्र वहाँ से भाग सके।"

ओम् बलहार से कुछ दूरी पर खड़ा था और उनके बीच वृषकपि खड़ा था; ठीक उसी प्रकार, जैसे वह एक बार अपने सेबरटूथ और ओम् के बीच खड़ा था, जब वे पहली बार मिले थे।

जहाँ ओम् ने धीरे-धीरे अपने गंतव्य की ओर बहने वाली हवा का अनुसरण करना आरंभ किया, वृषकपि का पूरा ध्यान बलहार को वहीं रखने पर था, जिससे विशाल यति के लिए एक ही समय में ओम् और वृषकपि पर दृष्टि रखना कठिन हो गया। क्रोध में चिल्लाते हुए बलहार, वृषकपि की ओर तेजी से बढ़ा और ओम् तक

पहुँचने हेतु उसके ऊपर से कूदने से पूर्व उसके जबड़े पर एक मुक्का मारा। यद्यपि वृषकपि पर मुक्के का कोई प्रभाव नहीं पड़ा, इसलिए इससे पूर्व कि बलहार उसे पार कर पाता, वृषकपि ने बलहार का हाथ पकड़ लिया और उसे ओम् से दूर फेंक दिया। अपने भारी और विशाल देह होने के उपरांत बलहार एक छोटे खिलौने के समान भूमि पर लुढ़क गया। वृषकपि अब अपने कंधों को पीछे खींचकर दृढ़ता से खड़ा हो गया। उसका स्वभाव बलहार को यह समझने के लिए पर्याप्त था कि वृषकपि को पराजित करना आसान नहीं होगा और वृषकपि को पराजित किए बिना ओम् तक पहुँचना असंभव था। बलहार की सारी एकाग्रता अब वृषकपि पर केंद्रित थी।

दोनों योद्धाओं ने एक-दूसरे के विरुद्ध एक सुर में जो दहाड़ निकाली, वह वातावरण में चहुँओर गूँज उठी और बर्फ में गड़गड़ाने लगी। वे एक-दूसरे पर आक्रमण करने लगे और इस प्रकार हाथोंहाथ युद्ध छिड़ गया।

ओम् ने इस अवसर का लाभ उठाया और वहाँ से चला गया। इस बीच, बलहार ने वृषकपि की सरपट चाल का सामना करने हेतु अपनी पूरी सहन-शक्ति का प्रयोग किया। जब उनकी दृष्टि एक-दूसरे पर टिकी थीं तो उनका सारा क्रोध आपसी दुविधा में परिवर्तित होता दिख रहा था। बलहार कृपाचार्य के आदेशों का पालन करने की बाध्यता और उस व्यक्ति से लड़ने की अनिच्छा, जिसकी उसने जान बचाई थी, के बीच फँस गया था। वृषकपि यह तय नहीं कर पा रहा था कि उसे ओम् को दिया अपना वचन पूरा करना चाहिए या नहीं, भले ही इसका अर्थ उस व्यक्ति से लड़ना था, जिसने उसे घायल अवस्था में ज्ञानगंज लाकर उसके प्राण बचाए थे। फिर भी, उनमें से कोई भी अपनी पकड़ ढीली करने को तैयार नहीं था। दोनों ने मुड़कर ओम् को देखा और देखा कि वह अदृश्य हो चुका था। बलहार यह देखकर निराश हो गया कि वह कृपाचार्य की आज्ञा का सफलतापूर्वक पालन नहीं कर सका और उस हताशा के कारण उसने वृषकपि को इतनी जोर से धक्का दिया कि वह कुछ मीटर दूर गिर गया। वृषकपि ने तेजी से साँस छोड़ी और बलहार के मुख पर तब तक प्रहार किया, जब तक वह बर्फ पर गिर नहीं गया।

एक क्षण पश्चात् वृषकपि बलहार के समीप आया और उसके आगे अपना हाथ बढ़ाया। बलहार ने उसका हाथ पकड़ा और स्वयं को ऊपर उठा लिया।

'मुझे क्षमा करना, मेरे मित्र। मुझे ऐसा करने हेतु विवश होना पड़ा, क्योंकि मैंने ओम् को अपना वचन दिया था कि जब भी उन्हें मेरी आवश्यकता होगी, तब मैं उनकी सहायता के लिए आऊँगा। जिस प्रकार मैं आज ओम् के लिए उपस्थित हुआ

हूँ, उसी प्रकार जब भी तुम मुझे बुलाओगे, मैं तुम्हारे लिए भी उपस्थित होऊँगा। यह एक रक्षक का दूसरे रक्षक को दिया वचन है।' वृषकपि ने सत्यनिष्ठ रूप से कहा।

अश्वत्थामा नागपाश की कुंडली में फँसा हुआ था। कृपाचार्य फिर चले गए थे। परशुराम एक असुर की खोज में थे। मिलारेपा की मृत्यु हो गई थी। बलहार वृषकपि से पराजित हो गया था। वेदव्यास शुक्राचार्य की नीयत के बारे में और अधिक जानने का पूर्ण प्रयास कर रहे थे। परंतु सबसे बढ़कर, ओम् का ज्ञानगंज से भागना एक विनाशकारी घटना थी, जिसकी अपेक्षा उनमें से किसी ने भी नहीं की थी। अन्य सब विषयों से अनभिज्ञ नागेंद्र और दल अपने मिशन में आगे बढ़ रहे थे। पनडुब्बी में एल.एस.डी. परिमल की जाँच करने हेतु नागेंद्र के केबिन से लौट आई। उसकी उपस्थिति का आभास होने पर परिमल अपने स्थान से खड़ा हुआ और सिर झुकाकर उसका स्वागत किया। ये जिद्दी, मौन ताने उसे व्याकुल कर रहे थे और वह उस पर टूट पड़ी।

'कृपया मेरे साथ एक दास के समान व्यवहार मत करो।'

'मेरे लिए कोई आदेश, महोदया? आप यहाँ आने के विपरीत मुझे नागेंद्र के शयनकक्ष में बुला सकती थीं।' अभी भी अपने निष्क्रिय व आक्रामक व्यवहार को बनाए हुए परिमल ने उत्तर दिया।

एल.एस.डी. ने स्वयं को शांत करने और सामंजस्य बनाए रखने का प्रयास करते हुए एक गहरी साँस ली, फिर शांति से उत्तर दिया, 'तुमने मुझसे पूछा कि हम एक-दूसरे के लिए कौन हैं? मैं तुम्हें इसका उत्तर देने आई हूँ, परिमल। और वैसे भी, हम दोनों अभी भी दास हैं, नागेंद्र के लिए काम करते हैं, इसलिए तुम्हारे पास आने हेतु मेरे पास सदैव एक से अधिक कारण हो सकते हैं। अब उस प्रश्न पर वापस आते हैं, जो तुमने पूछा था। यह है उसका उत्तर—तुम मेरे पति हो, मैं तुम्हारी पत्नी हूँ और मैं जिस शिशु को जन्म दूँगी, वह हमारा है। यही हैं हम एक-दूसरे के लिए।'

परिमल फिर भी अपनी बात पर दृढ़ रहा और निरुत्तर रहा। एल.एस.डी. निकट आई और उसके सामने खड़ी हो गई।

'तुम पूरा सत्य जानना चाहते थे और अब तुम सबकुछ जान गए हो। मैं यह सब तुम्हें कभी नहीं बताना चाहती थी, क्योंकि मैं तुम्हें कभी भी ठेस नहीं पहुँचाना चाहती थी, परिमल।' उसने उन दोनों के बीच की दूरी को और कम करते हुए कहा, 'मैं तुम्हें महसूस कर सकती हूँ। मैं तुम्हारी बात सुनती हूँ और मुझे आभास होता

है कि मेरा अतीत तुम्हें दुःख पहुँचाता है; परंतु एक बात है, जिसे तुम्हें भी समझने की आवश्यकता है। उसके साथ रहना मेरी विवशता है, रुचि नहीं। यहाँ आना और तुम्हारे सामने खड़ा होना एक विकल्प है, विवशता नहीं।' यह पहली बार था, जब एल.एस.डी. केवल जानकारी नहीं दे रही थी, अपितु अपनी वास्तविक भावनाओं को साझा कर रही थी और परिमल से प्रतिक्रिया की अपेक्षा कर रही थी। 'नागेंद्र ने और मैंने शारीरिक संबंध बनाए हैं, परंतु हमने कभी एक-दूसरे को विवाह करने का वचन नहीं दिया; जबकि तुम और मैं विवाहित हैं! मेरे साथ विश्वासघात किया गया और मैं अब भी उसके साथ रहने के लिए विवश हूँ। तुम्हारे साथ भले ही मुझे रहने के लिए विवश किया जाए, परंतु मुझे इसमें विवशता का अनुभव नहीं होता। नागेंद्र जैसे पुरुष से प्रेम करने के लिए मुझे आवश्यकता से कहीं अधिक दंड मिला है; परंतु तुम्हारे द्वेष रूपी दंड की मैं बिल्कुल भी हकदार नहीं हूँ।'

एल.एस.डी. ने प्रतिक्रिया की आशा में उस पर दृष्टि डाली; परंतु इस बार परिमल के होंठ कड़े रहे। इससे एल.एस.डी. क्रोधित हुई और उसकी कोमल व नम दृष्टि त्वरित सूख गई और उसका स्वर दृढ़ हो गया। 'हम आगे भीमकुंड जाएँगे। इसके लिए तैयारी करो।'

'जी, महोदया!' संक्षिप्त प्रतिक्रिया आई, जिसमें स्वीकृति कम और अपमान अधिक था। एल.एस.डी. ने जो कुछ भी कहा था, उससे परिमल स्पष्ट रूप से अप्रभावित लग रहा था, जबकि एल.एस.डी. नेत्रों में आँसू भरे कक्ष से बाहर निकली।

"भीमकुंड!" मिसेज बत्रा ने उनकी नीयत के बारे में और अधिक जानने की इच्छा से भौंहें चढ़ा दीं।

6,000 वर्षों से भी पूर्व भीमकुंड एक प्राकृतिक जलाशय था, जो मध्य प्रदेश के छतरपुर जिले के बाजना गाँव के पास स्थित था। वह एक पवित्र स्थान था और उसे 'नीलकुंड' के नाम से भी जाना जाता था।

भीमकुंड अपने आकर्षक फिरोजी जल के लिए प्रचलित था, जो लाल मिट्टी, दाँतेदार चट्टानों में जमा जलाशय था और रंगों के इस विरोधाभास को देखकर कोई भी मंत्रमुग्ध हो जाता था। कुंड का जल इतना स्पष्ट था कि सबसे गहरे छोर में तैरती मछलियाँ भी ऊपर से दिखाई देती थीं। भीमकुंड अपने अस्तित्व में अद्वितीय था और अपनी सुंदरता के विषय में आसानी से यह किसी की अपेक्षाओं को पार कर जाता था। वह कुंड एक गुफा के भीतर स्थित था, जिसके बाएँ प्रवेश द्वार पर एक

शिवलिंग स्थापित था। यद्यपि वहीं कुंड गुफा में लगभग तीन मीटर की गहराई में स्थित था; जैसे ही सूरज की पहली किरण जल पर पड़ती, वह उसके भीतरी भागों को चमकदार नीले और फिरोजी के विभिन्न रंगों में प्रकाशित कर देती। यह वास्तव में एक रहस्यमय दृश्य था!

भीमकुंड और उसका जल महाभारत काल में एक विशेष स्थान रखता था और जब तक उसका अस्तित्व था, तब तक वह वैज्ञानिकों के लिए भी एक रहस्य था। जब पांडवों को कौरवों ने 12 वर्षों के लिए वनवास दे दिया था और वे घने वनों में भटक रहे थे, तब द्रौपदी अपनी तृष्णा को नियंत्रित नहीं कर सकी और चिलचिलाती धूप में अचेत हो गई। पाँचों भाई जल के स्रोत की व्यर्थ खोज करते रहे। तभी सहस्र हाथियों के समान शक्तिशाली भीम ने अपनी गदा से भूमि पर प्रहार किया। एक ही झटके में एक खोखला गड्ढा बन गया और जहाँ से जल बाहर आ गया। वह गुफा की छत थी और उसके पश्चात् वहि कुंड का मुख बन गया। इस प्रकार द्रौपदी ने अपनी तृष्णा बुझाई और उस स्थान का नाम भीम के नाम पर रखा गया।

रहस्यमय रूप से कुंड की गहराई मापी नहीं जा सकी। शोधकर्ताओं एवं वैज्ञानिकों द्वारा कई प्रयास किए गए थे और कुंड की गहराई नापने हेतु विश्व भर से लोग आए, परंतु कोई भी सफल नहीं हो सका। एक बार कुछ विदेशी वैज्ञानिकों ने जल के भीतर कैमरे लगाकर उसे 200 मीटर तक नापा था, परंतु इससे आगे वे कुंड के तल का पता लगाने में असमर्थ रहे। इसके पश्चात् भी किए गए कई प्रयास अपने इच्छित उद्‌देश्य तक पहुँचने में विफल रहे!

इस बात के पर्याप्त प्रमाण हैं कि जब भी कोई प्राकृतिक आपदा आती थी तो भीमकुंड एक भविष्यवक्ता में परिवर्तित हो जाता था।

"इसका क्या अर्थ है?" मिसेज बत्रा ने पूछा।

प्राकृतिक आपदा आने से पूर्व कुंड का जल स्तर तेजी से बढ़ जाता था, भले ही मध्य प्रदेश राज्य चारों ओर से भूमि से घिरा हुआ है और कुंड एवं समुद्र के बीच कोई संपर्क धारा नहीं है। गुजरात (2001), जापान (2011) और नेपाल (2015) में आए भूकंपों से पूर्व भी स्थानीय लोगों ने ज्वार की लहर और रंगों में बदलाव देखा था, जिसके माध्यम से लोग आपदाओं का अनुमान .गा सकते थे। दुर्भाग्यवश, कोई भी नहीं जानता था कि संकेतों को कैसे पढ़ा जाए और उनकी सटीक भविष्यवाणी कैसे की जाए? इसके उपरांत कुंड का जल गंगा के समान पवित्र माना जाता था। ऐसा माना जाता था कि उस पवित्र जल में एक डुबकी कई त्वचा रोगों को ठीक

करने के लिए पर्याप्त थी। प्रतिदिन कई स्थानीय लोग और आगंतुक उस कुंड में स्नान करते थे, फिर भी भीमकुंड का जल अपनी पवित्रता व शुद्धता बनाए रखने के लिए पर्याप्त सक्षम था और किसी भी प्रकार के शैवाल या बैक्टीरिया के विकास से कभी दूषित नहीं होता था। उसके रहस्य को और गहरा करने हेतु भीमकुंड में डूबने वाले लोगों के शव कभी वापस ऊपर नहीं आते; बस, अदृश्य हो जाते!

जहाँ नागेंद्र एवं दल स्पष्ट रूप से अपने स्थान से परिचित थे और अपने अगले शब्द के लिए कुंड के पास जा रहे थे, ओम् को रूपकुंड को पहचानने में ही अत्यंत कठिनाई हो रही थी। गहरे रूप से उदासीन अनिभाव करते हुए—ओम् ने हिमालय की शृंखला से नष्ट हुए रूपकुंड तक लगभग वही—और अभी भी सबसे छोटा—मार्ग लिया, जहाँ से उसकी मृत देह को अज्ञात नागेंद्र ने घसीटा था।

उसका मानना था कि निभीशा अभी भी अपनी प्रतिमा अवस्था में वहीं होगी; परंतु वह यह भी जानता था कि वह स्थान बर्फ के ढेर, यहाँ तक कि चट्टानों से ढँका होगा और उसे खोजने में उसे कई सप्ताह लग जाएँगे। उसने रूपकुंड के हर इंच और फीट में निभीशा को खोजने का निर्णय लिया, यद्यपि उसे कंकालों की झील की निर्दिष्ट परिधि का अनुमान था, क्योंकि जिन कंकालों का कोई नातेदार कभी वहाँ नहीं आया, वे कोई और नहीं, बल्कि वे योद्धा थे, जिनके साथ उसने कभी अपना जीवन व्यतीत किया था। वह उस स्थान पर पहुँच गया, जहाँ नागेंद्र और उसके साथियों द्वारा किए गए हिम-स्खलन से पूर्व रूपकुंड उपस्थित था, जिसने उस स्थान के अस्तित्व को सदैव के लिए मिटा दिया था और वृषकपि को मृत्यु के निकट पहुँचा दिया था।

तब तक अश्वत्थामा अपने पैरों पर वापस खड़ा हो गया था, क्योंकि नागपाश ने उसे नौ दिनों के पश्चात् स्वतंत्र कर दिया था। अश्वत्थामा अपनी कुटिया में चला गया और ओम् को खोजने तथा उसे वापस लाने के लिए ज्ञानगंज छोड़ने के लिए तैयार होने लगा।

वेदव्यास ने कहा, 'ऐसा लगता है कि तुम शीघ्रता में हो, अश्वत्थामा!'

'हाँ, द्रष्टा! मैं परशुराम के लौटने से पूर्व ओम् को वापस लाने जा रहा हूँ और मुझे ज्ञात है कि वह कहाँ होगा! यदि मैं बिना किसी विलंब के वहाँ पहुँच गया तो उसे ढूँढ़ सकता हूँ।'

वेदव्यास ने मुसकराते हुए उत्तर दिया, 'तुम जानते हो कि उसे कहाँ ढूँढ़ना है, क्योंकि वह भागने या छिपने का प्रयास नहीं कर रहा।'

'कदाचित् आप उचित कह रहे हैं; परंतु मुझे इस बात की चिंता है कि कृपाचार्य उसके बारे में उचित कह रहे हैं। क्या होगा, यदि उसे वास्तव में वह मिल जाए, जिसकी उसे अभी खोज है? क्योंकि विश्व यह देखने हेतु सज्ज नहीं है, जो वह लाना चाहता है। मुझे जाना चाहिए।' अश्वत्थामा ने कहा और चला गया।

अश्वत्थामा को जाते हुए देखकर वृषकपि वेदव्यास के पास गया और उनसे पूछा, 'ओम् अब कहाँ हैं?'

वेदव्यास ने ओम् स्वर खोजने हेतु अपने नेत्र बंद कर लिये और उसे अपनी ऊँची आवाज में चिल्लाते हुए सुना, 'निभीशा! निभीशा!'

जब समस्त विश्व कोविड वैक्सीन की खोज में था, तब परशुराम शुक्राचार्य की, नागेंद्र अगले शब्द की, वेदव्यास शेष स्थानों के नामों की, एल.एस.डी. परिमल की गुप्त भावनाओं की और अश्वत्थामा ओम् की खोज में व्यस्त था। ओम् उस सटीक स्थान की अपनी खोज में एकमात्र विजयी था, जहाँ उसने निभीशा को खो दिया था। निभीशा, जो शिला बन गई थी, वह अब केवल एक शिला नहीं रह गई थी। समय और प्रकृति ने उसे भारी बर्फ से ढँकी एक पहाड़ी में परिवर्तित कर दिया था और उस पर सैकड़ों चीड़ एवं देवदार के वृक्ष जड़े हुए थे। वह जानता था कि निभीशा पर्वत के मध्य में कहीं होगी; परंतु उस तक पहुँचना एक कठिन कार्य था।

निराशा, परंतु चिंता-मुक्त अनुभव करते हुए ओम् ने अपने नेत्र बंद कर लिये और पर्वत के केंद्र तक मार्ग बनाने का उपाय खोजने का प्रयास किया। तभी उसके हाथ में कहीं से एक भूरी-सफेद गदा प्रकट हुई। जब से वह सचेत हुआ था और उसे सब स्मरण हुआ था, वह निरंतर अपनी क्षमताओं को पुनः उपयोग कर रहा था, जब भी वह किसी भी वस्तु, व्यक्ति या स्वयं प्रकृति का चुनौती के रूप में सामना करता। वह गदा टंगस्टन से बनी थी, जो पृथ्वी पर उपस्थित सबसे कठोर धातुओं में से एक थी।

गदा की नक्काशी ओम् को यह आभास दिलाने हेतु पर्याप्त थी कि यह कोई साधारण गदा नहीं, अपितु एक अत्यंत शक्तिशाली उपकरण था। उसने पर्वत पर उसका प्रभाव देखने हेतु उस पर गदा से प्रहार किया और आकाश में ऐसी ध्वनि गूँजी, मानो हवा में कोई तोप दागी गई हो! उसके पैरों के नीचे की भूमि सरक गई, पर्वत काँप उठा और ओम् ने पर्वत के सभी पशु-पक्षियों को उससे दूर भागते हुए देखा। बिना किसी विलंब के ओम् ने एक कोने से पर्वत को तोड़ना आरंभ कर दिया। वह जानता था कि उसके पास अधिक समय नहीं था, क्योंकि उस स्थान पर

पहुँचने और उसे पहचानने में नौ दिन पहले ही व्यतीत हो चुके थे और अश्वत्थामा राह में ही होगा। अश्वत्थामा के रूपकुंड पहुँचने का अनुमानित समय नौ दिन था और उसके आगमन से पूर्व ओम् अपना भूला हुआ वचन पूरा करना चाहता था। ओम् की इच्छा बस, इतनी थी कि अश्वत्थामा के उसके पास पहुँचने से पूर्व निभीशा को स्वतंत्र करके वह अपने वचन के बोझ से स्वयं को मुक्त कर ले, ताकि वह चुपचाप आत्मसमर्पण कर सके तथा एक और संघर्ष से बचते हुए ज्ञानगंज लौट सके। ओम् ने पर्वत पर निरंतर प्रहार किया और हर एक झटके ने उसे केंद्र के एक कदम निकट पहुँचाया। प्रहार की ध्वनि दूर तक गई, जिससे शीघ्र ही अश्वत्थामा को ओम् का पता लगाने में सहायता मिली।

ओम् ने कई दिनों तक अथक रूप से पर्वत पर प्रहार किया और साथ ही निभीशा का नाम भी पुकारा। फिर वह दिन आया, जब उसके प्रयास सफल होने वाले थे। अगले प्रहार से ठीक पूर्व ओम् एकाएक रुक गया, क्योंकि उसे लगा कि उसने कुछ सुना है। ओम् ने ध्वनि पर ध्यान केंद्रित किया और पाया कि वह पर्वत के भीतर से आ रही थी। ओम् ने अपनी गदा एक ओर रख दी और स्पष्टता से सुनने हेतु अपना कान चट्टान पर लगा दिया। ध्वनि नियमित अंतराल पर उचित लय में आ रही थी। उसे पहचानते ही ओम् के नेत्र प्रसन्नता से चमक उठे। वह निभीशा की धड़कन थी और उस क्षण ऐसा लगा, मानो वह पर्वत की भी धड़कन हो!

'निभीशा!' ओम् चिल्लाया और उसके नेत्रों में आनंद के अश्रु छलक पड़े। उसने पुनः अपनी गदा उठाई और इस बार दुगुनी शक्ति से पर्वत पर प्रहार करना आरंभ कर दिया। जितना वह उसे तोड़ता, हृदय की धड़कनें उतनी ही तेज हो जातीं। सतयुग में बिछड़े हुए दो मित्रों का कलियुग में पुनर्मिलन होने वाला था। कुछ और प्रहारों के पश्चात् ओम् ने एक दरार से एक नेत्र को झपकते हुए देखा। वह एक नेत्र ओम् के संपूर्ण मस्तिष्क से भी विशाल था और ओम उचित रूप से उस नेत्र से परिचित था।

'तुम्हारी प्रतीक्षा संपन्न हुई, निभीशा। मैं यहाँ हूँ, जैसा कि मैंने वचन दिया था, और तुम कुछ ही समय में मुक्त हो जाओगी।' ओम् ने कहा और उन आशा भरे नेत्रों में देखा, जो युगों से प्रतीक्षा कर रहे थे, न केवल चट्टानों के बोझ में, अपितु उस अनकहे वचन के आश्वासन में, जो उसने एक बार देवध्वज को दिया था कि 'वह प्रतीक्षा करेगी'। ओम् की खोज समाप्त होती दिख रही थी; परंतु अश्वत्थामा के लिए यह केवल प्रारंभ था।

□

9

अमर अलौकिक असुर

यह आषाढ़ (जून) का महीना था और अर्धचंद्र का समय था। भीमकुंड का जल नीले रंग के कई रंगों के मिश्रण से जगमगा रहा था और चंद्रमा की रोशनी उससे परावर्तित होकर आसपास की लाल दीवारों पर पड़ रही थी, जिससे वह मनमोहक लग रहा था। इसके किनारे पर खड़ा नागेंद्र चंद्रमा और शांत चमकते जल को देख रहा था, जो मानव जाति को सचेत करने और अनंत काल तक उनकी तृष्णा बुझाने हेतु सज्ज लग रहा था। उसने उसी पुरानी तलवार का शेष टुकड़ा निकाला, जो रूपकुंड में देवध्वज के साथ युद्ध में टूट गई थी और फिर चंद्रमा की ओर देखा। परिमल और एल.एस.डी. को इस बात का अनुमान नहीं था कि यह चंद्र ग्रहण की रात्रि थी और पृथ्वी की छाया चंद्रमा की रोशनी को पूर्ण रूप से ढँकने वाली थी। ग्रहण का आरंभ हो चुका था और धीरे-धीरे अँधेरा सबकुछ निगलने लगा। जैसे ही चंद्रमा ने अपनी रोशनी खो दी और दीवारों पर प्रतिबिंब अदृश्य होने लगा, भीमकुंड भी अपनी चमक और सुंदरता खोने लगा।

नागेंद्र ने अपनी सारे वस्त्र उतार दिए और नग्न खड़ा हो गया। फिर उस सुंदर नग्न पुरुष ने अपने देह के ऊपरी भाग पर कई जगहों पर स्वयं को काटना आरंभ कर दिया। उस समय तक चंद्रमा पूर्णत: छाया में समा चुका था और रक्त के गोले के समान प्रतीत हो रहा था। नागेंद्र के सीने, हाथ और पीठ से बहुत रक्त बह रहा था। एल.एस.डी. और परिमल उसकी नीयत पर प्रश्न उठाने या उसके कार्यों को रोकने का साहस नहीं जुटा सके। तेजी से रक्त बहने से नागेंद्र निर्बल हो गया और वह कठिनाई से अपने पैरों पर खड़ा रह पा रहा था। जब परिमल ने उसे सँभालने का प्रयास किया, तब नागेंद्र के रक्त की एक बूँद उसके हाथ पर गिरी। यद्यपि वह इतना लाल था कि उसे रक्त कहा जा सकता था, उसने परिमल की उँगलियों को तेजाब के समान जला दिया। तब नागेंद्र ने उसे और एल.एस.डी. को उसे न छूने का संकेत दिया। कुछ ही क्षणों में नागेंद्र अचेत होकर कुंड में गिर गया और जल की गहराई में अदृश्य हो गया।

ग्रह पर उपस्थित अन्य जल-स्रोतों के विपरीत, भीमकुंड का इतिहास शवों को कभी भी पुनः ऊपर न लाने का रहा है। चंद्रमा पुनः अपनी रोशनी प्राप्त करने लगा, परंतु भीमकुंड के जल में कोई चमक नहीं रही। परिमल और एल.एस.डी. मौन खड़े रहे और भीमकुंड को अपना चमत्कार खोते हुए देख रहे थे। और फिर आम धारणा के विपरीत, नागेंद्र की देह सतह पर तैरती हुई आई। उसके सभी घाव ठीक हो गए थे, परंतु वह अभी भी मृत लग रहा था।

परिमल ने निर्देशों के लिए एल.एस.डी. की ओर देखा। उसने कहा, 'इसे बाहर खींचो।'

उसने नागेंद्र को बाहर खींच लिया और जलाशय से काफी दूर तक खींच ले गया। जब वह नागेंद्र की नसों को खोजने का प्रयत्न कर रहा था, एल.एस.डी. ने भीमकुंड को देखा और कहा, 'तुम्हारा उद्‌देश्य जल उपलब्ध कराना और विश्व को सचेत करके जीवन-रक्षक बनना था; परंतु आज से तुम सदैव के लिए दूषित हो गए हो, और यदि तुम अस्तित्व में बने रहना चुनते हो तो जो कोई भी तुमसे कुछ भी आशा करेगा, उसकी मृत्यु हो जाएगी। या तो तुम जीवित रहो और हर उस जीवित प्राणी को मारते रहो, जो कभी तुम्हें स्पर्श करेगा या स्वयं को नष्ट कर लो और सम्मानजनक अंत स्वीकार करो। जो कुछ भी तुम अपने हृदय में छिपाते हो, उसे मुक्त कर दो या शापित हो जाओ और अनंत काल तक प्राण लेते रहो। अपने अतीत के अच्छे कर्मों को अपने भविष्य के अभिशाप से नष्ट कर दो।'

अब जो हुआ, वह एक अकल्पनीय दृश्य था। उस रात्रि भीमकुंड ने एक भिन्न प्रतिक्रिया दी।

एल.एस.डी. ने भीमकुंड के जल के भीतर अग्नि के रंग को फूटते हुए देखा। इससे पूर्व कि वह अनुमान लगा पाती कि आगे क्या होगा, कुंड का तापमान बढ़ने लगा और जल वाष्पित होने लगा। कुंड के मध्य भाग में अग्नि का रंग फैल रहा था। यह एक ज्वालामुखीय उद्‌घाटन था, जो हर क्षण बढ़ रहा था, एक अन्य मान्यता के विपरीत, जिसमें दावा किया गया था कि भीमकुंड के सबसे गहरे कोने में एक सुप्त ज्वालामुखी था, जिसके कभी न फूटने की आशा थी। एल.एस.डी. के लिए यह समझना कठिन नहीं था कि भीमकुंड ने अपने लिए कौन-सा विकल्प चुना था। उसने मानव जाति को हानि पहुँचाने से पूर्व स्वयं को नष्ट करने का निर्णय लिया, जैसा कि नागेंद्र ने योजना बनाई थी और आशा की थी। जैसे-जैसे भीमकुंड की मृत्यु हो रही थी, नागेंद्र ठीक हो रहा था। वह पुनः उठा और पहले से अधिक शक्तिशाली अनुभव

करते हुए फिर किनारे पर खड़ा हो गया। उसने सूक्ष्मता से पतली हवा में बिखरती सफेद गैस को देखा, जैसे गुमनामी में कुछ खोज रहा हो। एल.एस.डी. व परिमल उसके पास मौन खड़े रहे और देखा कि नागेंद्र न तो पलकें झपका रहा था और न ही साँस ले रहा था। उन्हें आश्चर्य हुआ कि वह क्या करने का प्रयत्न कर रहा था! और फिर उन्होंने सफेद वाष्प में तैरते हुए शब्दों को देखा, जो केवल एक क्षण के लिए पढ़ने योग्य थे। शब्द थे—'यस्य प्राप्नोति'। नागेंद्र ने अपना मुँह खोलकर एक लंबी व गहरी साँस ली; उस वाष्प को भीतर लिया, जिसने शब्द को पकड़ रखा था और उसे निगल लिया। उसके पश्चात् जब उसने अपने नेत्र झपकाए तो एल.एस.डी. को उसके नेत्रों में तैरता हुआ शब्द दिखाई दिया, जैसे कि फँस गया हो और मुक्त होने का प्रयास कर रहा हो।

□

मध्य भारत में नागेंद्र की उपस्थिति से अनभिज्ञ परशुराम भी मध्य प्रदेश में थे—अगले शब्द के स्थान के निकट परंतु एक अन्य कारण से। वे पातालकोट जा रहे थे।

"मैंने पातालकोट के बारे में सुना है, परंतु मुझे उसका महत्त्व स्मरण नहीं है।" मिसेज बत्रा ने महत्त्व स्मरण करने का प्रयास करते हुए कहा।

पृथ्वी ने उत्तर दिया, "ऐसा इसलिए है, क्योंकि 'पाताल' शब्द का अर्थ नरक है।"

मध्य प्रदेश के छिंदवाड़ा की तामिया तहसील में राजसी घाटी में फैला पातालकोट विहंगम दृष्टि से घोड़े की नाल जैसा दिखता है। लगभग 1,500 फीट की ऊँचाई ने घाटी की सुंदरता को और भी बढ़ा दिया। पातालकोट में ऐसे गाँव थे, जो औषधीय पौधों और जड़ी-बूटियों से परिपूर्ण थे। दूधी नदी, जो पूरे समुदाय के लिए जल का एकमात्र स्रोत थी, घाटी से होकर बहती थी, जो समृद्ध वनस्पतियों एवं जीवों के लिए प्राथमिक जल संसाधन बन गई थी। ऐसा माना जाता था कि घाटी के चारों ओर चट्टानें 2,500 करोड़ वर्षों से भी पूर्व से उपस्थित थीं। सदियों से यह सभ्यता सारे विश्व से पूर्णत: भिन्न थी। परंतु धीरे-धीरे यह स्थिति परिवर्तित हो गई, जब समुदाय को स्कूल और अन्य सार्वजनिक सुविधाएँ प्रदान की गईं। पातालकोट विश्व से इतने उच्च रूप में छिपा हुआ था कि अधिक लोगों को इस स्थान के बारे में पता ही नहीं था, इसलिए यहाँ घने वन कायम थे। घाटी इतनी गहरी थी कि सूरज की रोशनी कुछ घंटों में दोपहर के पश्चात् अदृश्य हो जाती थी और इस प्रकार, गाँव के दिन शीघ्र ही अंधकारमय हो जाते।

जनजातियों का मानना था कि भगवान् राम की पत्नी सीता इसी स्थान से धरती माता के गर्भ में लौटी थीं, इसलिए पातालकोट की गहराई एक खुदी हुई गुहा के निर्माण का परिणाम थी।

पातालकोट की सीढ़ी को नरक का मार्ग माना जाता था, क्योंकि यह पाताल लोक का एकमात्र प्रवेश द्वार था। यह नागों और राक्षसों का भी घर है, क्योंकि भगवान् शिव प्राय: ध्यान करने हेतु पातालकोट घाटी की पौराणिक यात्राओं पर जाते थे।

यह गहरी घाटी 2,000 से अधिक जनजातियों और 13 गाँवों का घर थी, जो 20,000 एकड़ से अधिक भूमि में फैली हुई थी। आदिवासी समुदाय धार्मिक रूप से भगवान् शिव, अग्नि देवता और सूर्य देवता की पूजा करते थे।

परशुराम सफेद धोती और सूती कुरता पहने हुए एक साधारण वृद्ध पुरुष के वेश में थे। वे घने वनों में पहुँचे और यह सुनिश्चित करने हेतु सावधानी से आगे बढ़े कि कोई उन्हें प्रवेश करते हुए न देख सके। ऊँचे; घने वृक्षों के बीच स्थित एक गुफा थी, जो आकर्षक थी, क्योंकि उसका मुँह छोटा था, परंतु भीतरी भाग चौड़ा और गहरा था। प्रवेश द्वार कार्बोनेट और कार्बनिक अम्लों की एक विचित्र गंध से सना हुआ था।

"तुम्हारा अर्थ है कि परशुराम पाताल लोक पहुँच गए थे, जहाँ पापियों की आत्माएँ मृत्यु के पश्चात् भेजी जाती हैं। है न?" मिसेज बत्रा ने अपनी धारणा पर थोड़ा आश्वस्त होते हुए पूछा।

पृथ्वी ने बताया, "तीन लोक हैं, जिनके बीच ब्रह्मांड को हिंदू ब्रह्मांड विज्ञान के अनुसार विभाजित किया गया है—

1. स्वर्ग लोक : स्वर्ग, जो देवताओं का निवास-स्थान है।
2. पृथ्वी लोक : जो पृथ्वी या प्राणियों की भूमि के नाम से जानी जाती है।
3. पाताल लोक : पाताल लोक, जहाँ ब्रह्मांड के भूमिगत क्षेत्र उपस्थित हैं, जो सांसारिक आयाम के नीचे हैं।

"विष्णु पुराण में देवर्षि नारद द्वारा पाताल की यात्रा का उल्लेख है। नारद ने पाताल को स्वर्ग से भी अधिक सुंदर स्थान बताया है। ऐसा माना जाता है कि पाताल लोक में स्वच्छ जल की धाराएँ थीं, जिसकी चट्टानी सतहों में सबसे अमूल्य और दुर्लभ रत्न जड़े हुए थे। छोटे जल निकायों के किनारों पर उगने वाली छोटी जड़ी-बूटियों से हवा सदैव सुगंधित रहती थी और मिट्टी काले, पीले व चमकदार सोने के रंगों से चमकती थी। वहाँ की भूमि चमकदार बैंगनी रंग की थी, क्योंकि समय के साथ नष्ट हो रही कीमती चट्टानें प्राकृतिक रूप से भूमि में मिल गई थीं। 'विष्णु पुराण' में यह भी कहा गया है कि पाताल लोक पृथ्वी की सतह से 70,000 योजन नीचे है

(1 योजन = 12.87 किलोमीटर) और सात लोकों में विभाजित है, जो एक दूसरे के ऊपर परतदार रूप में स्थित हैं। उच्चतम से निम्नतम तक उनका क्रम है—अतल, वितल, नितल, गर्भस्तिमत्, महातल, सुतल और पाताल।"

मिसेज बत्रा ने प्रशंसा में कहा, "एक इक्कीस वर्षीय व्यक्ति के लिए तुम्हारे पास बहुत अधिक ज्ञान है।"

पृथ्वी ने मिसेज बत्रा की प्रशंसा के उत्तर में बिना कोई अभिव्यक्ति दिए अपनी बात जारी रखी।

परशुराम पाताल लोक की अंतिम से दूसरी परत—सुतल—की ओर जा रहे थे। वे एक भूमिगत सुरंग के मार्ग पर घंटों से चल रहे थे। तैरती मछलियों, उछल-कूद करने वाले मेढकों और भिनभिनाने वाले कीड़ों की गूँज के अलावा गुफा शांत थी। परशुराम एक ऐसे द्वार पर पहुँचे जिसकी सुरक्षा निर्बल लग रही थी। केवल दो राक्षस वहाँ उपस्थित थे, जो किसी भी अतिचारी को अधिक देर तक वहाँ टिकने नहीं देते थे। अनजान व्यक्ति को देखते हुए एक राक्षस ने परशुराम को भयभीत करने हेतु भयानक चेहरे बनाए; परंतु वे उनकी ओर चलते रहे, क्योंकि वे जानते थे कि वे राक्षस मात्र जीवित बिजूका से अधिक कुछ नहीं थे।

द्वारपालों के समक्ष परशुराम डटे रहे और बोले, 'उनसे कहो, परशुराम उनसे मिलना चाहते हैं।'

परशुराम की भारी आवाज सुनकर राक्षस रक्षक भयभीत होकर चिल्लाने लगे, यह अनुभव करते हुए कि अनजान पुरुष उनसे भयभीत नहीं था। दोनों में से एक ने साहस का दिखावा किया और परशुराम के शब्दों को दोहराया, 'उनसे कहो, परशुराम उनसे मिलना चाहते हैं! ऐसा कौन कहता है?'

'परशुराम!' इस मूर्खता से चिढ़कर परशुराम ने उत्तर दिया।

'परशुराम कहते हैं कि परशुराम उनसे मिलना चाहते हैं! कौन? किससे?' हास्यास्पद रूप से भयानक राक्षसों ने पूछा।

'राजा बलि से।'

'परशुराम कहते हैं कि परशुराम महाराज बलि से मिलना चाहते हैं।' द्वारपाल राक्षसों ने दोहराया।

'हाँ!' परशुराम ने पुष्टि की।

यह जानने के विपरीत कि वे परशुराम हैं, द्वारपाल इस बात से अनभिज्ञ थे कि वे किससे बात कर रहे थे। दोनों में से एक ने उन्हें रोकने का प्रयास जारी रखा और दूसरा उनका संदेश देने भीतर गया, जिसे वह निरंतर दोहरा रहा था।

'परशुराम कहते हैं कि परशुराम महाराज बलि से मिलना चाहते हैं। परशुराम कहते हैं कि परशुराम महाराज बलि से मिलना चाहते हैं।'

"महाराज बलि?" मिसेज बत्रा ने आश्चर्य से पूछा, उस व्यक्ति के बारे में जानने हेतु उत्सुक, जिससे मिलने परशुराम इतनी दूर आए थे।

पृथ्वी ने कहा, "धर्मात्मा दानव राजा बलि, उन सात अमर (चिरंजीवी) व्यक्तियों में से एक हैं, जो पाताल लोक में सुतल राज्य पर शासन करते हैं।"

कैलाश पर वेदव्यास ने राहत की साँस लेते हुए मुसकराते हुए कहा, 'समय हो गया है। परशुराम राजा बलि से भेंट करने वाले हैं।'

वृषकपि ने पूछा, 'आपको यहाँ से कैसे पता चला कि परशुराम राजा बलि से भेंट करने वाले हैं?'

'क्योंकि मेरे पास पृथ्वी पर कहे गए हर शब्द को सुनने की क्षमता है। ध्वनि एक ऊर्जा है, जो ब्रह्मांड में अनंत काल तक तैरती रहती है और मैं किसी भी स्वर एवं सूचना के हर टुकड़े को सुन व खोज सकता हूँ, जो अतीत या वर्तमान में किसी के द्वारा बोली गई हो। शुक्राचार्य जानते हैं कि वे जो कहते हैं, मैं सुनता हूँ और इसीलिए वे कभी भी अपने अधीनस्थ लोगों को अपनी पूरी योजना नहीं बताते हैं, ताकि उसे मुझसे छिपाया जा सके। वे मृत संजीवनी की पुस्तकों में पढ़ने के पश्चात् ही अपने अगले कदम का आदेश देते हैं। अब मुझे परशुराम और राजा बलि के बीच का वार्त्तालाप सुनने दो।' वेदव्यास ने कहा और फिर से अपने नेत्र बंद कर लिये।

परशुराम को आदरपूर्वक राजा बलि के पास ले जाया गया और दोनों एक-दूसरे के सामने खड़े हो गए।

युद्ध-प्रशिक्षित और एक योद्धा की सुडौल काया लिये, अपनी वस्त्रहीन छाती पर बहुमूल्य रत्नों से ढँके हुए और नाभि के नीचे चमकदार वस्त्रों में सज्ज महाराज बलि एक ऐसे राजा थे, जिनके शक्तिशाली चरित्र, ज्ञान और अंतर्निहित क्षमता ने उन्हें 'महाबली' या 'महाबलवान्' की पहचान दी थी।

'प्रणाम, परशुराम! पाताल लोक में आपका आगमन किस कारण हुआ?' राजा बलि ने विनम्रतापूर्वक पूछा।

'मुझे आपकी सहायता की आवश्यकता है, पराक्रमी महाराज बलि। पिछले कुछ महीने अत्यंत कठिन रहे हैं। मानव जाति संकट में है। हमने मानसरोवर और जलमग्न द्वारका जैसे स्थानों को खो दिया है और जिस समय हम वार्त्तालाप कर रहे हैं, उसी समय उनकी खोज भी जारी है।'

'हे परशुराम! मेरा मानना है कि पृथ्वी अश्वत्थामा एवं कृपाचार्य जैसे अमर योद्धाओं के गठबंधन के साथ आपके जैसे एक शक्तिशाली अवतार के योग्य हाथों में सुरक्षित है और क्या मुझे श्रीहनुमान का उल्लेख करने की आवश्यकता है, जिनकी उपस्थिति ही युद्ध को समाप्त करने हेतु पर्याप्त है!'

'कलियुग का अंत अभी निकट नहीं है, इसलिए श्रीहनुमान की वापसी अभी भी सदियों दूर है। भविष्यवाणी के अनुसार, हनुमान और सभी अमर भगवान् विष्णु के अंतिम अवतार कल्कि की सहायता के लिए उठेंगे। मेरा मानना है कि कदाचित् उनका उद्देश्य विश्व को समय से पूर्व नष्ट करना है।'

'यह मुझे मेरे पहले प्रश्न पर वापस लाता है। यहाँ पाताल लोक में किस कारणवश आपका आना हुआ?'

'शुक्राचार्य!'

राजा बलि ने परशुराम की ओर देखा और मौन रहकर उनसे विस्तार से बताने का आग्रह किया।

'हमारा मानना है कि शुक्राचार्य के आदेश पर कुछ असुर छिपे हुए शब्दों की खोज कर रहे हैं, जो एक अज्ञात द्वार की कुंजी हैं। वह द्वार कहाँ है और उसके पीछे क्या है, यह कोई नहीं जानता। गुरु शुक्राचार्य असुरों के गुरु हैं और आप भी असुर हैं। आप हमें यह पता लगाने में सहायता कर सकते हैं कि वह क्या करने का प्रयास कर रहे हैं, और यदि आवश्यक हो तो उन्हें रोकने हेतु क्या आप हमारी सहायता करेंगे? आपके राज्य में से किसी को कुछ पता हो सकता है और सुतल के राजा होने के नाते आपको अन्य असुरों से जानकारी प्राप्त करने का अधिकार है।'

राजा बलि ने एक क्षण के लिए इस पर विचार किया और कहा, 'मैं शुक्राचार्य तक पहुँचने का प्रयास करूँगा; परंतु पृथ्वी की रक्षा हेतु अमर व्यक्तियों का समर्थन करना मुझे एक नैतिक दुविधा में डाल देगा। यदि शुक्राचार्य इसमें सम्मिलित हैं तो इस स्थिति में अमर व्यक्तियों का समर्थन करना मुझे अपने ही कुल के विरुद्ध खड़ा कर देगा। आचार्य परशुराम, मैं आपके प्रति अपनी निष्ठा का वचन नहीं दे सकता, परंतु मैं आपको यह वचन अवश्य दे सकता हूँ कि यदि आपकी भविष्यवाणी वास्तविकता में परिवर्तित हो जाती है तो मैं पृथ्वी पर आपके विरुद्ध नहीं रहूँगा। मेरे पूर्वजों—हिरण्याक्ष और हिरण्यकशिपु ने अपने समय में विश्व को अत्यंत क्षति पहुँचाई है, जिसका मुझे आज तक पश्चात्ताप है और इसलिए, मैं आपके और अन्य अमरों द्वारा संरक्षित पृथ्वी के विरुद्ध किसी भी कार्य में भाग नहीं लूँगा। यद्यपि मैं अपने लोगों को भी मारना नहीं

चाहता। मेरे लिए मेरे पूर्वजों के साथ मेरा युद्ध बहुत पहले ही समाप्त हो गया था, परंतु उनके कर्मों के लिए मेरा पश्चात्ताप कलियुग के अंत तक रहेगा।'

'यदि आपको उनके शिकार या शुक्राचार्य या उस द्वार के पीछे जो कुछ भी है, जिसे वे इतनी उत्सुकता से खोलना चाहते हैं, के बारे में कोई भी जानकारी प्राप्त हो तो बस, उसे जोर कह दें और हमें पता चल जाएगा।' निराशा भरे स्वर में परशुराम ने कहा।

'अच्छा! अर्थात् वेदव्यास पहले से ही जागे हैं।' राजा बलि ने पुष्टि की।

'हाँ! बस, बोल दीजिएगा और यह उनके माध्यम से हम तक पहुँच जाएगा।'

राजा बलि ने हाथ जोड़कर मुसकराते हुए कहा, 'आपको प्रणाम है, वेदव्यास।' जिसे सुनकर ज्ञानगंज में वेदव्यास भी मुसकरा दिए।

'और मेरा मानना है कि कृपाचार्य और अश्वत्थामा सदैव की भाँति आपके पक्ष में दृढ़ता से उपस्थित हैं।'

'हाँ!' परशुराम ने उत्तर दिया, जैसा कि राजा बलि को आशा थी।

'तो अमर राक्षस विभीषण और मैं क्या वे अंतिम अमर हैं, जिन्हें आपने इस उद्‍देश्य के लिए बुलाया है?' राजा बलि का स्वर निराशा भरा था।

'मैं विभीषण से केवल इसलिए नहीं मिलने जा रहा हूँ कि मेरा अनुरोध फिर से ठुकरा दिया जाए। आप अंतिम थे। यदि हम आपके बिना लड़ सकते हैं तो हम उनके बिना भी लड़ पाएँगे।' परशुराम और राजा बलि ने एक-दूसरे को सम्मानपूर्वक प्रणाम किया और परशुराम पाताल लोक से चले गए, इस बात से अनभिज्ञ कि नागेंद्र निकट ही था।

भीमकुंड का आधा भाग ज्वालामुखी के छिद्र से बह गया था और शेष आधा वाष्पीकृत हो गया था। वह एक टूटे हुए बरतन के समान प्रतीत हो रहा था जिसमें अब जीवन का कोई भी तत्त्व शेष नहीं था। भीमकुंड ने अपना अस्तित्व खो दिया और उसी समय चक्रवात निसर्ग भारत के पश्चिमी तट से टकराया। भीमकुंड के अदृश्य होने की त्रासदी ने मध्य भारत को हिलाकर रख दिया, क्योंकि रिक्टर पैमाने पर उच्च तीव्रता वाले भूकंपों ने इस क्षेत्र को प्रभावित किया, जिसे ऐसी आपदा का अनुभव होने की संभावना नहीं थी। चुँकि भूकंप का केंद्र भीमकुंड में था, जो पातालकोट के अत्यंत निकट था, राजा बलि को भी अपने साम्राज्य की दीवारों में झटके अनुभव हुए, और पातालकोट छोड़ते समय परशुराम को भी इसका आभास हुआ। काँपते पाताल लोक को देखकर राजा बलि ने तुरंत अपने कुछ सर्वश्रेष्ठ असुर गुप्तचरों को

बुलाया। 'दूत के रूप में विभीषण के पास जाओ और उनसे कहो कि मैं उनसे त्वरित भेंट करना चाहता हूँ।' असुरों ने अपना सिर झुकाया और आदेश का पालन करने हेतु पीछे मुड़ गए। उनके जाने से पूर्व राजा बलि ने चिल्लाकर कहा, 'जब वह साथ आएँ तभी लौटना।'

□

परिश्रांत नागेंद्र पनडुब्बी तक पहुँच गया था और एल.एस.डी. एवं परिमल को पुनः उसी कक्ष में छोड़कर सीधे शुक्राचार्य से मिलने चला गया। परिमल को पता था कि एल.एस.डी. अपनी इच्छा से नागेंद्र के साथ नहीं थी, बल्कि एक कूट जाल में फँस गई थी। उसे उससे सहानुभूति थी, क्योंकि वह भी एक शपथ से बँधा हुआ था, जिसे तोड़ने का साहस करने पर उसे अस्तित्वहीनता का अंतिम दंड प्राप्त होगा। वह पारंपरिक रूप से अपनी विवाहिता पत्नी के साथ अपने अजन्मे शिशु के लिए जीना चाहता था। परंतु एल.एस.डी. के लिए उसके मन में सहानुभूति ही एकमात्र भावना नहीं थी। उसके भीतर कई भावनाएँ थीं, जो कभी-कभी उसके मुख पर उभर आती थीं। इस बार एल.एस.डी. में जो दिख रहा था, वह नागेंद्र के प्रति क्रोध था; परंतु परिमल ने विचार किया कि यह उसके लिए था। जब भी परिमल और एल.एस.डी. आमने-सामने खड़े होते थे तो एक विचित्र प्रकार का मौन उन्हें बाँध लेता।

ऐसे ही एक क्षण में एल.एस.डी. बोली, 'युगों से मुझे सदैव अपने लिए खेद अनुभव होता है; परंतु पहली बार मुझे किसी और के लिए खेद अनुभव हो रहा है और वह तुम हो, परिमल। मुझे क्षमा करना।' वह बिना कुछ कहे वहीं खड़ी रही और परिमल की प्रतिक्रिया की प्रतीक्षा करने लगी। परिमल जानता था कि वह उत्तर की आशा कर रही थी, परंतु उसने फिर से चुप रहना बेहतर समझा। दुर्भाग्यवश, वे एक-दूसरे से अपेक्षा और निराशा के दुष्चक्र में फँस गए थे। स्वयं को समझाने हेतु सदैव शब्दों की कमी होती थी, फिर भी किसी-न-किसी प्रकार वे लगभग वह सबकुछ समझते और जानते थे, जो दूसरा कहना चाहता था। विडंबना यह थी कि उनकी भावनाएँ कभी भी मौखिक रूप से प्रकट नहीं हुईं। जब भी एक ने व्यक्त करने का प्रयास किया तो दूसरे ने निरुत्तर रहना ही बेहतर समझा। वे जानते थे कि वे एक-दूसरे से वही शब्द बोलना व सुनना चाहते थे, फिर भी वे इतने जिद्दी थे कि उसे व्यक्त नहीं कर सके। वे जानते थे कि वे प्रेम करते थे, परंतु इसकी घोषणा करना भी दोनों के लिए निराशाजनक होता; क्योंकि वे स्वयं के दुःखों की जागरूकता से शापित थे, जिसने उन्हें पूर्ण रूप से असहाय बना दिया था।

यह आभास करते हुए कि परिमल अपनी चुप्पी नहीं तोड़ेगा, एल.एस.डी. ने भावहीन स्वर में कहा, 'तुम्हारा अगला आदेश एलोरा पहुँचने का है।' और बाहर चली गई।

□

'भीमकुंड अगला था। हम एक और शब्द खो चुके हैं।' ज्ञानगंज पहुँचने और वेदव्यास से भेंट करने के पश्चात् परशुराम ने घोषणा की।

'हम नहीं जानते कि और कितने हैं, परंतु एक बात ध्यान देने योग्य है। पहला मानसरोवर, उसके बाद उत्तराखंड में रूपकुंड, उत्तर प्रदेश में आगरा, राजस्थान में कुलधरा, गुजरात में द्वारका और अब मध्य प्रदेश में भीमकुंड। वे उत्तर से दक्षिण की ओर बढ़ रहे हैं। वेदव्यास, हमें यह जानने की आवश्यकता है कि वे किन अन्य स्थानों पर जाने वाले हैं और क्यों? केवल आप ही इसका उत्तर दे सकते हैं।' परशुराम ने अपने नेत्रों में आशा की धुँधली किरण के साथ वेदव्यास की ओर देखा।

वेदव्यास ने त्वरित उत्तर दिया, 'मेरा मानना है कि कुल नौ स्थान हैं, जिनमें से छह खो गए हैं। आप ठीक कह रहे हैं। वे उत्तर से दक्षिण की ओर बढ़ रहे हैं। शेष तीन स्थान महाराष्ट्र के दक्षिण में होने चाहिए।'

'महाराष्ट्र के दक्षिण में?'

'वे आगे एलोरा की गुफाओं की ओर बढ़ रहे हैं।' वेदव्यास ने परशुराम की जिज्ञासा का शमन करते हुए पुष्टि की।

यह सुनकर परशुराम आगबबूला हो गए और क्रोध से काँपने लगे। 'यदि उन्होंने मेरे मंदिर के भीतर कदम रखने का दु:साहस किया तो मैं उन सभी को मार डालूँगा! मैं उनका सिर काटने से पूर्व दोबारा विचार नहीं करूँगा। अपनी देह को छोड़ने से पूर्व उन्हें अपने सबसे भयानक स्वप्न का सामना करना पड़ेगा।' उनके नेत्रों में फूट रही आक्रामकता स्पष्ट दिख रही थी। 'वृषकपि, अश्वत्थामा को मेरे पास लाओ।'

'अश्वत्थामा यहाँ नहीं हैं। ओम् ने अश्वत्थामा को पराजित कर दिया और ज्ञानगंज छोड़ दिया। अश्वत्थामा उन्हें वापस लाने गए हैं।' वृषकपि ने भयभीत स्वर में कहा, जिससे परशुराम का क्रोध और बढ़ गया। ओम् ने उनके आदेशों की अवहेलना की थी। अश्वत्थामा उसे रोक नहीं सका, और अब वेदव्यास के बोलते ही अगले शब्द की उलटी गिनती आरंभ हो गई थी।

जाने से पूर्व परशुराम के अंतिम शब्द थे, 'मैं शुक्राचार्य के असुरों के संकट को सदैव के लिए नष्ट करने के पश्चात् ही ज्ञानगंज लौटूँगा!'

□

10

स्वर्गीय विश्वासघाती

5 जुलाई को लद्दाख में रिक्टर पैमाने पर 4.7 की तीव्रता का भूकंप कारगिल में अनुभव किया गया। परंतु इस बार भीमकुंड किसी को भी इस विनाश की चेतावनी नहीं दे सका। जब अश्वत्थामा रूपकुंड पहुँच गया था और मीलों दूर से आ रही ओम् की गदा की तेज गूँज का पीछा कर रहा था, तब परशुराम एलोरा की गुफाओं की ओर बढ़ रहे थे और परिमल नागेंद्र के आदेशानुसार महाराष्ट्र के तट की ओर उन्हें ले जा रहा था।

तभी चालक दल के एक सदस्य ने परिमल के पास आकर कहा, 'आपको बुलाया गया है, सर।'

परिमल ने उसका पीछा किया और पनडुब्बी के संकीर्ण गलियारों में कुछ मोड़ लेने के पश्चात् सदस्य ने परिमल के लिए एक कक्ष का द्वार खोला। प्रवेश करने से पूर्व परिमल ने सावधानी से भीतर झाँककर देखा।

'तुम्हारा स्वागत है, परिमल! आओ, अपने शिशु से मिलो!' नागेंद्र का हर्षित स्वर कक्ष में गूँज उठा।

शिशु? परंतु अभी तो केवल छठा महीना चल रहा है! परिमल ने असमंजस में कक्ष में प्रवेश करने से पूर्व विचार किया। उसने नागेंद्र को प्रोब को पकड़कर एल.एस.डी. के गर्भ पर सरकाते हुए देखा। अल्ट्रासाउंड स्क्रीन पर एक बढ़ता हुआ भ्रूण दिखाई दिया, जिसकी विशेषताएँ अब एकत्र हो रही चरबी, बढ़ते अंगों और विकसित हो रही मांसपेशियों एवं हड्डियों के कारण अत्यंत प्रमुख थीं। उसके मुख की स्पष्टता उभर रही थी, जिससे उसके मुख की रूपरेखा का आसानी से अनुमान लगाया जा सकता था। परिमल और एल.एस.डी. जब शेतपाल गए थे, जहाँ परिमल की पैतृक संपत्ति थी, तब एल.एस.डी. का पहला अल्ट्रासाउंड हुआ था। और तब हुए स्कैन की तुलना में भ्रूण की देह समग्र रूप से अधिक आनुपातिक लग रही थी। जिस चीज ने परिमल का ध्यान खींचा, वह भ्रूण के चारों ओर की आकर्षक और

स्पष्ट चमकदार रेखा थी, जो उसकी रक्षा करती हुई प्रतीत हो रही थी। उसने इसे माँ के गर्भ में भ्रूण के सामान्य विकास का संकेत समझकर अधिक ध्यान नहीं दिया। बाहर से कंपन और आवाजों पर प्रतिक्रिया करते हुए भ्रूण बार-बार अपने हाथ व पैर हिला रहा था और उसके अंग उसकी एकत्र हुई देह के निकट ही थे।

एल.एस.डी. के गर्भ में अपने शिशु को देखकर उसकी गहरी भावनाओं के मौन को केवल अनुभव किया जा सकता था। एल.एस.डी. की दृष्टि परिमल पर टिकी थी। जैसे-जैसे उनकी तीव्र दृष्टि एक-दूसरे का मूल्यांकन करती रहीं, वे तब तक चुपचाप वार्त्तालाप करते रहे, जब तक कि नागेंद्र की आवाज ने उनके उस मौन वार्त्तालाप में बाधा नहीं डाल दी।

'मुझे यहाँ एकाएक इतनी घुटन क्यों अनुभव हो रही है? जब मुझे बाहर रहकर भी इतनी घुटन अनुभव हो रही है तो इस शिशु को तुम्हारे भीतर कितना संवृति-भीत (अकेले रहने पर होने वाल भय) अनुभव हो रहा होगा। क्या हमें अभी ही शिशु को बाहर निकालकर उसे राहत देनी चाहिए?'

परिमल एवं एल.एस.डी.—दोनों की धड़कनें भय के मारे रुक गईं और उसका सुझाव सुनकर वे अचंभित हो गए। यदि शिशु को बाहर लाया गया तो वह त्वरित मर जाएगा और एल.एस.डी. भी। नागेंद्र की दृष्टि दोनों के बीच घूम रही थी, मानो उनकी अनुमति की प्रतीक्षा कर रही हो। जब उनके भाव में कोई परिवर्तन नहीं हुआ तो उसने कहा, 'अरे! अमरों में परिहास करने की शक्ति होती है। वे बस, इसका उपयोग नहीं करते।' और राक्षसी हँसी में फूट पड़ा। एल.एस.डी. एवं परिमल को पता नहीं था कि कैसे प्रतिक्रिया दें।

अचानक उसकी हँसी रुक गई और नागेंद्र ने गंभीर स्वर में कहा, 'परिमल, क्या तुम्हारा मन अभी इस कक्ष से चले जाने को नहीं करता?' परिमल के लिए आदेश समझने के लिए इतना ही पर्याप्त था। 'कदाचित् इस कक्ष में कम भावनाएँ अधिक जीवन उत्पन्न करेंगी। तुम्हारा इस पर क्या विचार है, छोटे स्वामी?' नागेंद्र ने आँख मारी और एल.एस.डी. के पेट पर अपना कान लगाकर परिमल के शिशु का उत्तर सुनने का प्रयास किया। जब उसने परिमल को जाते देखा तो एल.एस. डी. फिर से लज्जित और क्षमस्व अनुभव करने लगी। अंततः उन्हें वह क्षण मिला था, जब वे एक साथ स्वयं को अभिव्यक्त कर सकते थे; परंतु नागेंद्र की उपस्थिति ने उस अवसर को नष्ट कर दिया था। द्वार से बाहर निकलने से ठीक पूर्व परिमल एल.एस.डी. की ओर देखने हेतु मुड़ा और उसे एक मंद मुसकान दी, जिससे पता

चला कि वह अन्यथा उसे सांत्वना देने हेतु क्या कहता—सबकुछ ठीक हो जाएगा। मैं तुमसे प्रेम करता हूँ।

'ओह, मैं कितना स्वतंत्र अनुभव कर रहा हूँ! अब मुझे साँस आ रही है। अब बेहतर लग रहा है।' नागेंद्र ने गहरी व नाटकीय साँस लेते हुए और जोर से आह भरते हुए कहा।

रूपकुंड में किसी और ने भी युगों के पश्चात् पुनः पावन को अनुभव करते हुए राहत की साँस ली। जहाँ एल.एस.डी. के शिशु के गर्भ से बाहर आने में अभी समय था, निभीशा ने पर्वत के गर्भ में अपना समय पूरा कर लिया था और जाल से बाहर निकलने हेतु तत्पर थी। कई दिनों तक लगातार गदा चलाने के पश्चात् ओम् ने अंततः अपना अंतिम प्रहार किया। मीलों दूर से निरंतर आती गदा की आवाज सुनकर अश्वत्थामा भी अंतिम दृश्य देखने हेतु समय पर पहुँच गया था। वह ओम् से लगभग सौ फीट की दूरी पर था, जब उसने एक विशाल प्राणी को पर्वत के अवशेषों को तोड़ते हुए और उसके कोश से तितली के समान बाहर निकलते देखा। कार्य पूरा होते ही ओम् के हाथों से गदा अदृश्य हो गई।

जिस प्रकार एक फूल धीरे-धीरे खिलता है, उसी प्रकार अश्वत्थामा निभीशा को हर हलचल के साथ एक नए कद में बढ़ते हुए देख सकता था। यद्यपि अश्वत्थामा ने उसके बारे में बहुत कुछ सुना था, परंतु उस क्षण वह उसके विशालकाय रूप से मंत्रमुग्ध हो गया था। उसे स्मरण आया कि जब ओम् ने उसे एक शिशु नवगुनजरा के रूप में पाया था तो उसने कैसे उसका वर्णन किया था। 'नव का अर्थ है—नौ, गुन का अर्थ है—गुणवत्ता और जरा का अर्थ है—पुराना। अर्थात् एक पौराणिक प्राणी, जो नौ गुणों का प्रतिनिधित्व करता था।' ये उसके सटीक शब्द थे।

अश्वत्थामा के लिए यह देखना विस्मय भरा था कि कैसे नौ विभिन्न प्राणियों के नौ विभिन्न अंगों के मेल से इतना दिव्य परिणाम प्राप्त हुआ था। उसकी आत्मा सबसे शुद्ध प्रतीत हो रही थी, भले ही वह उसकी भव्यता को परिभाषित करने वाले सभी शब्दों से परे थी और यह उसकी शुद्ध आत्मा थी, जिसे अश्वत्थामा स्पष्ट रूप से अनुभव कर सकता था, जब उसने उसे दूर से देखा।

यह क्षण निभीशा एवं ओम् के लिए अत्यंत आनंदपूर्ण था और अश्वत्थामा के लिए लुभावना। उसके आकार को परिभाषित करने हेतु 'विशाल' और 'प्रचंड' जैसे शब्द अल्प कथन थे। ओम् से उसके बारे में सुनते समय उसने जो कल्पना की थी, वह उससे कहीं अधिक विशाल थी। जैसे ही वह मुक्त हुई, ओम् और निभीशा ने

एक-दूसरे को ऐसे गले लगाया, जैसे एक हाथी या कोई अन्य विशाल प्राणी किसी मनुष्य को गले लगाता हो। दोनों की प्रतीक्षा संपन्न हुई और एक-दूसरे के प्रति उनके स्नेह की कोई सीमा नहीं रही। यद्यपि कुछ ही समय में निभीशा को अपनी सूँघने की क्षमता से किसी दूसरे मनुष्य की उपस्थिति का आभास हो गया और वह सतर्क हो गई। उसके संदिग्ध आचरण को देखते हुए अश्वत्थामा ने एक चट्टान के पीछे छिपने का निर्णय लिया, जब तक कि वह उसकी पूरी क्षमता और शक्ति का अनुमान नहीं लगा लेता; क्योंकि यदि निभीशा को उससे थोड़े से भी संकट का आभास होता तो वह निश्चित रूप से ओम् की रक्षा करने हेतु उस पर वार कर देती।

'निभिशा! क्या हुआ?' ओम् ने पूछा।

निभिशा ओम् के समक्ष ऐसे खड़ी थी, जैसे उसे किसी अज्ञात संकट से बचाने का प्रयास कर रही हो। वह उसी अज्ञात संकट की खोज में क्रोधित दृष्टि से हर ओर देखने लगी।

'शांत हो जाओ! सब ठीक है। मुझे देखो।' ओम् ने उसे सहलाते हुए कहा। 'मेरे कारण ही तुम युगों से फँसी हुई थीं और इसलिए मुझे तुम्हें मुक्त करना था। यह एक भूला हुआ ऋण था, जिसे मैं अंततः आज चुका रहा हूँ, मेरी मित्र। यद्यपि मैं तुम्हारे समय और मेरे प्रति तुम्हारी निष्ठा की हानि की भरपाई कभी नहीं कर पाऊँगा; एक चीज जो मैं कर सकता हूँ, वह है तुम्हें मुक्त करना। अब मुझे ऐसी जगह लौटना होगा, जहाँ मैं तुम्हें अपने साथ नहीं ले जा सकता।'

अश्वत्थामा उसकी बातें सुन सकता था और समझ गया कि ओम् का निश्चय ज्ञानगंज लौटने का था। 'समय बदल गया है, निभीशा, और विश्व अब अलग है। वे दिन चले गए, जब तुम मेरे साथ स्वतंत्र रूप से चल सकती थीं। अब तुम केवल मिथकों एवं लोककथाओं में उपस्थित हो और मनुष्यों का किसी भी चीज को स्वीकार करना, जो वे नहीं समझते हैं या जिसके साथ प्रतिध्वनित नहीं होते हैं, यह संभावना लगभग शून्य है। तुम एक बहादुर योद्धा हो और मैं तुम्हें छिपने के लिए नहीं कह सकता। यदि मैं तुम्हारे साथ रहा तो अश्वत्थामा को विफल कर दूँगा और यदि वापस लौटा तो तुम्हें विफल कर दूँगा। तुम्हारे साथ जो कुछ हुआ है, उसके पश्चात् मुझे कोई अधिकार नहीं है कि मैं तुमसे तब तक यहाँ रुकने के लिए कहूँ, जब तक कि मैं ज्ञानगंज के निवासियों से तुम्हें वहाँ रहने की अनुमति देने का अनुरोध करके वापस न आ जाऊँ। काश, मेरे पास कोई होता, जो मुझे बता पाता कि क्या करना चाहिए!'

अश्वत्थामा ने स्वयं को प्रकट करते हुए कहा, 'तुम्हें मेरे साथ लौटना होगा और उसे भी साथ लाना होगा।' एक अपरिचित स्वर सुनकर और अश्वत्थामा के कंधे एवं हाथ में हथियारों को देखकर निभीशा आक्रामक हो गई तथा ओम् की रक्षा हेतु अश्वत्थामा पर वार करने हेतु सन्नद्ध हो गई। ओम् ने अश्वत्थामा की ओर देखा, जिसने उसकी ओर देखा।

ओम् ने बिना दूसरी ओर देखे कहा, 'वह एक मित्र है। वह हमें कोई क्षति नहीं पहुँचाने वाला। शांत हो जाओ, निभिशा।' निभीशा थोड़ी कोमल प्रतीत हुई, परंतु अपने पैरों पर ही खड़ी रही।

'जब तुमने इसका वर्णन किया तो मैंने कभी विचार नहीं किया था कि यह इतनी विशाल होगी।' अश्वत्थामा ने सावधानीपूर्वक ओम् और निभीशा की ओर बढ़ते हुए कहा।

'जब हम अलग हुए थे, तब यह पूर्णतया विकसित नहीं हुई थी। मुझे ज्ञात है, क्योंकि मैंने बालपन में इसकी मृत माँ का आकार देखा था।' ओम् ने उत्तर दिया।

अश्वत्थामा निभीशा के निकट आया और उसे सहलाने हेतु सावधानी से अपना हाथ उठाया। उसने भी कोमल स्पर्श के प्रति शांति से प्रतिक्रिया व्यक्त की।

'यह सत्य कह रहा है! मैं इसे या तुम्हें कोई हानि नहीं पहुँचाने वाला। मैं एक मित्र हूँ।' अश्वत्थामा ने कहा।

ओम् ने कहा, 'प्रिय अश्वत्थामा, तुम्हें नागपाश से बाँधने और तुम्हारी अनुमति के बिना तुम्हें ऐसे ही छोड़ने के लिए मैं तुमसे क्षमा माँगता हूँ।'

अश्वत्थामा ने विनम्रतापूर्वक कहा, 'यदि मैंने निभीशा को जीवित नहीं देखा होता तो मैं तुम्हारी क्षमा प्रार्थना स्वीकार नहीं करता। अगर मैं इस विश्वास के साथ तुम्हारे स्थान पर होता कि एक पुराना सहयोगी अभी भी जीवित है और प्रतीक्षा कर रहा है, तो मैंने भी वही किया होता, जो तुमने किया। निभीशा भी अब विलुप्त हो चुकी है और इसलिए ज्ञानगंज में रहने का उसका पूर्ण अधिकार है। परंतु समस्या यह है कि यह इतनी विशाल है कि इसे मनुष्यों की दृष्टि से बचाकर ज्ञानगंज ले जाना कठिन है।'

'यह कोई समस्या नहीं है, अश्वत्थामा' ओम् ने आश्वासन दिया।

'तुम्हारा क्या अर्थ है? इसका आकार हाथी से लगभग दोगुना है। ऐसे कई गाँव हैं, जहाँ से हमें गुजरना पड़ता है; और बिना दिखे इसे अपने साथ ले जाना असंभव है।' अश्वत्थामा ओम् के आत्मविश्वास से भ्रमित था।

ओम् ने मुसकुराते हुए निभीशा की ओर देखा। निभीशा ने पुराने दिनों की तरह उसके नेत्रों को पढ़ा और सहस्त्र वर्षों से दुनिया में रहने के उपरांत अश्वत्थामा ने कुछ ऐसा देखा, जो उसने पहले कभी नहीं देखा था। निभीशा की सर्प जैसी पूँछ, जो अश्वत्थामा पर फुफकार रही थी, एकाएक उसकी देह के शेष भाग को रूपांतरित करने लगी। एक बैल का कूबड़, चार पैर, जिनमें से एक बाघ का था, एक हाथी का, एक घोड़े का और अंतिम पैर एक मानव का, एक मादा पिल्ले का मस्तिष्क और देह की कमर—सभी भिन्न अंग सिकुड़कर सर्प की नवीन देह में परिवर्तित हो गए, ताकि वह बिना किसी को चिंतित किए सैकड़ों लोगों की भीड़ से सरलता से मार्ग बना सके। ओम्, अश्वत्थामा के मुख पर प्रश्न पढ़ सकता था और जैसे ही सर्प उसकी बाँह के चारों ओर लिपट गया, उसने समझाया।

'आवश्यकता के अनुसार यह उन नौ प्राणियों में से किसी में भी रूपांतरित होने की क्षमता रखती है, जिनसे यह बनी है।'

'नौ प्राणी ? परंतु मैं केवल आठ के अंग ही देख सकता हूँ!' अश्वत्थामा ने प्रश्न किया।

'इसके पास ऑक्टोपस के समान दो हृदय थे, परंतु अब केवल एक ही है। इसने दूसरे हृदय को नागेंद्र के हाथों खो दिया।' क्षण भर की शांति ने उन्हें घेर लिया, जिसे ओम् ने यह कहकर तोड़ा, 'इस समय की आवश्यकता छिपे रहने की है और इसलिए इसका यह रूप यहाँ है!' तब तक निभीशा अपने सर्प के रूप में पूरी तरह से सज्ज हो चुकी थी। वह कुंडलित थी और ओम् के हाथ पर कलाई से कुहनी तक लिपट चुकी थी। ज्ञानगंज लौटने का समय हो गया था।

जहाँ वे वापस जाने लगे, एलोरा की रक्षा हेतु परशुराम पहले ही अकेले चले गए थे और वृषकपि को उसके प्रश्नों के साथ पीछे छोड़ दिया था, जो कि परशुराम का क्रोध देखकर भयभीत था।

'मैंने कभी भी परशुराम को इतना क्रोधित नहीं देखा। एलोरा की गुफाओं में क्या है ?' वृषकपि ने पूछा।

उस समय एलोरा की गुफाएँ मनुष्यों के लिए एक और पर्यटन स्थल थीं, जो विश्व भर से यात्रियों को आकर्षित करती थीं। यह विश्व के सबसे बड़े प्रस्तर शिल्प का स्थान था। महाराष्ट्र के औरंगाबाद से 29 किलोमीटर दूर स्थित एलोरा की गुफाएँ चरणंद्री पहाड़ियों के चट्टानी पर्वत क्षेत्र में दृढ़तापूर्वक स्थापित गुफा परिसरों की एक श्रृंखला थीं, जिसमें 29 गुफाओं का वर्गीकरण उपस्थित था, जो

महान् ऐतिहासिक महत्त्व का प्रतिनिधित्व करती थीं।

एलोरा की सबसे रहस्यमय गुफाओं में से एक थी सोलहवीं गुफा, जिसमें कैलाश मंदिर था। इसे किसने और कब बनवाया, यह कोई नहीं जानता। एक पौराणिक कथा के अनुसार, यह मंदिर सहस्र वर्षों पुराना था। इसके निर्माता के बारे में किसी को कोई जानकारी नहीं थी, न ही इसकी नक्काशी की कोई तारीख थी। चट्टानी पर्वत स्वयं 60,000 वर्ष पुराना था, जिससे इस मंदिर की खोज उस काल के लिए अकल्पनीय, अद्वितीय और असाधारण हो गई।

ऊर्ध्वाधर उत्खनन विधि का उपयोग करके खुलने वाला कैलाश मंदिर रचनात्मक एवं संरचनात्मक नवाचार के सबसे उत्तम उदाहरणों में से एक का प्रतिनिधित्व करता है। इस महान् मंदिर परिसर को बनाने हेतु रचनाकारों ने इसे चट्टान के ऊपर से नीचे उतरते हुए बनाया था। विश्व के सबसे पुराने चट्टानी नक्काशी परिसरों में से एक, यह एक बहुमंजिला इमारत थी। किसी पर्वत से कुछ भी बनाने हेतु साधारण प्रक्रिया यह थी कि पर्वत को पीछे से तोड़ दिया जाए और उसके अनुसार आकार दिया जाए। इसे 'कट-इन' तकनीक कहा जाता था। यद्यपि कैलाश मंदिर का निर्माण ठीक इसके विपरीत और कहीं अधिक कठिन तकनीक, जिसे 'कट-आउट' तकनीक कहा जाता है, का प्रयोग करके किया गया था, जहाँ मूर्तिकारों ने एक ही पत्थर को तराशकर उसे कैलाश मंदिर का रूप दिया था। कई वैज्ञानिकों ने दावा किया कि नवीनतम निर्माण प्रौद्योगिकियों का इस्तेमाल करते हुए भी किसी भी असमान पर्वत पर एक ही संरचना का निर्माण करना असंभव है। फिर भी, सहस्राब्दियों पहले इसे केवल छेनी व हथौड़े का इस्तेमाल करके पूर्ण रूप से बनाया गया था। यह अपने समय की सबसे बड़ी उपलब्धि थी और अपनी वास्तुकला, तकनीक एवं इतिहास के विषय में एक चमत्कार के रूप में सामने आई।

मिसेज बत्रा ने कहा, "मैं भ्रमित हूँ। कैलाश हिमालय पर्वत शृंखला का नाम है, जिसमें ज्ञानगंज नामक एक छद्म नगर उपस्थित है। उसे भगवान् शिव का घर भी कहा जाता है, तो फिर महाराष्ट्र में रहस्यमयी कैलाश मंदिर कैसे है?"

पृथ्वी ने उत्तर दिया, "एलोरा गुफाओं का कैलाश मंदिर सफेद रंग का था और कैलाश पर्वत में शिव के निवास जैसा दिखने हेतु एक पिरामिड डिजाइन का उपयोग करके बनाया गया था। यह मंदिर इतना दिव्य था कि इसकी पवित्र आभा इसके आसपास अनुभव की जा सकती थी। यह हिंदू संस्कृति की पवित्रता

का प्रतीक था और वैदिक अनुष्ठानों का उपयुक्त प्रतिनिधित्व करता था। गुफा में कैलाश पर्वत उठाते हुए रावण की मूर्ति उत्कीर्ण थी, जो वास्तुकला के क्षेत्र में एक ऐतिहासिक मोड़ था। पुरातत्त्वविदों, शोधकर्ताओं और संबंधित विषयों के उत्साही व्यक्तियों का मानना था कि इन संरचनाओं के निर्माण हेतु लगभग 4 लाख टन चट्टानों को हटाने की आवश्यकता होगी। फिर भी, किसी अज्ञात कारण से चट्टानों का इतना भारी ढेर कहीं भी जमा हुआ नहीं देखा गया था। 2041 जैसे तकनीकी रूप से सबसे उन्नत वर्ष में होने के उपरांत वास्तुकारों के लिए सोलहवीं गुफा के कैलाश मंदिर जैसा कुछ भी उसी पूर्णता के साथ बनाना असंभव है। ऐसा माना जाता है कि कैलाश मंदिर को बनाने में लगभग 150 वर्ष और दिन-रात का परिश्रम लगा था। इसमें से कुछ भी आज व्यवहार में कार्यान्वित नहीं किया जा सकता। इस प्रकार यह विश्वास दृढ़ हुआ कि संतों ने मंदिर के निर्माण का आशीर्वाद दिया था।"

"तो क्या इसका निर्माण किसी अन्य अधिक उन्नत सभ्यता द्वारा किया गया था, मनुष्यों द्वारा नहीं?" मिसेज बत्रा ने पूछा।

इसका उत्तर देते हुए पृथ्वी ने कहा, "वृषकपि ने भी यही प्रश्न किया था, जिस पर वेदव्यास ने उत्तर दिया, 'क्योंकि परशुराम ही थे, जिन्होंने भगवान् शिव के प्रति अपनी तपस्या और भक्ति के रूप में लगभग 351 वर्षों में कैलाश मंदिर बनाया था। अपनी सभी नकारात्मकताओं से मुक्त होने के पश्चात् उन्होंने ऐसा किया। परशुराम को सदैव क्रोधित रहने और वार करने या मारने हेतु सज्ज रहने के लिए जाना जाता था; परंतु पृथक् व्यक्तित्व यज्ञ के पश्चात् वे सभी लक्षण उनसे भिन्न हो गए, जैसा अश्वत्थामा और ओम् के साथ हुआ था। जब वे इस प्रक्रिया से गुजर चुके थे तो उन्होंने इसे सीख लिया था और बाद में अश्वत्थामा को कुष्ठ रोग एवं प्रतिशोध की शापित देह से मुक्त करने हेतु उस पर भी इसका प्रयोग किया।

'वैदिक परंपरा और अनुष्ठानों का पालन करते हुए उन्होंने कैलाश मंदिर का निर्माण प्रारंभ करने से पूर्व एक महायज्ञ का आयोजन किया। मंदिर निर्माण हेतु पर्वत से आशीर्वाद और अनुमति माँगने के पश्चात् उन्होंने ऊर्जा के शुद्धीकरण और प्रज्वलन के लिए मंत्रों का जाप करके चट्टानों को शुद्ध किया। ऐसा माना जाता है कि ये मंत्र आज भी गुफाओं में गूँजते हैं। मंदिर और संपूर्ण स्थान को संतों का आशीर्वाद प्राप्त था, जिसे मंदिर की संरचना में अनुभव किया जा सकता था।

'उनमें से कई साधु अब यहाँ ज्ञानगंज में रहते हैं। परशुराम द्वारा अपनी छेनी व हथौड़ी से इंच-इंच निर्माण आरंभ करने से पूर्व उन्होंने महायज्ञ किया था। उन्होंने

रात-दिन 'ओम् नमः शिवाय' का जाप करते हुए कार्य किया और चट्टानों का सेवन किया; क्योंकि उनका मानना था कि जिस पर्वत को वे अपनी मूर्ति के लिए तराश रहे थे, उसका एक भी टुकड़ा व्यर्थ समझकर फेंका नहीं जा सकता था—इसलिए उन्होंने तराशी हुई चट्टान के हर टुकड़े को खा लिया।'

जब अश्वत्थामा और ओम् आराम से ओम् की बाँह से लिपटी निभीशा को लिये वापस कैलाश की ओर जा रहे थे, तब अश्वत्थामा ने ओम् से पूछा, 'तुम्हें वह गदा कहाँ से मिली?'

ओम् ने इस पर थोड़ा विचार किया। 'मुझे भी आश्चर्य है कि मैंने उसका कैसे आवाहन किया! मैंने बस, यही विचार किया कि निभीशा को स्वतंत्र कराने हेतु मुझे किसी कठोर वस्तु की आवश्यकता है और वह गदा प्रकट हुई, जो मेरी पकड़ में थी। कुलधरा में नागेंद्र की मृत्यु के पश्चात् जब से मैं जागा हूँ, मैं कई परिवर्तनों का अनुभव कर रहा हूँ, जिन्हें मैं अभी भी समझने का प्रयास कर रहा हूँ।'

अश्वत्थामा और ओम् ज्ञानगंज के द्वार पर पहुँचे, जहाँ बलहार ओम् की प्रतीक्षा कर रहा था। बलहार ने ओम् को देखते ही उस पर आक्रमण कर दिया। ओम् ने पहले ही मन बना लिया था कि वह बलहार को चोट नहीं पहुँचाएगा और केवल अपनी रक्षा करेगा। परंतु जैसे ही उसने अपनी रक्षा की, अश्वत्थामा ने बलहार को रोकने हेतु दहाड़ लगाई। यह काम कर गया, यद्यपि बलहार अभी भी कृपाचार्य द्वारा दिए गए आदेशों को पूरा करने में असफल होने के क्रोध से हाँफ रहा था।

'उसे जाने दो, बलहार! तुम्हें कोई हानि नहीं होगी। यह मेरा आदेश है।'

जैसे ही अश्वत्थामा ने ओम् और निभीशा के साथ ज्ञानगंज में प्रवेश किया, बलहार अनिच्छा से पीछे हट गया। अश्वत्थामा ने वृषकपि को पुकारा।

'वृषकपि! निभीशा से मिलो!' अश्वत्थामा ने कहा और वृषकपि एक मासूम मुसकान लिये ओम् के हाथ में लिपटे सर्प की ओर बढ़ गया। ओम् ने निभीशा को अपने हाथ से उतार दिया और वह पुनः अपने मूल रूप में परिवर्तित होने लगी। वृषकपि के लिए यह एक अद्भुत दृश्य था, क्योंकि वह पूर्णतः आश्चर्यचकित था। उसने पहले कभी उसके जैसा कोई प्राणी नहीं देखा था। फिर भी, वह भयभीत नहीं हुआ, अपितु एक ही समय में इतने आश्चर्यजनक और मनमोहक प्राणी को देखकर अत्यंत प्रसन्न हुआ।

निभिशा के अपने विशाल रूप में परिवर्तित हो जाने के पश्चात् ओम् ने

कहा, 'निभिशा! यह अब से तुम्हारा अभिभावक है और यह तुम्हें उस स्थान पर ले जाएगा, जहाँ तुम अपने मूल रूप में तथा तुम्हारी इच्छाअनुसार किसी भी रूप में रहने हेतु स्वतंत्र हो। तुम्हें इसकी बात माननी होगी और एक अच्छी लड़की बनना होगा। अब, जाओ इसके साथ। मैं शीघ्र ही तुमसे भेंट करने आऊँगा।'

निभिशा ने अपने सामान्य आलिंगन के साथ ओम् का अभिवादन किया और रास्ता दिखाने हेतु वृषकपि की ओर देखने लगी। उत्साहित वृषकपि ने अपना सिर झुकाया और निभीशा को अपने साथ ले जाने लगा, जैसे कोई बालक अपने मित्र को अपना घर दिखाने हेतु ले जाता है।

अश्वत्थामा ने राहत की साँस ली और पीछे मुड़कर देखा कि कैसे घटनाएँ घटीं, परंतु अब ज्ञानगंज में सकारात्मक समापन हो गया था। किंतु यह राहत अल्पकालिक थी। वेदव्यास दौड़ते हुए अश्वत्थामा के पास आए और उसे बताया कि परशुराम कहाँ थे तथा यह कि वे उसे ढूँढ़ रहे थे। एक भी क्षण व्यर्थ न करते हुए अश्वत्थामा एलोरा के लिए रवाना हो गया और ओम् को अपने साथ ले गया; क्योंकि इस बार, उसे विश्वास था कि ओम् सज्ज था।

□

श्रावण (जुलाई) के मध्य में भारत में पुष्टि किए गए कोविड मामलों की संख्या 10 लाख तक पहुँच गई थी। सख्त लॉकडाउन लागू होने के कारण लोगों की गतिविधियों पर प्रतिबंध लगा दिया गया था और विश्व भर में लाखों लोगों को यह मनुष्य द्वारा दिए गए सबसे बड़े उपहार, यानी प्रकृति के प्रति उसके दुर्व्यवहार के विरुद्ध देवताओं के क्रोध के समान प्रतीत हुआ। वर्षा ऋतु ने देश को भिगोना आरंभ कर दिया था और सरकार द्वारा जारी अंतहीन लॉकडाउन एवं निरंतर परिवर्तित होते कोविड-19 दिशा-निर्देशों के कारण पर्यटन कम हो रहा था। परशुराम एलोरा की गुफाओं तक पहुँच गए थे। आम दिनों के विपरीत, जब वह पर्यटकों और भक्तों से भरा होता था, वह एक अनदेखे स्थान के समान रिक्त था। उस स्थान का सन्नाटा चिंताजनक था। परशुराम ने श्रावण का महीना समाप्त होने तक रात-दिन मंदिर की निगरानी करने और उसकी रक्षा करने हेतु गुफाओं में रहने का निर्णय लिया।

□

उड़ीसा में विभीषण को बुलाने का आदेश लिये, राजा बलि द्वारा भेजे गए असुर पुरी के जगन्नाथ मंदिर में पहुँच गए थे। वे पुलिसकर्मियों के वेश में थे, ताकि पुरी की सड़कों पर और श्री मंदिर (जगन्नाथ मंदिर) के भीतर उनकी आवा-जाही

प्रतिबंधित न हो। दैनिक अनुष्ठानों के लिए परिसर के भीतर केवल मुट्ठी भर पुजारी उपस्थित थे, जो कि पूर्व-कोविड समय के दौरान सैकड़ों पुजारियों के साथ बैठने वाले और पर्यटकों को अपनी सेवाएँ देनेवाले अन्यथा खचाखच भरे मंडपों की तुलना में एक असामान्य दृश्य था। असुरों ने मंदिर के बाहर अपने जूते उतार दिए और भीतर चले गए, क्योंकि वे धर्मात्मा असुर राजा बलि की सेवा कर रहे थे और स्वयं को सभी बुरे कर्मों से दूर रख रहे थे। इसलिए वे सभी बिना किसी रुकावट के मंदिर में प्रवेश करने में सफल रहे। यद्यपि विभीषण वहाँ के अन्य सदस्यों के समान ही सामान्य दिखते थे, असुर सरलता से अपने कबीले में से किसी एक को पहचान सकते थे। विभीषण नंगे पैर थे। उन्होंने हर दूसरे पुजारी के समान ही मटमैले सफेद वस्त्र पहने हुए थे। वे एक मूर्ति की सफाई कर रहे थे और प्रार्थना कर रहे थे। जैसे ही असुर उनके पास आने लगे, उन्होंने भी उनके वेश के उपरांत उन्हें पहचान लिया और मंदिर के एक कोने की ओर चले गए, जहाँ उन्हें कोई नहीं देख सकता था। असुरों ने चुपचाप उनका पीछा किया और उन्हें मंदिर के मुख्य खंड के पीछे एक कोने में खड़ा पाया। सभी असुर उनके सामने नतमस्तक हो गए।

'तुम्हारा यहाँ कैसे आना हुआ?' विभीषण ने उनके मुख पढ़ने का प्रयास करते हुए पूछा।

'महाराज विभीषण, हम राजा बलि की आज्ञा से आए हैं। चूँकि वे आश्विन (अगस्त) के महीने में ओणम से पूर्व सुतल से बाहर और पृथ्वी की सतह पर कदम नहीं रख सकते, इसलिए उन्होंने आपको तत्काल सुतल में बुलाया है।' असुरों में से एक ने सम्मान व समर्पण के साथ कहा।

'हम्म'''मुझे ज्ञात है कि वे भगवान् विष्णु के आदेश पर केवल ओणम के त्योहार के दौरान ही भूमि पर चल सकते हैं। मैं अपनी प्रार्थनाओं के बीच हूँ, जिसे पूरा होने में कुछ दिन लगेंगे। महाराज बलि को मेरा प्रणाम और मेरी ओर से उन्हें आश्वस्त करो कि जब मेरी प्रार्थना पूर्ण हो जाएगी तो मैं उनसे भेंट करने अवश्य आऊँगा।' विभीषण ने कहा। उन्होंने दूतों की ओर देखा और उनसे जाने की आशा की; परंतु वे अपना सिर झुकाए खड़े रहे।

यह देखते हुए कि उनके आश्वासन के उपरांत उनमें से कोई भी हिल नहीं रहा था, उन्होंने पूछा, 'क्या हुआ?'

'हमें आपके साथ लौटने का आदेश है, महाराज। हम यहीं आपकी प्रतीक्षा करेंगे।' एक असुर ने झिझकते हुए कहा।

स्थिति के बारे में कुछ और अनुमान लगाते हुए विभीषण ने पूछा, 'क्या कुछ और भी है, जो मुझे जानना चाहिए? स्पष्ट रूप से कहो।'

दूसरे असुर ने उत्तर दिया, 'हमें आपको सुतल लाने का आदेश मिलने से ठीक पूर्व भगवान् परशुराम महाराज बलि से भेंट करने आए थे।'

विभीषण के लिए यह अप्रत्याशित था और इसलिए उन्होंने आश्वस्त होने हेतु पुनः पूछा, 'भगवान् परशुराम स्वयं राजा बलि से भेंट करने पाताल लोक में सुतल आए थे?'

'हाँ, महाराज विभीषण! और उनके जाने के तुरंत पश्चात् हमें आपको ढूँढ़ने का आदेश दिया गया।'

भगवान् परशुराम की पाताल यात्रा विभीषण के लिए यह समझने हेतु पर्याप्त थी कि परिस्थिति कितनी गंभीर थी।

'चलो, चलें!' विभीषण ने अपने नेत्र बंद करके प्रार्थना को मध्य में ही छोड़ने हेतु क्षमा प्रार्थना की और अपने स्वामी से जाने की अनुमति माँगी। फिर वे पुलिस रूपी असुरों के साथ मंदिर के मुख्य द्वार की ओर चलने लगे। अन्य सभी पुजारियों को आश्चर्य हुआ कि उन्होंने ऐसा कौन सा अपराध किया था कि पुलिस उन्हें गिरफ्तार कर मंदिर से ले गई!

जब अश्वत्थामा और ओम् एलोरा में परशुराम के पास पैदल जा रहे थे, तब विभीषण राजा बलि से मिलने हेतु रवाना हो गए थे। अश्वत्थामा और ओम् को परशुराम तक पहुँचने में कुछ दिन लगने वाले थे; परंतु तब तक दूसरी ओर नागेंद्र और उसका दल महाराष्ट्र के तट के निकट पहुँच रहे थे, जो उसी गंतव्य की ओर बढ़ रहे थे। एल.एस.डी. के बेबी बंप और उसके लिए परिमल की चिंताएँ प्रमुख रूप से बढ़ रही थीं। नागेंद्र के लिए यह स्पष्ट था। उन्होंने पुनः भूमि पर कदम रखा, इस बात से अनभिज्ञ कि एलोरा में परशुराम उनकी प्रतीक्षा कर रहे थे।

□

11

छल

नागेंद्र और उसके दल ने एलोरा की गुफाओं में कदम रख दिया था। एल.एस.डी. और नागेंद्र के लिए मार्ग प्रशस्त करते परिमल ने दूर से ही परशुराम को देख लिया था, जो एक सतर्क योद्धा के समान अपनी दृष्टि हर छोटी-से-छोटी गतिविधि पर टिकाए हुए थे। परिमल रॉस द्वीप में हुए युद्ध से परशुराम से परिचित था, जब अश्वत्थामा एवं परशुराम ने ओम् की रक्षा करने हेतु पूछताछ केंद्र पर आक्रमण किया था। उसने त्वरित एल.एस.डी. एवं नागेंद्र को रोका और उन्हें पीछे हटने के लिए कहा।

'क्या हुआ ?' नागेंद्र ने पूछा।

'हम और आगे नहीं जा सकते। परशुराम हमारी प्रतीक्षा कर रहे हैं।'

नागेंद्र ने आत्मविश्वास से उत्तर दिया, 'उसने तुम्हारे मुख देखे हैं, मेरे नहीं।'

परिमल ने चेतावनी दी, 'अश्वत्थामा और अन्य लोग भी आसपास हो सकते हैं।'

नागेंद्र ने इस पर विचार किया और फिर मुड़े हुए कागज का एक फटा हुआ टुकड़ा निकालकर एल.एस.डी. को दिया। 'इस बार यदि वह तुम में से किसी को भी देख लेगा तो तुम्हारी मृत्यु निश्चित है। अत: अलग हो जाओ और छिप जाओ। उस पर चील के समान दृष्टि गड़ाए रखो। यदि उसे तुम्हारी उपस्थिति पर संदेह हुआ तो तुम्हारा अंत अपरिहार्य है।'

इन शब्दों को सुनकर परिमल केवल अपनी पत्नी और अपने अजन्मे शिशु के बारे में सोच सका और उसने नागेंद्र से एक अनुरोध किया, 'एल.एस.डी. को यहाँ मत रहने दो। हमें केवल इसे यहाँ से यथासंभव दूर भेज देना चाहिए। मुझे यह अकेले करने दो।'

'यह तुमसे अधिक शक्तिशाली है और जितना तुम सोचते हो उससे कहीं

अधिक तेज। यह कहीं नहीं जाएगी।' नागेंद्र ने परिमल के अनुरोध को ठुकराते हुए कहा। एल.एस.डी. ने दोनों को एक उन्नत माइक्रोब्लूटूथ डिवाइस दिया और एक सेट अपने लिए रखा।

परिमल चिंतित व क्षुब्ध था। एल.एस.डी. अपने प्रति उसकी चिंता देखकर प्रसन्न थी और नागेंद्र अपने लक्ष्य को प्राप्त करने हेतु दृढ़ था। वे अलग हो गए और तीन भिन्न दिशाओं में चले गए। एल.एस.डी. और परिमल ने परशुराम की किसी भी गतिविधि पर दृष्टि रखने हेतु अपना स्थान ग्रहण कर लिया, साथ ही आसपास अन्य चिरंजीवियों की भी खोज जारी रखी।

जैसे ही वे भिन्न दिशाओं में छँटे, एल.एस.डी. और परिमल ने अपने इयरपीस में नागेंद्र की आवाज सुनी।

'एलोरा की गुफाएँ 2 किलोमीटर से अधिक लंबी हैं और यहाँ हमारे पास एकमात्र लाभ यह है कि परशुराम को उस छिपे हुए शब्द का सटीक स्थान नहीं ज्ञात है, जिसकी रक्षा करने वह यहाँ आया है। परिमल, अपना ड्रोन लॉन्च करो और स्कैन करो कि क्या मंदिर परिसर में या उसके आसपास कोई अन्य अमर उपस्थित है। एल.एस.डी., एक बार जब परिमल अन्य अमरों की स्थिति की पुष्टि कर दे और यदि कोई हो तो बिना दिखे मंदिर के भीतर चले जाओ और जो कागज मैंने तुम्हें दिया है, उसे सुरक्षित रखो। यह तुम्हारा अगले शब्द के स्थान की ओर मार्गदर्शन करेगा और तुम इसे मेरे लिए निकालने जाओगी। मैं इस तथ्य का लाभ उठाऊँगा कि परशुराम ने मुझे पहले कभी नहीं देखा है, और उसका ध्यान भटकाऊँगा।'

परिमल एवं एल.एस.डी. को उनके आदेश मिल गए और नागेंद्र सीधे परशुराम की ओर चल गया। नागेंद्र युवा व सुंदर दिख रहा था और उसमें उस असुर का कोई लक्षण नहीं था, जिससे निपटने की आशा परशुराम कर रहे थे। नागेंद्र तो परशुराम के निशाने पर भी नहीं था, क्योंकि उन्हें बताया गया था कि अश्वत्थामा ने वृद्ध नागेंद्र को मार डाला था और कुलधरा में उसकी मृत्यु का साक्षी था। इससे नागेंद्र के लिए बिना छिपे चलना और परशुराम के निकट पहुँचना आसान हो गया। जहाँ नागेंद्र मंदिर में जाने हेतु परिमल के संकेत की प्रतीक्षा कर रहा था, वहीं एल.एस.डी. परशुराम पर दृष्टि रख रही थी। किसी भी अन्य चीज से अधिक एल.एस.डी. की सुरक्षा सुनिश्चित करने हेतु परिमल ने एलोरा गुफाओं के पूरे परिसर को स्कैन करने के लिए ड्रोन लॉन्च किया, ताकि किसी अन्य अमर की खोज की जा सके, जो कदाचित् कहीं और छिपे हों।

तभी परशुराम ने एक युवा पुरुष को अपनी ओर आते देखा। नागेंद्र ने एक औसत युवक के समान वस्त्र पहने हुए थे और वह मुसकराते हुए परशुराम की ओर बढ़ रहा था, जैसे कि वह उनसे उस स्थान के बारे में कुछ पूछना चाहता हो या कदाचित् मार्ग ढूँढ़ रहा हो। फिर भी, परशुराम अपने मन में उठते संदेह से अनभिज्ञ नहीं थे और उन्होंने विचार किया कि वह युवक कौन था और यहाँ क्या कर रहा था, जब पर्यटकों को भी यहाँ आने की अनुमति नहीं थी?

'रुकिए! आप कौन हैं?' परशुराम ने पूछा।

'हा माझा तुम्हाला पश्न असावा, अजोबा!' (यही मेरा आपसे प्रश्न होना चाहिए, दादाजी!) नागेंद्र स्थानीय मराठी में बहस कर रहा था और आत्मविश्वास से परशुराम की ओर चल रहा था। वह एक साधारण नश्वर के समान लग रहा था, जैसे उसे उस व्यक्ति के बारे में कोई जानकारी नहीं थी, जिसे वह 'दादाजी' के रूप में संबोधित कर रहा था। 'लॉकडाउन लागू होइपयंत सर्व गुहा बंद आहेत ही तुम्हाला माहित नहि का?' (क्या आप नहीं जानते कि लॉकडाउन लागू होने के बाद से सभी गुफाएँ बंद कर दी गई हैं?)

परशुराम ने उसकी पोशाक पर फिर एक दृष्टि घुमाई—एक साधारण शर्ट, जीन्स, चप्पलें और दो खुकरी चाकू जैसे हथियार, जो चौकीदार आमतौर पर अपने साथ रखते हैं। यही देख एक थके हुए वृद्ध पुरुष के समान उन्होंने उत्तर दिया, 'मुझे क्षमा करो, बेटा। मैं तुम जैसे युवाओं के एक समूह के साथ अपने गाँव की ओर जा रहा था; परंतु मेरे बूढ़े पैर उनकी गति के साथ मेल नहीं खा सके और मैं रास्ता भटक गया और यहाँ पहुँच गया।'

'तुम्हाला इथे कोणही पहण्या आधीच इथून जा नहितर माझी नोकरी गमवावी लागेल (इससे पहले कि कोई तुम्हें यहाँ देखे, चले जाओ, वरना मैं अपनी नौकरी खो दूँगा।)।' नागेंद्र ने सतर्क स्वर में कहा, एलोरा का गार्ड होने का नाटक करते हुए, क्योंकि वही एकमात्र उपाय था, जिसका परशुराम अनुपालन करते।

'ओह! तुम कार्यवाहक हो।' परशुराम ने कहा।

'नाही, फक्त एक रक्षक, आता जा! (नहीं, बस एक गार्ड। अब जाओ!)' नागेंद्र ने उत्तर दिया, अभी भी अपना किरदार निभाते हुए।

तब तक परिमल ने पुष्टि कर ली थी कि परशुराम के साथ कोई और अमर वहाँ नहीं था।

'एल.एस.डी., तुम मंदिर की ओर बढ़ सकती हो।' परिमल ने आदेश दिया।

एल.एस.डी. को उसका आदेश मिला और वह त्वरित दीवारों के पीछे छिपते हुए चुपचाप मंदिर की ओर बढ़ने लगी।

परशुराम भी मुड़े और जाने का नाटक करने लगे। जब सबकुछ नागेंद्र और दल की योजना के अनुसार चल रहा था, तभी एक पक्षी ने अपने क्षेत्र में उड़ती हुई अज्ञात वस्तु पर वार कर दिया। ड्रोन के ब्लेड ने पक्षी को घायल कर दिया और वह दुर्घटनाग्रस्त होने वाला था, तभी परंतु परिमल ने किसी प्रकार उसे नियंत्रित कर लिया। घायल पक्षी उड़ गया, परंतु एक ब्लेड से, जिस पर पक्षी के पंख का एक हिस्सा फँसा हुआ था, लगातार खटखटाने की आवाज आ रही थी।

शोर से परशुराम के कान खड़े हो गए! उन्होंने ऊपर ड्रोन को देखा और त्वरित उस पुरुष को चारों ओर ढूँढ़ने लगे, जो इस ड्रोन के करतब के पीछे होगा। अभी भी एक साधारण वृद्ध पुरुष होने का नाटक करते हुए वे नागेंद्र की ओर मुड़े, जो उनके ठीक पीछे खड़ा था—उनकी छाया के समान।

यह अनुमान लगाते हुए कि उनका भेद खुल गया था, जैसे ही परशुराम पीछे मुड़े, नागेंद्र ने उन पर वार कर दिया और अपने हाथों के दो खुकरी चाकू से उन पर निर्दयता से प्रहार किया। वे चाकू इतने तेज थे कि एक ही झटके में किसी भी चीज को काट सकते थे।

जब तक परशुराम को ज्ञात हुआ कि उन पर वार हो रहा था, तब तक खुकरी के 'प्रहार' के कारण उन्हें कई गहरे घाव लग चुके थे, जो एक सामान्य मनुष्य को मारने हेतु पर्याप्त घातक था। युवा नागेंद्र एक सामान्य मनुष्य के लिए अत्यंत फुरतीला था और यह बात परशुराम ने देख ली थी।

नागेंद्र अभी भी परशुराम के समीप था। उसने उन्हें चाकू मार दिया और उनके पूरे शरीर को काट डाला। परशुराम ने नागेंद्र की छाती पर इतनी जोर से वार किया कि उसकी पसलियों के चटकने की आवाज हवा में गूँज उठी। तब तक एल.एस.डी. ने अवसर का लाभ उठाते हुए और परशुराम की दृष्टि से बचते हुए मंदिर में प्रवेश कर लिया। परशुराम के हाथ नागेंद्र को कुछ फीट दूर फेंकने हेतु पर्याप्त थे। भूमि पर गिरे नागेंद्र को अनुभव हुआ कि जब वह हिलने का प्रयास कर रहा था तो उसकी टूटी पसलियाँ उसके हृदय में चुभ रही थीं। परशुराम का बहुत रक्त बह रहा था, परंतु इसका उन पर कोई प्रभाव नहीं पड़ रहा था। वे अब तक इस बात से अनभिज्ञ थे कि उन पर वार करनेवाला नागेंद्र ही था। परंतु उसे मृत बोरे के समान फर्श पर पड़ा देखकर उन्होंने उस पर समय व्यर्थ न करने का निर्णय

लिया और शीघ्रता से मंदिर के द्वार की ओर बढ़ गए।

परिमल यह सब अपने ड्रोन कैमरे से देख सकता था और जानता था कि इससे पूर्व कि परशुराम मंदिर में प्रवेश कर सकें तथा एल.एस.डी. को हानि पहुँच सकें, उसे हस्तक्षेप करना होगा। परिमल ने सीधे तौर पर शामिल होने का निर्णय लिया और तेजी से परशुराम के पीछे दौड़ते हुए उन पर गोली चला दी। परशुराम मंदिर के द्वार से मुड़े और परिमल का सामना किया। उस पुरुष को गोली चलाते और अपनी ओर दौड़ते देखकर उनका क्रोध दोगुना हो गया, क्योंकि रॉस द्वीप की लड़ाई से उन्होंने परिमल को पहचान लिया था, जहाँ वे उसे मारने से चूक गए थे।

'यदि इस बार उसने तुम्हें देख लिया तो तुम्हारी मृत्यु निश्चित है।' नागेंद्र की बातें परिमल के कानों में गूँजीं। नश्वर परिमल की सीधी टक्कर महाबली परशुराम से हो रही थी, जिनका एक ही वार किसी अस्त्र के समान घातक था। अभी भी उन पर वार करते हुए, परशुराम की पहुँच से केवल एक कदम पूर्व, परिमल ने उनके बीच धुएँ का एक ग्रेनेड फेंक दिया। परशुराम को उससे बाहर आने में जो समय लगा, वह परिमल के अदृश्य होने और नागेंद्र के ठीक होने के लिए पर्याप्त था। जब धुआँ छँटा तो परिमल की खोज करते हुए परशुराम ने उस युवक के पैर पर तिल देखा, जो अविश्वसनीय रूप से ठीक हो गया था, क्योंकि वह अपने पैरों पर वापस खड़ा होने लगा था।

आश्चर्यजनक रूप से युवक ने उस प्रहार का कोई संकेत नहीं दिखाया, जो परशुराम ने कुछ क्षण पूर्व उस पर किया था।

पहले परिमल और अब नागेंद्र के पैर के ठीक उसी स्थान पर तिल वाला एक युवक, जिसके बारे में ओम् ने उन्हें बताया था। यह परशुराम के लिए यह समझने हेतु पर्याप्त था कि वे किस स्थिति में थे। नागेंद्र अपने पैरों पर खड़ा हुआ, अपने वस्त्र झाड़े, फिर से अपनी खुकरी उठाई और कहा, 'हमारा कभी भी उचित रूप से परिचय नहीं हुआ! प्रणाम! मैं नागेंद्र हूँ। और मैं अब आप में से एक हूँ! एक अमर। क्या आप लोग नए साथी के लिए उत्सव नहीं मनाएँगे?' नागेंद्र के स्वर में व्यंग्य और आत्मविश्वास झलक रहा था।

परशुराम के मुख के अविश्वास के भाव का आनंद लेते हुए वह धीरे-धीरे और शांति से एल.एस.डी. के लिए जितना संभव हो, उतना समय लेने हेतु उनकी ओर बढ़ा। 'मैंने ही कृपाचार्य पर आक्रमण किया था और आप दोनों को ओम् की स्मृति में फँसा लिया था। क्योंकि वह अतीत, जहाँ आपने छोटी सी छुट्टियाँ व्यतीत

कीं, केवल उसका अतीत नहीं था। वह उतना ही मेरा भी है।' नागेंद्र ने जान-बूझकर परशुराम को चिढ़ाते हुए आँख मारी।

यह विचार करते हुए कि वे नागेंद्र को मंदिर में प्रवेश करने से रोकेंगे, परशुराम ने क्रोध में अपना परशु निकाला, इस तथ्य से अनभिज्ञ कि एल.एस.डी. पहले ही मंदिर में घुसपैठ कर चुकी थी और कागज के टुकड़े पर बताए गए स्थान की खोज कर रही थी। इसके उपरांत उसे यह जानने हेतु जीवंत निर्देश मिल रहे थे कि उसे शब्द चुराने में कितना समय लगेगा।

'मुझे वह स्थान मिल गया!' एल.एस.डी. ने कहा और यह संदेश उसकी टीम तक पहुँच गया।

'आप परिमल से रॉस द्वीप पर पहले ही मिल चुके हैं, है न?'

जैसे ही नागेंद्र ने यह कहा, वह ड्रोन, जो अभी भी परशुराम के ऊपर मँडरा रहा था, एकाएक नीचे आकर उनकी पीठ से चिपक गया और उन्हें बिजली का जोर का झटका दिया। जब परशुराम के शरीर में अत्यधिक वोल्टेज दौड़ गई तो वे बुरी तरह काँपने लगे। इससे नागेंद्र एवं उसके दल को कुछ और समय मिल गया; परंतु केवल उतना ही, जब तक कि परशुराम ने ड्रोन को उसके किनारे से पकड़ नहीं लिया, उसे अपने सामने खींच लिया और उसके टुकड़े-टुकड़े नहीं कर दिए। जैसी कि नागेंद्र की आदत थी, वह परशुराम की पीठ पर उसी प्रकार चढ़ गया, जैसे वह रूपकुंड में वृषकपि और कुलधरा में ओम् पर चढ़ा था। इस बार उसने दोनों खुकरी परशुराम के कॉलरबोन में घोंप दी। जब परशुराम अपनी पीठ से चिपके हुए नागेंद्र को हटाने का प्रयास कर रहे थे तो परिमल अपने बैग से निकाली गई जंजीर से उनके पैर काटने का प्रयास कर रहा था; परंतु वह केवल उन्हें घायल कर सका।

अनेक घावों से घिरे हुए परशुराम अपने घुटनों पर थे। जीवन के इन सभी वर्षों और युद्ध के अनुभव में पहली बार वह युद्ध की आधुनिक तथा छल से भरी शैली देख रहे थे, जिसने कलियुग के अंतिम उद्धरण को परिभाषित किया, 'प्रेम और युद्ध में सबकुछ उचित है'।

एलोरा में हुए विनाश से अनभिज्ञ अश्वत्थामा ने ओम् से पूछा, 'जब हम लड़ रहे थे तो मेरा अपना बाण मुझ पर कैसे उलटा पड़ गया? तुम्हें नागपाश चलाना किसने सिखाया?'

'मुझे नहीं पता कि वह तुम्हारे पास वापस कैसे आया! और किसी ने भी मुझे नागपाश का प्रयोग करना नहीं सिखाया। मुझे बस पता है।' ओम् ने कहा।

'तुम और कौन से अस्त्र धारण कर सकते हो?' अश्वत्थामा उत्सुक था और उसे जो उत्तर मिला, वह आश्चर्यजनक था।

'सभी।' ओम ने अपने कंधे उचकाए।

"सभी! और कौन से अस्त्र हैं?" मिसेज बत्रा ने पूछा।

पृथ्वी उन्हें समझाने लगा "यह सूची अंतहीन है और सभी को पाने में कई जन्म लग सकते हैं। जैसे-जैसे हम आगे बढ़ेंगे, मैं आपको कुछ अस्त्रों के बारे में बताऊँगा, जिनके बारे में आपने पहले सुना होगा और कुछ, जिनके बारे में आपको जानना चाहिए।

"आग्नेयास्त्र, जिसके देवता अग्निदेव थे, एक प्रक्षेपास्त्र था और उसमें दिव्य शक्तियाँ थीं, जो प्राकृतिक ब्रह्मांडीय सिद्धांत का पालन करते हुए अग्नि बरसा सकती थीं। अश्वत्थामा सहित 'रामायण' और 'महाभारत' के लगभग सभी योद्धाओं के पास यह अस्त्र था।

"वरुणास्त्र जल का अस्त्र था, जिसका प्रयोग आग्नेयास्त्र के प्रतिकार के रूप में किया जाता था। एक बार छोड़े जाने के पश्चात् वह प्रचुर मात्रा में पानी का प्रहार करता, जो सबकुछ बहा सकता था। यह अस्त्र भी 'रामायण' और 'महाभारत' में कई लोगों को प्राप्त हुआ था।

"परस्वपास्त्र में प्रतिद्वंद्वी को युद्धभूमि में मृत्यु की निद्रा सुला देने की शक्ति थी। महाभारत के समय केवल भीष्म के पास यह अस्त्र था और जब उन्होंने अपने गुरु परशुराम के विपरीत इसका प्रयोग करने का प्रयास किया तो देवताओं ने उन्हें रोक दिया।

"नागास्त्र एक विनाशकारी तथा सर्प के आकार का अस्त्र था, जो शरीर में विष फैलाने हेतु पर्याप्त घातक था। महाभारत के युद्ध में कई योद्धाओं के पास यह था।

"नागपाश, जैसा कि आप पहले से ही जानती हैं, एक ऐसा अस्त्र था, जो एक बार छोड़े जाने पर अपने लक्ष्य को सैकड़ों विषैले सर्पों में उलझा देता था। 'रामायण' में मेघनाद ने इसका प्रयोग लक्ष्मण के विपरीत किया था और यहाँ तक कि ओम् ने इसका प्रयोग अश्वत्थामा के विपरीत भी किया, जब उसने ज्ञानगंज से भागने का प्रयास किया था।

"केवल गरुड़ास्त्र ही किसी को नागास्त्र और नागपाश से मुक्त कर सकता था। यह भगवान् राम और अर्जुन के पास था; यद्यपि ओम् के पास सौपर्णा भी था,

जो विचित्र पक्षियों को छोड़ता था तथा नागास्त्र का एक और प्रतिकार था।

"वायव्यास्त्र में उच्च दबाव वाली हवाएँ बनाने की क्षमता थी, जो पलक झपकते ही सहस्त्रों सैनिकों को उड़ा ले जा सकती थी।

"सूर्यास्त्र में किसी भी जलाशय को सुखा देने और उससे निकलने वाली चमकती रोशनी से किसी भी प्रकार के अँधेरे को दूर करने की शक्ति थी।

'इंद्रशास्त्र, जैसा कि नाम से पता चलता है, सीधे इंद्र से जुड़ा था—जो स्वर्ग में देवताओं का राजा था, जिसके पास गड़गड़ाहट, तूफान, बिजली एवं बारिश को जारी करने, नियंत्रित करने तथा निष्पादित करने की शक्ति थी और यहाँ तक कि यह भी तय करने की शक्ति थी कि नदियाँ कैसे बहेंगी।

"त्वष्टास्त्र एक सेना के भीतर भ्रम पैदा कर सकता था और उन्हें शत्रु के रूप में एक-दूसरे से लड़ने पर विवश कर सकता था। इसका प्रयोग एक बार अर्जुन ने कुरुक्षेत्र के युद्ध में किया था।

"सम्मोहनास्त्र में लक्ष्य को अचेत कर देने और उसे समाधि में डालने की शक्ति थी। अर्जुन ने इसका प्रयोग कौरवों की सेना के विरुद्ध किया था।

"यदि पर्वतास्त्र का आवाहन किया जाए तो वह सीधे आकाश से लक्षित सेना पर बड़े-बड़े पत्थर गिरा सकता था।

"अंजलिकास्त्र इंद्र का निजी अस्त्र था। इसमें प्रतिद्वंद्वी का सिर काटने की शक्ति थी। इस अस्त्र का प्रयोग दोनों महाकाव्यों में किया गया था। लक्ष्मण ने इसका प्रयोग रावण के पुत्र मेघनाद को मारने हेतु किया था और अर्जुन ने उसी अस्त्र का प्रयोग करके कर्ण को मारा था।

"शाङ्र्ग एक धनुष था, जो भगवान् विष्णु का था, जिसका उपयोग विष्णु अवतार श्रीराम और बाद में श्रीकृष्ण द्वारा भी किया गया था।

"नंदक भगवान् विष्णु की अविनाशी धार वाली अलौकिक तलवार थी, जो अनगिनत राक्षसों को मार सकती थी।

"शैलास्त्र वायुस्त्र का प्रतिकार था; इस अस्त्र का प्रयोग परशुराम ने द्वारका के जलमग्न होने को रोकने हेतु किया था।

"ब्रह्मास्त्र सबसे शक्तिशाली, सबसे घातक और सबसे दिव्य अस्त्र था, जो एक ही पल में पूरी सेना को नष्ट करने में सक्षम था। सभी युगों के योद्धाओं के उपरांत—महाभारत के समय—कृपाचार्य, भीष्म, द्रोण, परशुराम, अश्वत्थामा, अर्जुन और कर्ण—सभी ने आवश्यकता पड़ने पर 'ब्रह्मास्त्र' की शक्ति को प्रज्वलित

करने के ज्ञान में सिद्धता प्राप्त कर ली थी।

"ब्रह्म शीर्ष अस्त्र ब्रह्मास्त्र से भी अधिक दिव्य था। उसमें उल्काओं की वर्षा करने की शक्ति थी और वह बहुत विनाशक था।

"नारायणास्त्र लाखों विनाशक प्रक्षेपास्त्र छोड़ता था। आत्मसमर्पण करने और चुपचाप पड़े रहने के उपरांत उस अस्त्र के समक्ष बचने का कोई उपाय नहीं था।'

□

अश्वत्थामा और ओम् एलोरा के निकट बढ़ रहे थे। जहाँ नागेंद्र एवं परिमल ने परशुराम को व्यस्त और मंदिर के द्वार से दूर रखा था, वहाँ मंदिर के भीतर एल.एस.डी. विभिन्न कोनों में खुदे तथा छिपे अक्षरों को क्रमिक रूप से खोजने के निर्देशों का पालन कर रही थी। जैसा कि कागज में बताया गया था, वह सेना के देवता गणदेव की एक विशिष्ट पत्थर की नक्काशी के सामने पहुँची और उस चट्टान के टुकड़े को जला दिया, जिस पर नक्काशी रखी हुई थी। क्षण भर जलने के पश्चात् अधिकांश चट्टान अपने आप बुझ गई और अपने पीछे केवल एक जलता हुआ पत्र छोड़ गई। अक्षर 'अ' था। कुछ क्षण के पश्चात् पत्र जलना बंद हो गया और एल.एस.डी. ने उस पर अपना अँगूठा लगा दिया, जैसे कि उसे पुनः लिख रही हो। जैसे ही उसने अक्षर पूरा किया और मुड़ी, उसने देखा कि विद्याधरों, देवताओं की एक और नक्काशीदार आकृति में आग लग गई थी। वह उसकी ओर चली और जैसे ही अगला अक्षर निकला, उसने पुनः वही किया, जैसा कागज पर निर्देश दिया गया था। एक-एक करके दीवारों व खंभों पर उकेरी गई पाँच विभिन्न मूर्तियों पर ऐसा पाँच बार हुआ और अंततः उसे पूरा शब्द प्राप्त हुआ—'अष्ट संग्रह'।

परशुराम ने अपना अजेय और अविनाशी दिव्य फरसा धारण किया। फरसे के साथ चलने वाली हवा की गति इतनी तेज थी कि परिमल और नागेंद्र एक इंच भी परशुराम के निकट नहीं जा सके। इतना समय परशुराम को पुनर्जीवित करने हेतु पर्याप्त था। जब वे अपना फरसा लेकर अपने पैरों पर खड़े हो गए तो परिमल को फिर से छिपने का आदेश दिया गया। परशुराम को विश्वास था कि परिमल ने मंदिर में प्रवेश नहीं किया था, क्योंकि उनकी दृष्टि द्वार पर ही थी। अब उनके समक्ष केवल नागेंद्र ही खड़ा था। परशुराम नागेंद्र की ओर दौड़े और उसकी कमर पर प्रहार कर दिया तथा अपने फरसे के एक टुकड़े से उसे आधा काट दिया। कुछ ही देर में नागेंद्र दो हिस्सों में बँटकर भूमि पर गिर पड़ा; परंतु पलक झपकते ही वह अपने पैरों पर पुनः खड़ा हो गया।

यह पहली बार था कि परशुराम किसी अन्य अमर से लड़ रहे थे और पिछले कुछ क्षणों में दूसरी बार ऐसा हुआ कि परशुराम को असफलता का अनुभव हुआ। नागेंद्र ने निरंतर उसे मारने हेतु परशुराम को चुनौती दी, जब परशुराम ने पहले ही दो बार करने का प्रयास किया; परंतु नागेंद्र हर बार उन पर हँसते हुए पुनः जीवित हो गया।

"हम कलियुग के अंत तक ऐसा कर सकते हैं, दादाजी।" नागेंद्र ने परशुराम का उपहास करते हुए कहा।

परशुराम पुनः वार करने हेतु सज्ज थे; परंतु मंदिर के भीतर से एक तेज आवाज ने सभी का ध्यान खींच लिया। वे त्वरित मंदिर के प्रवेश द्वार की ओर भागे। परशुराम प्रवेश करने से एक कदम दूर थे कि एकाएक एक अदृश्य शक्ति ने उन्हें दूर फेंक दिया। परशुराम द्वार से कुछ दूरी पर गिर गए और विचार करने लगे कि उन्हें किसने धक्का दिया था। जैसे ही वे अपने पैरों पर खड़े हो रहे थे, उन्होंने एल.एस.डी. को मंदिर से बाहर निकलते देखा। जब वे उस पर वार करने ही वाले थे, तभी उन्होंने हवा में एक आकृति बनती हुई देखी। नागेंद्र उभरती हुई आकृति के समीप जाकर खड़ा हो गया। कुछ ही क्षणों में परशुराम ने शुक्राचार्य को एल.एस.डी. और अपने बीच खड़े देखा। परशुराम को यह स्पष्ट था कि एल.एस.डी. तक पहुँचने हेतु उन्हें शुक्राचार्य से होकर जाना होगा, जो कि परशुराम से दूर चल रहे थे। कुछ ही समय में वह कहीं दिखाई नहीं दी और शुक्राचार्य नागेंद्र के साथ मंदिर के प्रवेश द्वार पर खड़े थे। परशुराम अपने अस्त्रों के साथ दोनों पर वार करने हेतु सज्ज थे; परंतु इससे पूर्व कि वे ऐसा कर पाते, शुक्राचार्य पीछे मुड़ गए और मंदिर में प्रवेश कर गए तथा नागेंद्र उस ओर भाग गया, जहाँ से वह आया था। परशुराम की प्राथमिकता मंदिर थी और इसलिए उन्होंने शुक्राचार्य का अनुसरण करना चुना।

परशुराम ने मंदिर में प्रवेश किया, परंतु शुक्राचार्य कहीं दिखाई नहीं दिए। जैसे वे आए थे, वैसे ही अदृश्य हो गए, ऐसा विचार कर परशुराम ने मंदिर की सुरक्षा सुनिश्चित करने हेतु चहुँ ओर देखा। उन्होंने देखा कि मंदिर एक कोने से पुनः चट्टान में परिवर्तित हो रहा था और धीरे-धीरे पूरी संरचना को निगल रहा था। जैसे ही वे मंदिर के एकमात्र द्वार की ओर मुड़े, उन्होंने देखा कि शुक्राचार्य बाहर निकलने का मार्ग बंद किए हुए खड़े थे। शुक्राचार्य का भारी स्वर मंदिर में गर्जना करने लगा। एकाएक कई असुर उनके शरीर से निकल आए और उन्होंने परशुराम को घेर लिया तथा उन पर सामूहिक रूप से आक्रमण कर दिया।

परशुराम ने उन सभी को मारना आरंभ कर दिया; परंतु और भी लगातार उन पर वार करते रहे। कुछ ने उनके हाथ पकड़ लिये, जबकि कुछ ने उनके पैर पकड़ लिये। अन्य असुर उन्हें शुक्राचार्य तक पहुँचने से रोकने हेतु उनके ऊपर ढेर हो गए। उनकी दृष्टि के ठीक सामने शुक्राचार्य द्वार से बाहर चले गए, घूमे और वहीं खड़े होकर देखते रहे। परशुराम, जो अभी भी स्वयं को मुक्त करने का प्रयास कर रहे थे, नागेंद्र, परिमल एवं एल.एस.डी. को दर्शकों में शामिल होते हुए देख सकते थे, क्योंकि वे शुक्राचार्य के पास खड़े थे। परशुराम को अनुभव हुआ कि यह उनके लिए वार करने और उन सभी को समाप्त करने का उत्तम अवसर था। यद्यपि उन्हें इस बात का ज्ञान नहीं था कि असुर उन्हें शुक्राचार्य से दूर रखने हेतु कसकर नहीं पकड़ रहे थे, अपितु उन्हें मंदिर छोड़ने से रोक रहे थे। असुर केवल ध्यान भटका रहे थे, जिनका उद्देश्य परशुराम को तब तक बंदी बनाए रखने का था, जब तक कि पूरा मंदिर उसी विशाल पर्वत में परिवर्तित न हो जाए, जैसा कि वह तब था, जब परशुराम द्वारा बनाया गया था।

इससे पूर्व कि वे उन सभी को मार पाते और बाहर निकल पाते, द्वार सदियों पहले के अपने मूल रूप में, जब उसे गढ़ा नहीं गया था, पुनः परिवर्तित हो गया। संपूर्ण मंदिर एक विशाल पर्वत में परिवर्तित हो गया, जैसा पहले हुआ करता था, जिसने परशुराम और सभी असुरों को भस्म कर दिया था। निराशा, अविश्वास और पराजय के बोझ ने परशुराम को पुनः घुटनों पर धकेल दिया; क्योंकि उन्होंने जो कुछ भी बनाया था, उसे खोने की भावनाओं से वे घुटन अनुभव कर रहे थे। उन्होंने पीड़ा और मंदिर को खोने के कष्ट में वेदव्यास को अपना स्थान बताया। नागेंद्र, परिमल एवं एल.एस.डी. बाहर शुक्राचार्य के साथ शांति से खड़े रहे और जाने से पूर्व पूरे परिवर्तन के साक्षी बने।

□

12

नौ अवतार

निरंतर महामारी के कारण मरने वालों की बढ़ती संख्या देवताओं का संकेत था कि विश्व का अंत निकट था। इसके उपरांत मानसरोवर को राक्षसताल द्वारा निगल लिया जाना, हिम-स्खलन से रूपकुंड का नष्ट हो जाना, ताजमहल का काला पड़ जाना, भूतिया गाँव कुलधरा का रातोरात अदृश्य हो जाना, जलमग्न द्वारका का विनाश और ज्वालामुखी के लावा से भीमकुंड का वाष्पित हो जाना हर जन-सामान्य की चिंता को बढ़ा रहा था कि देवता क्रोधित थे और यह मानव जाति पर उनके क्रोध की अभिव्यक्ति थी। दु:ख को बढ़ाते हुए जो नई बात जुड़ रही थी, वह एलोरा में रिवर्स इंजीनियरिंग की अप्रत्याशित घटना थी।

अश्वत्थामा और ओम् को खाली हाथ जाना पड़ा। वे इस विचार में थे कि परशुराम कहाँ थे? शीघ्र ही विशेषज्ञ, वैज्ञानिक और शोधकर्ता अज्ञात को समझने हेतु घटना-स्थल पर आने लगे।

सुतल में विभीषण राजा बलि के सामने प्रकट हुए।

'प्रणाम, महाराज बलि!' विभीषण ने कहा।

राजा बलि मुसकराए, अपने सिंहासन से खड़े हुए और विभीषण को बड़े भाई के रूप में गले लगा लिया। विभीषण ने इस भाव का प्रेम से प्रत्युत्तर दिया।

'आओ, बैठो!' राजा बलि ने विभीषण को अपने पास बैठने का स्थान देते हुए कहा।

विभीषण चुपचाप बैठे रहे और राजा बलि के वार्त्तालाप आरंभ करने एवं कारण बताने की प्रतीक्षा करने लगे कि उन्हें तत्काल क्यों बुलाया गया था!

'विभीषण! मुझे शुक्राचार्य का पता लगाने में आपकी सहायता चाहिए।' राजा बलि का स्वर चिंता से भारी था।

'मुझे बताया गया कि परशुराम ने सुतल का दौरा किया था और अब आप

शुक्राचार्य की खोज में हैं। क्या बात है?' विभीषण ने पूछा।

राजा बलि ने बताया, 'यह सब तब आरंभ हुआ, जब नागेंद्र नाम के किसी व्यक्ति के हाथ 'मृत संजीवनी' नामक पुस्तक लगी, जो अनंत काल से छिपी हुई थी। परशुराम का मानना है कि नागेंद्र शुक्राचार्य का प्रतिभाशाली शिष्य है और शुक्राचार्य ही इन आपदाओं के लिए उत्तरदायी हैं। अश्वत्थामा ने कुलधरा में नागेंद्र को मार डाला था, परंतु विनाश जारी रहा। वेदव्यास भी जागरूक हैं और मानते हैं कि नौ स्थानों पर गुप्त शब्द हैं, जो एक साथ जोड़ने पर किसी रहस्यमय द्वार की कुंजी के रूप में काम करेंगे, जिसे शुक्राचार्य खोलने की इच्छा रखते हैं। उन नौ स्थानों में से पाँच को नष्ट कर दिया गया है, क्योंकि वहाँ उपस्थित शब्द तभी चुरा लिये गए थे, जब परशुराम मुझसे मिलने आए थे। उनके जाने के पश्चात् से दो और शब्द उन्हें प्राप्त हुए हैं और अंतिम सूचना के अनुसार, एलोरा मंदिर के चट्टान में परिवर्तित होने के पश्चात् से परशुराम भी लुप्त हैं।'

'और आप मेरे माध्यम से शुक्राचार्य से भेंट करना चाहते हैं?' विभीषण ने पुष्टि की।

राजा बलि ने आगे कहा, 'विभीषण, शुक्राचार्य और उनके शिष्य इतने विनाशकारी हो गए हैं कि परशुराम को मुझसे मिलने आना पड़ा और मैंने आपसे तत्काल ध्यान देने का अनुरोध किया। सात अमरों में केवल दो ही असुर हैं और वे भी उन लोगों के उत्तराधिकारी हैं, जो अब तक नौ विष्णु दशावतारों में से चार का कारण बने।'

"दशावतार! वे कौन हैं?" मिसेज बत्रा ने पूछा।

"दशावतार एक संस्कृत शब्द है और इसे दो भागों में तोड़कर सरल बनाया जा सकता है। 'दश' का अर्थ है—दस और 'अवतार' का अर्थ है—रूप। इस प्रकार, दशावतार भगवान् विष्णु के दस प्राथमिक अवतारों को दरशाता है, जो हिंदू धर्म में तीन श्रेष्ठ देवताओं में से एक हैं। भगवान् विष्णु मानव जाति की भलाई हेतु सूक्ष्म क्रम को संतुलित करने के लिए जाने जाते हैं और जब भी किसी प्रतिकूलता से संतुलन बिगड़ता है तो भगवान् विष्णु इन दस अवतारों में से एक के रूप में पृथ्वी पर अवतरित होते हैं, जिनके बारे में मैं अब आपको बताने जा रहा हूँ।

"राजा बलि और विभीषण उन असुरों के परिवारों के एकमात्र जीवित सदस्य हैं, जिनका भगवान् विष्णु से कई बार सामना हुआ था। वास्तव में, भगवान् विष्णु के दस अवतारों में से चार अवतार विभीषण एवं राजा बलि के पूर्वजों और उनके

कार्यों के कारण पृथ्वी पर अवतरित हुए थे।" पृथ्वी ने उत्तर दिया।

"चार! यह तो बहुत बड़ी संख्या है!"

"हाँ! वे चार अवतार वराह, नरसिंह, वामन और श्रीराम थे।" पृथ्वी ने अवतारों की व्याख्या करते हुए आगे कहा।

"सतयुग ने युग के विभिन्न मोड़ों पर भगवान् विष्णु के इन चार अवतारों को देखा। मत्स्य अवतार—पहला होने के नाते—पृथ्वी पर जीवन की उपस्थिति का प्रतीक था, जो सबसे पहले पानी के अंदर पाया गया था। मत्स्य अवतार का उद्‌देश्य राजा सत्यव्रत से जुड़ा था, जो भगवान् विष्णु के सबसे बड़े भक्तों में से एक थे। एक दिन जब राजा पास की जलधारा में अपने हाथ धो रहे थे, तब उन्होंने देखा कि एक छोटी मछली तेजी से उनके हाथों पर आकर बैठ गई और अपने से बड़ी मछली से उसे बचाने की विनती करने लगी। राजा चूँकि दयालु और परोपकारी थे, मछली को अपने साथ राजमहल ले गए और उसे एक बरतन में रखा, जिससे वह शीघ्र ही बड़ी हो गई। इसलिए, उसे दूसरे विशाल बरतन में स्थानांतरित कर दिया गया, जो पुनः उसके लिए बहुत छोटा हो गया। वह जिस भी बरतन में रखी जाती, उससे शीघ्र ही अत्यंत विशाल हो जाती। फिर एक दिन राजा के पास विकल्प समाप्त हो गए और वे मछली को समुद्र में ले जाने पर विवश हो गए। एक बार जब मछली अपने नए निवास में तैरने हेतु स्वतंत्र हो गई तो उसने स्वयं को भगवान् विष्णु के रूप में प्रकट किया। विशाल मछली ने राजा को आने वाली प्राकृतिक आपदा के बारे में आगाह किया, जो पूरे राज्य को नष्ट कर देगी। मछली ने राजा को एक नाव बनाने और वेदों, सात ऋषियों, राजा के परिवार और हर महत्त्वपूर्ण जीवित प्राणियों को दूसरी ओर ले जाने का भी निर्देश दिया।

"इसके पश्चात् आया दूसरा अवतार—कूर्म अवतार, जिसमें जीवन के संघर्षों को दरशाया गया था और बताया गया था कि कैसे धर्म-पथ पर दृढ़ रहकर संतुलन पुनः स्थापित करने का एक अवसर उपलब्ध होता है। समुद्र-मंथन के समय देवताओं और असुरों ने अमरता का अमृत प्राप्त करने हेतु समुद्र का मंथन किया। वासुकि नाम के एक नाग ने मंदार पर्वत के चारों ओर बँधी मंथन की रस्सी बनकर इस प्रक्रिया में सहायता की, जो कि मंथन की कील थी। जैसे-जैसे मंथन जारी रहा, उसने पर्वत को धीरे-धीरे नष्ट कर दिया, जब तक कि वह डूबने के कगार पर नहीं पहुँच गया। तभी भगवान् विष्णु एक विशाल कछुए के रूप में अवतरित होकर पर्वत का भार अपनी पीठ पर उठाने हेतु सहमत हुए। उसी कछुए के वंशजों ने उस

कुएँ की रखवाली करते हुए अपने जीवन की कीमत चुकाई, जिसमें से नागेंद्र और परिमल ने जलमग्न द्वारका नगरी से शब्द प्राप्त किया था।

"कूर्म अवतार के पश्चात् आया वराह अवतार, जो पृथ्वी को उसके सबसे अँधेरे चरण से बाहर निकालने हेतु एक शूकर द्वारा किए गए बलिदानों के विभिन्न पहलुओं का प्रतिनिधित्व करता था। राजा बलि के पूर्ववर्ती हिरण्याक्ष ने एक बार पृथ्वी को सौरमंडल से विस्थापित कर दिया और उसे आकाशगंगा महासागर में ले गया। हिरण्याक्ष को रोकने और पृथ्वी को नष्ट होने से बचाने हेतु भगवान् विष्णु शूकर (वराह) के रूप में प्रकट हुए। वराह या शूकर ने लगभग एक सहस्र वर्षों तक हिरण्याक्ष से युद्ध कर राक्षस का वध करने के पश्चात् युद्ध समाप्त किया, अपने दो दाँतों के बीच रखी पृथ्वी को उठाया और ग्रह को उसकी कक्षा में पुनः स्थापित किया।

"सतयुग में देखा गया अंतिम अवतार नृसिंह अवतार था, जो उन सभी में सबसे उग्र अवतार था। हिरण्याक्ष के छोटे भाई हिरण्यकशिपु को स्वयं भगवान् ब्रह्मा ने एक शक्तिशाली वरदान दिया था। वरदान में कहा गया था कि हिरण्यकशिपु को पंच भूतों में से किसी में भी नहीं मारा जा सकता था, यानी न तो उसे किसी मनुष्य द्वारा मारा जा सकता था और न ही किसी पशु द्वारा; न तो आश्रय के भीतर और न ही उसके बाहर; न दिन में, न रात में; न ही पृथ्वी की सतह पर, न अंतरिक्ष में; न जीवित अस्त्र से, न निर्जीव वस्तु से।

'हिरण्यकशिपु और उसके पापों को रोकने हेतु भगवान् विष्णु ने नृसिंह अवतार लिया। नृसिंह का शरीर मनुष्य का और सिर व पंजे सिंह के थे। जब भी वे दहाड़ते थे तो उनके उभरे हुए दाँत उन्हें और भी अधिक भयानक बना देते थे। अंततः नृसिंह ने असुर हिरण्यकशिपु को उसके आँगन के द्वार पर नग्न कर दिया, जिससे वह न तो घर के भीतर था और न ही बाहर। ऐसा गोधूलि वेला में किया गया, जिसे न तो दिन माना जा सकता था और न ही रात्रि। उनके नुकीले पंजों ने उसे चीर डाला। इस प्रकार, उसे न तो किसी शस्त्र से और न ही किसी अस्त्र से मारा गया। और पूरे समय, हिरण्यकशिपु को बलपूर्वक नृसिंह ने अपनी जाँघों पर लिटा रखाए था, इस प्रकार, वह न तो भूमि (पृथ्वी) पर रहा और न ही अंतरिक्ष में। वरदान द्वारा सुरक्षा के वचन के उपरांत जिस प्रकार उसे मारा गया, उससे पता चलता है कि जब वह असुर मानव जाति पर संकट बना, तब कैसे भगवान् विष्णु ने उसका सर्वनाश किया।

"सतयुग के समाप्त होने के पश्चात् त्रेता युग का आरंभ हुआ। इस युग में उन्होंने तीन और अवतार लिये—वामन, परशुराम और भगवान् राम।

"वामन अवतार त्रेता युग का पहला अवतार था और दस अवतारों के कालक्रम में पाँचवाँ अवतार था। यह अवतार भी पहली बार था, जब भगवान् विष्णु पूर्ण मानव रूप में प्रकट हुए, यद्यपि एक बौने के रूप में, और उन्हें बहुधा त्रिविक्रम के रूप में जाना जाता था, जिसने तीनों लोकों पर विजय प्राप्त की। देवताओं की रक्षा करने हेतु भगवान् विष्णु वामन के रूप में पृथ्वी पर अवतरित हुए और ऐसा करने के लिए, उन्हें राजा बलि से मिलकर उनके अहंकार को नियंत्रित करना पड़ा। राजा बलि हिरण्यकशिपु के चौथे उत्तराधिकारी थे।

"अपनी भक्ति और प्रायश्चित्त के साथ बलि तीनों लोकों, जिन्हें 'त्रिलोक' भी कहा जाता है, पर अपना अधिकार बढ़ाने में सक्षम थे। भगवान् विष्णु ने राजा बलि के शासन को समाप्त करने के उद्देश्य से एक बौने ब्राह्मण के रूप में अवतार लिया था। जब वे बलि से मिले तो उन्होंने उनसे तीन पग भूमि की माँग की। जिस क्षण बलि ने वामन के अनुरोध को स्वीकार कर लिया, बौना इतना शक्तिशाली हो गया कि उसने अपना पहला पग स्वर्ग में रखा और दूसरा पाताल लोक में।

"इस घटना को देखकर बलि समझ गए कि बौना ब्राह्मण कोई और नहीं, अपितु भगवान् विष्णु थे। अपने वचन को पूरा करने हेतु बलि ने वामन के पग रखने के लिए तीसरे और अंतिम स्थान के रूप में अपना मस्तक आगे बढ़ाया। वामन ने अपना अंतिम पग बलि के मस्तक पर रखा, उन्हें सुतल के पास भेजा और उन्हें अमरता का आशीर्वाद दिया। इस प्रकार, उन्हें सात अमरों की सूची में शामिल किया गया।"

राजा बलि की कहानी और पुराने राक्षसों के साथ उनके संबंध को समझते हुए, मिसेज बत्रा ने दोहराया, "हिरण्याक्ष, हिरण्यकशिपु और राजा बलि एक ही वंश के हैं, जिसने भगवान् विष्णु को वराह, नृसिंह और वामन के रूप में अवतार लेने के लिए विवश किया।"

पृथ्वी ने सिर हिलाया और आगे कहा, "छठे अवतार स्वयं परशुराम हैं। अब तक मेरा मानना है कि आपको परशुराम और उनकी प्रशंसा के बारे में और वे कैसे सर्वोत्तम गुरु सिद्ध हुए, इसके बारे में ठीक-ठाक अनुमान हो गया होगा।

"उनके पश्चात् सातवें अवतार भगवान् राम आए, जो नैतिकता व मर्यादा के प्रतीक और सत्य के अवतार थे। एक अभूतपूर्व योद्धा श्रीराम का उद्देश्य विभीषण

के भाई राजा रावण के शासन को समाप्त करना था। चूँकि विभीषण भगवान् विष्णु के सच्चे भक्त थे, उन्होंने राजा रावण की विचारधारा से भिन्न रहना चुना और अपने विचारों को रखने हेतु भगवान् राम से भेंट की, अपने ही भाई के विरुद्ध जाने से अप्रभावित होकर। इस भाव और विभीषण के अविभाजित समर्थन ने उन्हें अमरता प्रदान की, जिससे वे राजा बलि के पश्चात् अमर होने वाले दूसरे असुर बन गए।

"रावण और उसके शासन के अंत के साथ ही त्रेता युग का अंत हो गया। इसने द्वापर युग का मार्ग प्रशस्त किया, जहाँ दो और अवतार श्रीकृष्ण अपने भाई बलराम के साथ पृथ्वी पर अवतरित हुए। जबकि श्रीकृष्ण दुष्टों का संहार करने हेतु अवतरित हुए थे, बलराम ज्ञान, सत्यनिष्ठा, विश्वास और सादगी के अग्रदूत थे।

"अंततः द्वापर युग समाप्त हो गया और भगवान् विष्णु के अंतिम अवतार की आशा में कलियुग आरंभ हुआ। यह अवतार सभी बुराइयों को नष्ट कर देगा तथा हर अनैतिक प्रथा का खंडन करेगा और कलियुग में होने वाली अधर्मी घटनाओं का अंत करेगा। भगवान् विष्णु का यह अवतार चार युगों में से सबसे विनाशकारी युग के अस्तित्व को समाप्त करने और विश्व को पुनः जीवंत करने में सक्षम होगा।

"अब तक हुए दस अवतारों में से नौ ने मधु, कैटभ, कुंभकर्ण, मेघनाद, खर, दूषण, महिरावण, ताड़का, हयग्रीव, बाणासुर और यहाँ तक कि कुवलयापीड जैसे कई असुरों का वध किया है। इन असुरों में से कुंभकर्ण विभीषण और रावण का भाई था।" इसके साथ ही पृथ्वी ने मिसेज बत्रा की ओर देखा जैसे कह रहा हो कि उसके स्पष्टीकरण ने उनके सभी कहे व अनकहे प्रश्नों के उत्तर दे दिए थे।

राजा बलि ने विभीषण को विस्तार से बताया कि उन्हें क्यों लग रहा था कि उन्हें किसी भी ओर से भाग नहीं लेना चाहिए।

'हम असुरों के वंश से आते हैं, परंतु हमारी निष्ठा देवताओं के प्रति है। मैंने परशुराम से कहा कि हम उनके विरुद्ध खड़े नहीं होंगे, परंतु हमारी सेनाएँ शुक्राचार्य के विरुद्ध नहीं लड़ेंगी। मैं शुक्राचार्य के साथ गठबंधन करके अपने पूर्वजों की त्रुटियों में योगदान नहीं देना चाहता; किंतु मैं यह भी नहीं चाहता कि हमारा वंश विश्व के अंत का कारण बने। हम अभी भी अपने पूर्ववर्तियों के कर्मों के बोझ तले दबे हुए हैं और इसलिए अपने वरदानों के उपरांत हम अभी भी असुर हैं। हम अभी भी अपने पूर्वजों के कर्मों का भुगतान कर रहे हैं। यह हमारा युद्ध नहीं है; परंतु हम एक ऐसे मोड़ पर खड़े हैं, जहाँ हम दोनों पक्षों के बराबर हैं। इसे रोकने हेतु मुझे आपकी सहायता की आवश्यकता है और ऐसा प्रतीत होता है कि इस समय असुरों

के गुरु होने के नाते केवल शुक्राचार्य ही ऐसा कर सकते हैं। इसलिए, मैं उन्हें ढूँढ़ने में आपकी सहायता चाहता हूँ, क्योंकि वे कभी आपके परिवार के प्रिय थे।'

राजा बलि की दुविधा पर विचार करते हुए विभीषण ने कहा, 'यह सत्य है! गुरु शुक्राचार्य एक समय मेरे परिवार के सबसे प्रिय रहे हैं और सदैव देवताओं के विरोधी रहे हैं। भगवान् विष्णु के प्रति उनके व्यक्तिगत प्रतिशोध के बारे में हर कोई जानता है। उन्होंने मेरे भाई रावण के सबसे बड़े पुत्र मेघनाद को प्रशिक्षित व शिक्षित किया और उसे इतना शक्तिशाली बना दिया कि मेघनाद ने स्वर्ग पर विजय प्राप्त करने हेतु देवराज इंद्र को पराजित कर दिया। इंद्र पर उसकी विजय के कारण उसे 'इंद्रजीत' की उपाधि मिली। रामायण के युद्ध में मेघनाद ने राम व लक्ष्मण को भी नागपाश से बाँध दिया था, जिससे वे मृत्यु के कगार पर पहुँच गए थे। शुक्राचार्य मेरे परिवार के गुरु थे, परंतु उन्होंने कभी मेरी बात नहीं मानी। वे अब भी मुझे मेघनाद की मृत्यु और श्रीराम के हाथों रावण की पराजय के लिए उत्तरदायी मानते हैं।'

राजा बलि ने जोर देकर कहा, 'बस, उन्हें ढूँढ़ने में मेरी सहायता करो। आपके परिचित कुछ असुरों को उन तक पहुँचने के रास्ते के बारे में ज्ञात हो सकता है। मैं उन्हें इस उन्माद से बाहर निकालने का दायित्व लूँगा; किंतु इसके लिए उन्हें ढूँढ़ना आवश्यक है। यदि युद्ध होता है तो हम उसमें भाग नहीं लेंगे, परंतु हमें उसे रोकने का प्रयास अवश्य करना चाहिए।'

'मैं सहमत हूँ, राजा बलि।' विभीषण ने आश्वासन दिया, 'मैं देखता हूँ कि मैं उन्हें ढूँढ़ने हेतु क्या कर सकता हूँ! इसके लिए मैं आपसे अनुरोध करता हूँ कि मुझे लंका में अपने राज्य में लौटने की अनुमति दें। मुझे अपनी सेना एवं असुरों से मिलना है और उन्हें आदेश देना है कि आने वाला भविष्य हमारे लिए क्या कुछ लेकर आ सकता है, इसके लिए तैयारी करनी होगी। शुक्राचार्य की खोज में लंका छोड़ने से पूर्व मुझे अपने असुरों को सभी संभावित दिशाओं की जानकारी देनी होगी।'

जहाँ राजा बलि और विभीषण को शुक्राचार्य की अवस्थिति के बारे में कोई जानकारी नहीं थी, वहाँ वे अपनी त्रय के साथ पनडुब्बी में प्रवेश कर रहे थे, जो कि परशुराम के साथ उनकी लड़ाई के पश्चात् परिश्रांत थे। यद्यपि एक और आश्चर्यजनक बात उनकी प्रतीक्षा कर रही थी। पनडुब्बी के प्रवेश द्वार पर तथा सभी गलियारों एवं इंजन कक्षों में उन्हें मुखों का एक नया दल मिला, जिसे उन्होंने पहले कभी नहीं देखा था। आश्चर्य की बात यह थी है कि चालक दल का कोई भी सदस्य मनुष्य नहीं था।

'चिंता मत करो!' शुक्राचार्य ने कहा, 'ये असुर पनडुब्बी के साथ-साथ यंत्र-समूह को चलाना सीखने हेतु उनके शरीर को वशीभूत करके चालक दल को नियंत्रित कर रहे थे। उन्हें अब उन मानव शरीरों की आवश्यकता नहीं है।'

'तो अब चालक दल के सदस्य कहाँ हैं?' एल.एस.डी. ने पूछा।

शुक्राचार्य का अभिवादन करते हुए एक असुर ने उत्तर दिया, 'उन्हें खाद्य सामग्री सहित ठंडे कक्ष में रखा गया है।'

एल.एस.डी. और परिमल ने थोड़ी चिंतित दृष्टि का आदान-प्रदान किया। जहाज पर वे ही शेष दो मनुष्य थे।

शुक्राचार्य ने कहा, 'हम अपनी अंतिम योजना के अत्यंत निकट हैं और इसलिए, गुप्त रहना ही अब से हमारा सर्वश्रेष्ठ अस्त्र है। नागेंद्र, परशुराम को फँसाने की तुम्हारी त्रुटिहीन योजना के लिए बधाई। यह तुम्हारा विचार था कि किसी अमर को मारा नहीं जा सकता, अपितु कैद किया जा सकता है। कुछ समय के लिए वे अमर एक कप्तान के बिना दिशाहीन नौकायन करते जहाज के समान होंगे। एल.एस.डी. को विश्राम और व्यापक देखभाल की आवश्यकता है। अब से वह पनडुब्बी से बाहर नहीं निकलेगी। परिमल, तुम अभी भी जहाज के सेनापति हो और ये सभी असुर तुम्हारे आदेशों का पालन करेंगे। अब जाओ, अपना दायित्व पुनः निभाओ।'

शुक्राचार्य ने उसे एक परची दी, जिसमें अगले दो स्थानों के निर्देशांक थे। 'इसे जोर से मत कहना!' शुक्राचार्य ने उसे सचेत किया, 'वेदव्यास सुन रहे होंगे। केवल यह परची पढ़ो और चुपचाप आवश्यक कार्य करो।'

□

"परची पर क्या लिखा था?" मिसेज बत्रा ने उत्सुकता से पूछा।

"निर्देश यह था कि पनडुब्बी को महाराष्ट्र के पश्चिमी तट से पूर्वी तट पर मायपाडु समुद्र-तट तक ले जाया जाए और उनका अगला गंतव्य मायपाडु समुद्र-तट से 370 किलोमीटर दूर था—आंध्र प्रदेश के अनंतपुर जिले में स्थित वीरभद्र मंदिर, जिसमें यदि सड़क मार्ग से जाएँ तो लगभग नौ घंटे लग जाते हैं," पृथ्वी ने उत्तर दिया।

वीरभद्र मंदिर सबसे आंतरिक रूप से सुरक्षित मूर्तिकला थी। भित्ति चित्रों और चित्रणों के रूप में शाश्वत कला पुराणों, रामायण एवं महाभारत की महाकाव्य गाथाओं का वर्णन करती है।

मंदिर में भगवान् शिव का एक टीला स्थापित था, जिससे लगभग 200 मीटर की दूरी पर नंदी आम धारणा के अनुसार एक ही चट्टान से बना हुआ था। वीरभद्र मंदिर, जिसे स्थानीय तौर पर 'लेपाक्षी मंदिर' के नाम से जाना जाता है, प्राचीन काल में भारतीय वास्तुकला और नक्काशी कौशल का चमत्कार माना जाता था। देश के विशाल इतिहास के इसके सचित्र चित्रण ने मंदिर के उत्कृष्ट आकर्षण को और बढ़ा दिया था।

मंदिर परिसर में, कल्याण मंडप से ठीक परे, एक पैर की विशाल छाप थी। चाहे ऋतु कोई भी हो, वह सदैव नम दिखती थी और कदमों के थपथपाने का प्रतीक था, जो कथित तौर पर देवी सीता के थे। जब रावण सीताजी के हरण के पश्चात् लंका जा रहा था तो यह मंदिर मार्ग में उसका विश्राम-स्थल रहा था।

इस पदचिह्न के पानी को पवित्र और देवी सीता के सम्मान का प्रतीक माना जाता था।

मंदिर के भीतर एक और आश्चर्यजनक तत्त्व परिसर में सत्तर स्तंभों के बीच एक अनोखा लटकता हुआ स्तंभ था।

"लटकता हुआ स्तंभ?" मिसेज बत्रा ने ऐसे स्तंभ की भौतिकी की कल्पना करने और समझने का प्रयास करते हुए पूछा।

"हाँ, लटकता हुआ स्तंभ। सत्तर स्तंभों में से यह स्तंभ उस युग की अभियांत्रिकी प्रतिभा का प्रमाण था। पत्थर से बने सोलहवीं शताब्दी के मंदिर में यह एक स्तंभ छत से लटका हुआ था, जिसके निचले भाग और भूमि के बीच केवल कागज जितना पतला अंतर था। टूर गाइड भूमि या स्तंभ के निचले भाग को स्पर्श किए बिना उस अंतराल के माध्यम से कपड़े का एक टुकड़ा सरकाकर उस स्तंभ के चमत्कार को सिद्ध करते थे।

"एक बार, सन् 1910 में, हैमिल्टन नाम के एक ब्रिटिश इंजीनियर ने इस अविश्वसनीय संरचनात्मक चमत्कार से चौंककर, वास्तुशिल्प संबंधी असामान्यताओं को देखने का प्रयास किया। उस प्रक्रिया में वह स्तंभ के एक कोने को बदलने में सफल रहा, जिसके कारण छत के सरेखण में झुकाव के साथ बाहरी हॉल की छत में एकाएक संरचनात्मक परिवर्तन हुआ और चारों ओर के स्तंभ आसन्न कोने पर झुक गए। इस प्रकार, मंदिर के सारे भित्ति चित्रों की संरचना विकृत हो गई। इंजीनियर को इस बात का ज्ञान था कि एक और हरकत से पूरा मंदिर ढह जाएगा। इससे लटके हुए स्तंभ की स्थिति में थोड़ी सी गड़बड़ी आ गई। ब्रिटिश इंजीनियर

का प्रयास असफल रहा और उसके पश्चात् कोई भी लटकते स्तंभ के रहस्य को उजागर नहीं कर सका।"

□

औरंगाबाद में अश्वत्थामा और ओम्, ओम् के गुप्त स्थान पर थे और अपने अगले कदम की योजना बना रहे थे। वे ज्ञानगंज पुन: जाने या अगले निर्देशों के लिए वहाँ प्रतीक्षा करने के बीच निर्णय नहीं ले सके।

'तुम्हारे बारे में एक प्रश्न बहुधा मेरे मन में उठता रहता है। कृपया मुझे पूछने की अनुमति दो।' अश्वत्थामा ने ओम् से अनुरोध किया। ओम् उसकी ओर मुड़ा और यह जानने को उत्सुक लग रहा था कि अश्वत्थामा क्या पूछना चाहता था।

'विदुर वेदव्यास के पुत्र थे, जिनका जन्म त्रेता युग में हुआ था; परंतु तुम्हारा जन्म उनसे सहस्र वर्षों पूर्व सतयुग में हुआ था। तुमने पांडवों व कौरवों के पिताओं का सौतेला भाई होने का दावा कैसे किया?'

'विदुर रानियों अंबिका और अंबालिका की दासी के पुत्र थे। रानी अंबिका कौरवों के पिता अंधे राजा धृतराष्ट्र की माँ थीं, जबकि रानी अंबालिका पांडु की माँ बनीं, जो बाद में 'पांडव' कहलानेवाले पाँच भाइयों के पिता बने। तीनों राजाओं के पिता वेदव्यास थे। वे जानते थे कि कौरव और पांडव अंतत: कुरुक्षेत्र के युद्ध में एक-दूसरे से लड़ेंगे और युद्ध सबकुछ नष्ट कर देगा। इसलिए उन्होंने एक पुत्र को इससे दूर रखने की कामना की और इसके लिए विदुर को चुना। वेदव्यास को मेरे अस्तित्व के बारे में पता था। वे मुझसे मिले और मुझसे विदुर का स्थान लेने का अनुरोध किया, क्योंकि राज्य में कोई नहीं जानता था कि विदुर कैसे दिखते थे। दासी का पुत्र होने के कारण विदुर का पालन-पोषण धृतराष्ट्र व पांडु के साथ नहीं हुआ था और जब वे 40 वर्ष से ऊपर के हुए तो सीधे उन्हें राज्य से परिचित कराया गया था। जिसे बालपन में राज्य से छीन लिया गया था, वे विदुर थे; परंतु जो उनके नाम के साथ लौटा, वह मैं था—वेदव्यास के अनुरोध पर उनके पुत्र विदुर का स्थान लेकर।

'शापित होने से पूर्व तुम जिससे मिले थे, वह मैं था और वास्तविक विदुर को किसी ने कभी नहीं देखा, क्योंकि वह कभी राज्य में वापस नहीं लौटे। महाभारत युद्ध की समाप्ति के पश्चात् मैंने कौरवों के माता-पिता धृतराष्ट्र एवं गांधारी तथा पांडवों की माँ कुंती के लिए एक कुटिया बनाई और फिर वन में अदृश्य हो गया। वास्तविक विदुर को क्या हुआ और उनका जीवन कैसे समाप्त हुआ, इसका उत्तर

तो अब केवल वेदव्यास ही दे सकते हैं, परंतु मैंने उनसे कभी प्रश्न नहीं किया; क्योंकि मृत्यु तो अंततः मृत्यु ही है, चाहे वह किसी भी प्राणी को कैसे भी निगल जाए। परंतु अब मेरे पास तुम्हारे लिए एक प्रश्न है।' ओम् ने अश्वत्थामा से कहा। अब, अश्वत्थामा प्रश्न जानने को उत्सुक था। ओम् ने कहा, 'जब मैंने तुम्हें महाभारत युद्ध के समाप्त होने के पश्चात् सन् 1945 में देखा, तब मैंने महान् सुभाष चंद्र बोस के रूप में तुम हो, यह समझने की भूल कैसे कर दी?'

'वह भूल नहीं थी! जैसा कि तुमने वेदव्यास के लिए किया था, मैंने सुभाष चंद्र बोस को सुरक्षित मार्ग प्रदान करने हेतु उड़ान में उनका स्थान ले लिया। मैं अपने पूरे जीवन में एक योद्धा रहा हूँ और वे एक सच्चे देशभक्त थे, जो उस भूमि के लिए लड़ रहे थे, जो मेरी भी थी। दूसरे शब्दों में, वे मेरे और मेरी भूमि के लिए लड़ रहे थे। मैंने उनके समान वस्त्र पहने और उड़ान भरी, ताकि विश्व को विश्वास हो कि वे चले गए। यह एक समझौता था, जिसका मैं अब भी सम्मान करता हूँ और इसलिए मैं कोई और सूत्र नहीं खोलना चाहता। संक्षेप में, मैंने उनके लिए वही किया, जो तुमने विदुर के लिए किया।' अश्वत्थामा ने उत्तर दिया।

यह वार्त्तालाप तब बंद हो गया, जब ओम् ने एक चैनल पर समाचार देखा, जिसमें एक द्वार के सी.सी.टी.वी. फुटेज में कैद तीन चेहरे दिखाई दे रहे थे, जो एलोरा मंदिर के चट्टान में परिवर्तित होने के तुरंत बाद बाहर निकल रहे थे।

उसने तुरंत टी.वी. की आवाज बढ़ाई और समाचार एंकर ने घोषणा की, 'एलोरा की इस दुःखद एवं रहस्यमय घटना के तुरंत बाद बाहर निकलते हुए इन तीन चेहरों को देखें। इनमें से दो की पहचान कर ली गई है। एक हैं परिमल नायर, जो भारतीय इतिहास में पी-एच.डी. हैं और प्रोफेसर हैं; दूसरी हैं लतिका, जो एक छोटे से गाँव में पैदा हुईं और अपने दादा के साथ पलीं-बढ़ीं। उनके दादा की मृत्यु का कोई रिकॉर्ड नहीं है और गाँववालों को लगा कि दोनों की या तो हत्या कर दी गई या उन्हें रातोरात गाँव से अगवा कर लिया गया। उस दिन के बाद से उन्हें कभी नहीं देखा गया; लेकिन आज उन्हें इस इतिहास के प्रोफेसर के साथ देखा गया। हालाँकि, फुटेज में दिख रहे तीसरे युवक की अभी तक पहचान नहीं हो पाई है और उसके बारे में अभी कोई सरकारी रिकॉर्ड भी नहीं मिल सका है।'

ओम् ने तुरंत नागेंद्र को पहचान लिया। युगों पश्चात् अपना मुख देखना, यह जानना कि नागेंद्र अभी भी जीवित है और अब अमर भी है, एक ऐसी भावना थी, जिसे ओम् शब्दों में वर्णित नहीं कर सकता था। उसे कभी इतना खोया हुआ

अनुभव नहीं हुआ था, जितना तब हो रहा था, जब उसने नागेंद्र को अपने से अधिक वास्तविक देखा।

मौन, उदास, फिर भी उसे रोकने पर अड़े हुए ओम् ने अश्वत्थामा से कहा, 'नागेंद्र जीवित है! समाचार देखो। तुम रॉस द्वीप और कुलधरा के दो चेहरों को पहचानते हो; जिसे तुम नहीं पहचान सकते, वह वही है। धन्वंतरि ने मुझे यह जीवन दिया और सुश्रुत ने मुझे यह चेहरा दिया। उससे पूर्व यही मेरा चेहरा था। मेरा सुझाव है कि हम कृपाचार्य से अनुरोध करें कि वे हमारे मार्ग का नेतृत्व करें। क्या तुम उन्हें यहाँ बुला सकते हो? कदाचित् वे परशुराम की अनुपस्थिति में हमारा मार्गदर्शन कर सकें।'

युवा नागेंद्र को देखकर और यह देखते हुए कि सिर काटे जाने के पश्चात् भी वह जीवित था, अश्वत्थामा को सदमे, रोष और विफलता का मिश्रित अनुभव हुआ। बिना कुछ कहे वह चुपचाप ओम् के सुझावों पर सहमत हो गया और कृपाचार्य को एक बार पुनः बुलाने हेतु अपने नेत्र बंद कर लिये।

वहाँ ज्ञानगंज में वृषकपि दौड़ते हुए वेदव्यास के पास आया। 'मुझे आपकी सहायता की आवश्यकता है।'

वेदव्यास ने उसकी ओर देखा और कहा, 'मुझे बताओ। तुम्हें क्या चिंतित कर रहा है, वृषकपि?'

वृषकपि ने उत्तर दिया, 'मैं अपने आप को चिंतित कर रहा हूँ।'

'वृषकपि, यह पहेलियाँ बुझाने का बहुत बुरा समय है। यदि कोई गंभीर बात है तो सीधे और स्पष्ट रूप से कहो।' वेदव्यास ने तनावपूर्ण स्वर में कहा।

'जब से ओम् ने मुझे ठीक किया है, मैं अपने आप में कुछ परिवर्तन अनुभव कर रहा हूँ।' वृषकपि ने सचमुच भ्रमित भाव से कहा।

'किस प्रकार का परिवर्तन?'

'मैं पहले से भी अधिक लंबी छलाँग लगा सकता हूँ। मैं बेजोड़ और अद्वितीय गति से उड़ सकता हूँ। कभी-कभी मुझे लगता है कि मैं भारहीन हूँ और कभी-कभी, यहाँ तक कि मेरे शरीर का सबसे छोटा हिस्सा भी ऐसा लगता है, जैसे मैं किसी पहाड़ का भार उठा रहा हूँ। ध्यान करते समय मुझे उन शक्तियों की चमक का अनुभव हुआ, जो मेरी ऊँचाई को सामान्य से अधिक बढ़ा रही थीं और कभी-कभी उसे एक कंकड़ के आकार तक भी छोटा कर रही थीं। मुझे लगता है कि मेरी आत्मा अब एक अन्य आध्यात्मिक आत्मा से जुड़ गई है। किसी भी चोट से उबरने

की क्षमता पहले मुझमें नहीं थी, जब मैं रूपकुंड में गंभीर रूप से घायल हो गया था। मैं इन परिवर्तनों से रोमांचित हूँ, जो मैं देख रहा हूँ; परंतु मुझे चिंता है कि मैं इनका नियंत्रण नहीं कर पाऊँगा।'

'तुम स्वयं श्रीहनुमान के वंशज हो और कदाचित् ये गुण तुम्हारे भीतर सदैव उपस्थित थे। ऐसा प्रतीत होता है कि ओम् द्वारा ठीक होने में सहायता मिलने के पश्चात् वे गुण अब सक्रिय हो गए हैं। कदाचित् उचित मायनों में अब तुम पर हनुमानजी की कृपा है।'

वृषकपि ने वेदव्यास की ओर घूरकर देखा और पूछा, 'आपका क्या अर्थ है?'

'जिन परिवर्तनों और अलौकिक शक्तियों का तुम अनुभव कर रहे हो, उन्हें सिद्धि कहा जाता है, और उन्हें केवल ध्यान तथा कड़े परिश्रम के माध्यम से प्राप्त किया जा सकता है, वृषकपि। हनुमानजी को आठ ऐसी सिद्धियाँ प्रदान की गई थीं, जो तुम में प्रतिबिंबित हो रही हैं।

'हनुमान चालीसा की चौपाई सं. 31 में कहा गया है—'अष्ट सिद्धि नव निधि के दाता, अस बर दीन्ह जानकी माता', जिसका अर्थ है कि माता जानकी (सीता) ने हनुमानजी को आठ सिद्धियों (अलौकिक शक्तियों) और नौ निधियों (दिव्य खजाना) का दाता बनने का वरदान दिया था। वे अलौकिक शक्तियाँ हैं : अनिमा—अपने आकार को घटाने की क्षमता; महिमा—अपने आकार को बढ़ाने की क्षमता; लघिमा—भारहीन होने की क्षमता; गरिमा—अपना वजन बढ़ाने की क्षमता; प्राप्ति—कहीं भी यात्रा करने और कुछ भी प्राप्त करने की क्षमता; परकाम्य—एक अदम्य इच्छा-शक्ति; वास्तिव—सभी प्राणियों पर प्रभुत्व और इसित्व—सृजन व विनाश की शक्ति के साथ ईश्वर-तुल्य बनने की क्षमता।

'अलौकिक शक्तियों का तुम्हारा प्रदर्शन इस बात का प्रमाण है कि श्रीहनुमानजी की सिद्धियों के सभी नहीं, अपितु कुछ अंश अब तुम्हें प्रदान किए गए हैं; क्योंकि ओम् ने तुम्हें ठीक करने में सहायता की थी। आने वाले दिनों में तुम्हें इन्हीं क्षमताओं की आवश्यकता हो सकती है, वृषकपि।' वेदव्यास ने कहा।

'तो मुझे क्या करना चाहिए?' वृषकपि ने पूछा।

'तुम यहाँ सभी विलुप्त प्राणियों के संरक्षक हो, वृषकपि; क्योंकि तुम जानते हो कि उन्हें कैसे वश में करना है, कैसे नियंत्रण में रखना है। अपनी शक्तियों पर नियंत्रण रखना सीखो। आवश्यकता पड़ने पर अपनी सहायता हेतु इन शक्तियों को

प्रशिक्षित करो। स्वयं से बेहतर रूप से परिचित हो, वृषकपि। इससे तुम्हें किसी भी संकट, किसी भी विपरीत परिस्थिति को पराजित करने में सहायता मिलेगी। मैं तुम्हें विश्वास दिलाता हूँ, तुम्हारे लिए चिंता करने की कोई बात नहीं है। कोई मछली को तैरना या पक्षी को उड़ना नहीं सिखाता। वे बस, ऐसा करना जानते हैं और नियमित रूप से इसका अभ्यास करते हैं, और तुम्हें भी ऐसा ही करना चाहिए। तुम जो भी करने में सक्षम हो, उसे समझने का अभ्यास करो।'

जैसे ही वेदव्यास ने वृषकपि का मार्गदर्शन किया, उन्होंने परशुराम की आवाज सुनी, जो उन्हें उनके स्थान के बारे में बता रही थी।

वेदव्यास झट से खड़े हो गए और बोले, 'वृषकपि, तुमने कहा था कि तुम अब उड़ सकते हो! तुम अश्वत्थामा के लिए कितनी तेजी से उड़ सकते हो? मेरे पास उसके लिए एक महत्त्वपूर्ण संदेश है।'

□

13

वरदान या श्राप?

श्रावण (जुलाई) का महीना समाप्त हो गया और भाद्रपद (अगस्त) आरंभ हुआ। अप्रत्याशित चुनौतियाँ और आपदाएँ भारत के द्वार पर दस्तक देती रहीं, जबकि सरकार और नागरिक कोविड-19 के कारण विभिन्न स्तरों पर संघर्ष करते रहे। नवीनतम त्रासदी केरल के कालीकट अंतरराष्ट्रीय हवाई अड्डे पर एयर इंडिया की उड़ान AI344 की दुर्घटना थी, जिसमें 19 लोगों की मृत्यु हो गई थी। केरल को भी भारी वर्षा का प्रकोप भुगतना पड़ा, जिसके कारण भू-स्खलन हुआ, 24 लोगों की मृत्यु हो गई, कई लोग फँस गए और कई बेघर हो गए। उत्तर भारत में किसानों ने कृषि बिलों के विरुद्ध तीव्र विरोध-प्रदर्शन आरंभ कर दिया। वित्तीय वर्ष 2020-21 के लिए भारत की जी.डी.पी. में 23.9 प्रतिशत जितनी आकस्मिक गिरावट आई थी। प्रधानमंत्री ने अयोध्या में राम मंदिर की आधारशिला रखी थी, जो हर समाचार-पत्र के पहले पन्ने पर छाई हुई थी; परंतु कैलाश में, इससे पूर्व कि वृषकपि यह समझ पाता कि वेदव्यास ने उससे क्या करने के लिए कहा था, उसने वेदव्यास के मुख पर व्याकुलता देखी, जो शुक्राचार्य की बातें सुनने के पश्चात् झलक रही थी।

'परशुराम को फँसाने की तुम्हारी त्रुटिहीन योजना के लिए बधाई हो, नागेंद्र। यह तुम्हारा विचार था कि किसी अमर को मारा नहीं जा सकता, अपितु बंदी बनाया जा सकता है।'

'यह सब योजनाबद्ध था।' पहले इसे न समझ पाने से निराश होकर वेदव्यास बुदबुदाए।

'क्या हुआ, द्रष्टा ?' चिंतित वृषकपि ने पूछा।

वेदव्यास ने वृषकपि की ओर देखा और ग्लानिपूर्वक बोले, 'वृषकपि, उन्होंने तुम सबके विरुद्ध मेरा प्रयोग किया। उन्होंने हर बात, हर छोटी काररवाई की योजना

बनाई थी। हमारी प्रतिक्रिया से पूर्व ही उन्हें हमारी प्रतिक्रिया का आभास था। उन्हें प्रारंभ से ही हमारी हर गतिविधि का अनुमान हो गया था। एक बार मृत संजीवनी की पुस्तकें मिल जाने के पश्चात् वे समझ गए कि हम चुप नहीं रहेंगे, अपितु उनका पीछा करेंगे। उन्होंने जान-बूझकर रास्ता स्पष्ट छोड़ दिया, ताकि हम उनका पीछा करें और फँस जाएँ। वे जानते थे कि मैं उनकी आवाज सुनकर उनका पता लगाने का प्रयास करूँगा, इसलिए एल.एस.डी. ने जान-बूझकर परिमल से एलोरा के बारे में बात की, ताकि मैं उसे सुन सकूँ और परशुराम अकेले ही उस स्थान की रक्षा कर सकें। वे जानते थे कि हमारी शक्ति बाँटने से उनके लिए हमें सँभालना आसान हो जाएगा। तुम्हें रूपकुंड भेजना भी उनकी रणनीति का हिस्सा था, हमारी नहीं; क्योंकि वे जानते थे कि तुम्हें वहाँ से आगे और मनुष्यों के बीच नहीं भेजा जा सकता। इसलिए उन्होंने मुझे उन पहले कुछ स्थानों के बारे में सुनने दिया, ताकि हम हमारे योद्धाओं को अलग-अलग स्थानों पर भेजकर प्रत्येक स्थान की रक्षा करने का प्रयास कर सकें।

'परशुराम और कृपाचार्य को ओम् के अतीत में फँसाने से लेकर अब एलोरा में परशुराम को पकड़ने तक, हर चारा हमें चतुराई से डाला गया था। हमें उन पर एक साथ आक्रमण न करने देने से वे सफल हो गए। उन्होंने पहले तुम्हें रूपकुंड में अकेले मारने का प्रयास किया; तुम्हारे घाव इतने घातक थे, फिर उन्होंने तेजो महालय में अकेले मिलारेपा पर आक्रमण किया और उन्हें जीवित ही भस्म कर दिया। इस बीच, कृपाचार्य ओम् के अतीत में अकेले फँस गए थे और फिर अश्वत्थामा को कुलधरा के युद्ध में उन सभी के विरुद्ध खड़े होने हेतु अकेला छोड़ दिया गया था। नागेंद्र, स्वयं को भलीभाँति जानते हुए, निश्चित था कि ओम् को अपने अतीत का स्मरण होने के पश्चात् वह अपने प्राचीन वचन पूर्ण करने हेतु निभीशा की खोज में जाएगा और कोई उसके साथ ज्ञानगंज वापस आएगा। जब वह एलोरा की ओर प्रस्थान करेंगे तो इससे परशुराम असहाय हो जाएँगे।

'उन्हें प्रारंभ से ही विश्वास था कि यदि दो अमर भी उनके शब्द के शिकार को रोकने हेतु एक साथ आएँगे तो वे असफल हो जाएँगे और इसलिए, उन्होंने चतुराई से उन सभी को या तो योजना के अनुसार नियंत्रित रखा या फँसा लिया। मैं शुक्राचार्य के हाथों की कठपुतली मात्र था, जो परशुराम और अश्वत्थामा को बता रहा था कि वे अपनी योजनाओं के सुचारु संचालन हेतु क्या कहना चाहते थे।'

इन सब बातों का अनुमान न लगा पाने के कारण वेदव्यास अपने आप में

अत्यधिक निराश दिखे। यह सब सुनकर वृषकपि क्रोधित हो गया और उस क्रूर नागेंद्र का स्मरण किया, जिसने इतनी कुटिलता से मिलारेपा को मार डाला था और उस पर पीछे से वार किया था।

'मैंने ओम् से कहा था कि वे विश्वासघाती हैं। वे निष्पक्ष रूप से नहीं लड़ते। देखा, मैं सही था। वे यह सब सदैव से करते आ रहे हैं। मेरे लिए क्या आदेश हैं, द्रष्टा?' वृषकपि ने उत्तेजित होकर पूछा।

वेदव्यास ने पूछा, 'जैसा कि मैंने पूछा, तुम बिना दिखे कितनी शीघ्रता से अश्वत्थामा तक पहुँच सकते हो?'

'मुझे कुछ दिन पूर्व पता चला कि मैं एक छोटे कीड़े के आकार में सिकुड़ सकता हूँ, जिसका अर्थ है कि मैं अपने सामान्य रूप में बादलों के ऊपर उड़ सकता हूँ और फिर मनुष्यों के बीच उतरने से पूर्व परिवर्तित हो सकता हूँ। मैं स्वयं को अपने मूल स्वरूप में तभी परिवर्तित करूँगा, जब मैं अश्वत्थामा के साथ किसी एकांत स्थान पर रहूँगा।' वृषकपि ने अपनी नई क्षमताओं के बारे में बताया।

'श्रीहनुमानजी के समान! अति उत्तम! तुम और क्या कर सकते हो?' वेद व्यास ने पूछा।

वृषकपि ने क्षण भर के लिए विचार किया, मासूमियत से अपनी शक्तियों की तुलना हनुमानजी से की और कहा, 'मुझे नहीं लगता कि मैं पर्वत उठा सकता हूँ!'

यह सुनकर वेदव्यास के होंठों पर हलकी सी मुसकान आ गई। 'जब तक तुम इसका अनुभव नहीं करते, तब तक इसकी प्रार्थना करो।' वे ज्ञानगंज के निकास की ओर चले गए और वृषकपि उनके निर्देशों को सुनकर उनके पीछे चलता रहा। 'अश्वत्थामा को बताओ कि परशुराम कहाँ हैं, ताकि वह उन्हें एलोरा से मुक्त कर सके। उससे कहना कि अकेले नागेंद्र पर कोई वार न करे। उसे यह भी बताओ कि नागेंद्र को रोकने हेतु उनके पास केवल दो अंतिम अवसर शेष हैं, और अब न तो मुझे पता है और न ही मैं आगे बता पाऊँगा कि वे अपने अगले शब्द के लिए कहाँ जा रहे हैं! मैं अंतिम स्थान से भी अनभिज्ञ हूँ; परंतु वे दोनों स्थान महाराष्ट्र के दक्षिण में होंगे। मुझे इस बात का विश्वास है। अंत में, उसे बताना कि विभीषण और राजा बलि ने तटस्थ रहने का निर्णय लिया है।'

तब तक वृषकपि और वेदव्यास खुले आकाश के नीचे ज्ञानगंज के निकास पर बर्फ पर खड़े थे।

'श्रीहनुमानजी तुम्हारे साथ रहें, वृषकपि।'

वृषकपि ने वेदव्यास को विदा किया और ध्वनि के वेग के साथ आकाश में उड़ गया। विकिरण की ऊर्जा के कारण वेदव्यास के पैरों के नीचे और आसपास की बर्फ पिघल गई।

□

परिमल ने पनडुब्बी का नेतृत्व किया, जो असुरों से भरी हुई थी, जिन्होंने सबकुछ ठीक उसी तरह किया, जैसा उन्होंने उन लोगों से सीखा था, जो अब कोल्ड स्टोरेज रूम में निश्चल पड़े थे। वह एल.एस.डी. के स्वास्थ्य के बारे में चिंतित था, क्योंकि वह अब सात महीने की गर्भावस्था में थी। यह वह समय था, जब उसे अधिक देखभाल और ध्यान देने की आवश्यकता थी; परंतु अंतिम तिमाही में उसकी देखभाल हेतु पनडुब्बी में कोई अन्य महिला नहीं थी। परिमल के पास उससे कहने के लिए बहुत कुछ था और इसलिए वह एल.एस.डी. के आसपास रहना चाहता था; परंतु बिना अनुमति के वह ऐसा नहीं कर सकता था। एकमात्र व्यक्ति, जो उसे अनुमति दे सकता था, वह था नागेंद्र, जो एल.एस.डी. के कक्ष में दो फीट लंबी और छह इंच चौड़ी ताँबे की शीट पर प्राप्त हुए सभी शब्दों को उकेरने में व्यस्त था।

पनडुब्बी महाराष्ट्र के तट से श्रीलंका के तट के निकट एक स्थान की ओर रवाना हुई और वहाँ लंका के राजा, विभीषण अपने राज्य में पहुँच गए। वह, जो सफेद वस्त्रों में पुरी में भगवान् जगन्नाथ के चरणों में केवल एक सेवक थे, अब स्वर्ण आभूषणों से सुसज्जित, प्राचीन राजाओं के वस्त्र पहने आँगन में प्रवेश कर रहे थे। जब वे अपने सिंहासन पर बैठे तो सैकड़ों राक्षस, जो उनकी प्रतीक्षा कर रहे थे, एक स्वर में उनका स्वागत करने लगे। उन्होंने सभी को शांत रहने का संकेत किया और गंभीर स्वर में बोले—

'मैंने यह बैठक एक महत्त्वपूर्ण उद्देश्य के लिए बुलाई है। मेरी इच्छा है कि हमारे दूत पूरे भारत में स्थित हमारे सभी गुप्तचरों के पास जाएँ और एक सप्ताह के भीतर उन्हें मेरा सीलबंद पत्र सौंप दें। यह अत्यंत गंभीर स्थिति है और उन सभी को पत्र में उल्लिखित व्यक्ति की खोज में भेजा जाना चाहिए। यदि वे असफल होते हैं तो हम विश्व का अंत देखेंगे।'

अश्वत्थामा भी युद्ध को रोकने हेतु प्रतिबद्ध था, क्योंकि वह कृपाचार्य को बुलाने हेतु ध्यान करने बैठा था। घंटों बीत गए, परंतु कृपाचार्य का कहीं पता नहीं चला। जहाँ कृपाचार्य की खोज में कोई प्रगति नहीं हो रही थी, वृषकपि अश्वत्थामा एवं ओम् को खोजने में सफल हो गया था। वह आसमान से उतरा, दृष्टि से ओझल

रहने हेतु स्वयं को मक्खी के आकार में सिकोड़ लिया और द्वार के नीचे की दरार से छिपकर निकल गया। फिर खिड़की के माध्यम से उसने अश्वत्थामा एवं ओम् के कक्ष में प्रवेश किया। वृषकपि ने अश्वत्थामा को ध्यान की गहरी अवस्था में देखा और ओम् को उसकी रक्षा करते हुए।

वृषकपि ने उसकी समाधि भंग करने का निर्णय लिया और कहा, 'परशुराम एलोरा में फँस गए हैं और तुम्हें उन्हें मुक्त कराना होगा। वेदव्यास को नहीं पता कि शुक्राचार्य आगे कहाँ जा रहे हैं? हमारे पास उन्हें रोकने के लिए दो और अवसर हैं तथा युद्ध आरंभ होने की स्थिति में विभीषण एवं राजा बलि भाग नहीं लेंगे, भले ही हमें उनकी आवश्यकता हो।'

इतनी तेज और स्पष्ट आवाज सुनकर अश्वत्थामा ने अपने नेत्र खोले, परंतु उसे कोई दिखा नहीं। आवाज का कोई स्रोत न पाकर ओम् भी अचंभित था। उन्होंने सतर्क दृष्टि साझा करते हुए अपने शस्त्र निकाल लिये।

अश्वत्थामा ने अनिश्चितता के संकेत के साथ कहा, 'यह आवाज वृषकपि की आवाज से मिलती-जुलती है।'

'केवल मेरी आवाज ही नहीं, अपितु मेरी देह भी वृषकपि जैसी है। मैं वृषकपि ही हूँ, जिसे वेदव्यास ने तुम्हारे पास यह संदेश पहुँचाने हेतु भेजा है।' तनावपूर्ण आवाज में उत्तर आया, जिससे ओम् एवं अश्वत्थामा ने अपनी भौंहें उठा लीं।

'तुरंत स्वयं को प्रकट करो, अन्यथा युद्ध के लिए तैयार रहो।' ओम् ने कहा।

तनावग्रस्त स्वर में उत्तर आया, 'यही तो समस्या है! मैं ऐसा नहीं कर सकता! मुझे हाल ही में पता चला कि मैं स्वयं को छोटा कर सकता हूँ और मैंने मनुष्यों से छुपे रहने के लिए ऐसा किया; परंतु अब मुझे नहीं पता कि मैं अपने मूल आकार में पुनः कैसे आऊँ? पिछली बार यह अपने आप हो गया था। मुझे यह प्रयास नहीं करना चाहिए था! क्या मैं सदैव इसी आकर में रहूँगा? अरे, नहीं! कृपया तुम दोनों मेरी सहायता करो! मैं विचलित हो रहा हूँ। मैं कितना छोटा हूँ और तुम दोनों कितने विशाल!'

'वृषकपि, चिंता मत करो! पहले हमें बताओ कि तुम कहाँ हो?' ओम् ने उसकी बातों को बीच में रोकते हुए पूछा।

'यहाँ देखो, द्वार के पास, इस दीवार पर लगी गोल वस्तु के ऊपर।' वृषकपि ने अपनी भुजाएँ लहराते हुए कहा।

उन्होंने निर्देशों का पालन किया तथा दीवार का निरीक्षण करने हेतु और निकट

गए। उन्होंने स्विचबोर्ड पर पंखे के रेगुलेटर के ऊपर खड़े छोटे वृषकपि को देखा।

'कृपया मेरी सहायता करो!' वृषकपि ने विनती की।

ओम् ने अपनी हथेली आगे बढ़ाई और वृषकपि को उस पर उतारने में सहायता की। फिर उसने उससे यह बताने के लिए कहा कि वेदव्यास ने उसे उनके पास क्यों भेजा! वृषकपि ने सबकुछ दोहराया और उन्हें आभास हुआ कि मानसरोवर के पश्चात् से हर त्रासदी अमरों को विभाजित व नियंत्रित रखने की शुक्राचार्य की योजना का एक हिस्सा थी। एकाएक द्वार पर हुई आहट ने सभी का ध्यान खींचा। ओम् ने वृषकपि को अपनी शर्ट की जेब में रखने में सहायता की और अश्वत्थामा ने द्वार खोला। कृपाचार्य साधारण मनुष्य के वेश में कक्ष के बाहर खड़े थे।

कृपाचार्य ने कक्ष में प्रवेश किया और ओम् को देखकर अप्रसन्न दिखे, क्योंकि उन्हें अभी भी उस पर विश्वास नहीं था। ओम् ने उन्हें आदरपूर्वक प्रणाम किया; परंतु कृपाचार्य ने रूखेपन से उसकी उपेक्षा की और अश्वत्थामा की ओर मुड़े, 'तुम मुझे ढूँढ़ रहे थे?'

'हाँ!' अश्वत्थामा ने पुष्टि की और बिना समय व्यर्थ किए महत्त्वपूर्ण मुद्दे पर आया, 'आपके जाने के पश्चात् तीन और स्थानों से शब्द प्राप्त कर लिये गए। अब केवल दो स्थानों की खोज शेष है, और वेदव्यास ने शुक्राचार्य की खोज में साथ रहने के सख्त आदेश भेजे हैं। हमें एकजुट होना होगा। कृपया परशुराम की अनुपस्थिति में हमारा मार्गदर्शन करें।' अश्वत्थामा ने हाथ जोड़कर अनुरोध किया।

'ओम् ज्ञानगंज वापस जाएगा और हम यहाँ से परशुराम को वापस लाने हेतु आगे बढ़ेंगे। उसके पश्चात्, हम अगले दो शब्दों के साथ-साथ शुक्राचार्य के शिष्यों के स्थान का पता लगाएँगे।' कृपाचार्य ने कठोर एवं भावहीन मुख के साथ आदेश दिया।

'और मैं क्या करूँ? मैं कहाँ जाऊँ?' ओम् की जेब से वृषकपि की आवाज आई। इससे पूर्व कि कृपाचार्य अपना संदेह व्यक्त कर पाते, अश्वत्थामा ने उन्हें वृषकपि की स्थिति के बारे में बताया और एक और अनुरोध किया।

'ओम् और उसकी शक्तियाँ क्या करने में सक्षम हैं, इसकी मुझे एक झलक तब मिली, जब मैंने उसे हाल ही में एलोरा की तरह ही रूपकुंड में एक पर्वत तोड़ते हुए देखा। और मेरा मानना है कि वह यह कार्य हमसे भी शीघ्र कर सकता है। मेरा आग्रह है कि हम महाराष्ट्र के नीचे के स्थानों पर ध्यान केंद्रित करें और ओम् एवं वृषकपि को परशुराम को मुक्त कराने दें।'

'ओम् एवं वृषकपि के किसी भी कृत्य के लिए मैं परशुराम के प्रति उत्तरदायी नहीं होऊँगा, और यदि कुछ भी अनुचित हुआ तो तुम उत्तरदायी होगे। यह तुम पर निर्भर है।' कृपाचार्य ने ओम् के बारे में अपनी धारणा पर दृढ़ रहते हुए कहा।

'मैं उसके कार्यों का पूर्ण उत्तरदायित्व लेता हूँ।' अश्वत्थामा ने क्षण भर में उत्तर दिया और ओम् की ओर मुड़ा। अश्वत्थामा एवं ओम् के बीच विश्वास न केवल बहाल हो गया था, अपितु और दृढ़ भी हो गया था। कृपाचार्य अश्वत्थामा के सुझाव पर सहमत हो गए और उन्होंने कुछ स्थानों को चुनने के लिए वहीं रहने का निर्णय लिया; जबकि ओम् और वृषकपि परशुराम की रक्षा करने हेतु स्वतंत्र थे।

जाने से पूर्व ओम् ने एक मोबाइल फोन निकाला, अश्वत्थामा को दिया और कहा, 'हम तुम्हें सूचित करते रहेंगे और तुम्हारी लोकेशन भी ट्रैक करेंगे।' अश्वत्थामा सहमत हो गया और फोन रख लिया।

जैसे ही ओम् और वृषकपि कक्ष से बाहर निकले, वृषकपि ने पूछा, 'तुमने अश्वत्थामा को क्या दिया?'

ओम् ने उसे समझाया कि मोबाइल फोन क्या होता है और आधुनिक विश्व में इसका क्या उपयोग है। वृषकपि को आश्चर्य हुआ कि वेदव्यास ने उसे संदेश देने के लिए इतनी दूर क्यों भेजा और औरंगाबाद में उनसे संपर्क करने हेतु उनके पास मोबाइल फोन क्यों नहीं था? ज्ञानगंज में नेटवर्क टावरों की व्यवस्था और उनकी अनुपलब्धता की व्याख्या करना जटिल होगा, यह विचार करते हुए ओम् ने कहा, 'क्योंकि वेदव्यास को मोबाइल फोन ले जाना पसंद नहीं है। इसके विपरीत, उन्हें इसकी आवश्यकता नहीं है, क्योंकि वे बिना फोन के सबकुछ सुन सकते हैं।'

'हाँ! परंतु वे केवल हमें सुन सकते हैं और उनकी आवाज बिना फोन के नहीं सुनी जा सकती। अब फोन के बारे में जानने के पश्चात् मैं संदेश देने हेतु भेजे गए संदेशवाहक कबूतर के समान अनुभव कर रहा हूँ। कबूतर भी मुझसे बड़े होते हैं। मैंने यह क्या कर दिया!' मासूम व छोटे वृषकपि ने स्वयं से निराश होकर और वेदव्यास के निर्देश से थोड़ा परेशान होकर कहा।

ओम् और वृषकपि के चले जाने के पश्चात् अश्वत्थामा ने कृपाचार्य से पूछा, 'आप कहाँ थे? मैं आपको ढूँढ़ने में असमर्थ था।'

'रॉस द्वीप पर घटना के तुरंत पश्चात् पूछताछ के दौरान वहाँ उपस्थित एक विशेषज्ञ डॉ. बत्रा ने चिकित्सा विज्ञान में कई सफलताएँ प्राप्त कीं और एकाएक अदृश्य हो गए। कुछ सप्ताह पूर्व वे गुजरात के एक समुद्री तट पर मृत पाए गए थे।

डी.एन.ए. रिपोर्ट से पुष्टि हुई कि वह डॉ. बत्रा का शव था और उनकी मृत्यु डूबने से हुई थी। मेरा मानना है कि उनमें ओम् का रक्त था और उस रक्त ने नागेंद्र की अमरता तथा स्वयं की मृत्यु में भी महत्त्वपूर्ण भूमिका निभाई है। मैं यह नहीं समझ पा रहा हूँ कि उनकी देह पानी तक कैसे पहुँची! इसकी जाँच करते समय मुझे पता चला कि उनका मृत शरीर वहाँ तैरकर नहीं आया था, अपितु उन्हें जीवित समुद्र में ले जाया गया था और जो किनारे पर लौटा, वह मृत डॉ. तेज बत्रा थे।'

अश्वत्थामा समझ गया कि कृपाचार्य क्या कहना चाह रहे थे। उसने पुष्टि की, 'आपको लगता है कि नागेंद्र समुद्र के नीचे से काम कर रहा है?'

'यदि वह भूमि पर छिपा होता तो मैंने उसे अब तक पकड़ लिया होता। डॉ. बत्रा को किसी जहाज या पनडुब्बी में ओम् के रक्त के नमूने के साथ जीवित नागेंद्र के पास लाया गया, उन्हें नमूना देने हेतु विवश किया गया और फिर मछलियों का भोजन बनने हेतु जीवित ही पानी के नीचे छोड़ दिया गया। कोई भी व्यक्ति पनडुब्बी की गहराई से मृत या जीवित सतह पर पुनः नहीं आ सकता है। परंतु सौभाग्य से, जलमग्न द्वारका के विनाश के पश्चात् उठी सुनामी गहरे पानी से मृत शरीर को गुजरात के तट पर ले आई। उनकी पत्नी कहीं नहीं मिलीं, इसलिए उनका अंतिम संस्कार स्थानीय लोगों द्वारा शव परीक्षण और डी.एन.ए. नमूने के पश्चात् किया गया।'

क्रोधित अश्वत्थामा ने कहा, 'मृत संजीवनी की पुस्तकें वहीं होनी चाहिए, जहाँ नागेंद्र है।'

'हाँ! नागेंद्र पानी के भीतर छिपा हुआ है। जाँच के दौरान मुझे एक अज्ञात स्पीडबोट मिली, जिसे कुछ महीने पहले दीघा तट पर देखा गया था। बाद में, वही नाव मांडवी समुद्र-तट और कच्छ की खाड़ी में देखी गई, जब कुलधरा और द्वारका की घटनाएँ हुईं। फिर यह हाल ही में गोवा और महाराष्ट्र के तटीय क्षेत्रों में दिखाई दी, जब एलोरा में आकर उन्होंने शब्द का शिकार किया।' कृपाचार्य ने अश्वत्थामा को नाव की तसवीरें दिखाईं, जिससे कृपाचार्य द्वारा साझा की गई सभी बातें मान्य हो गईं।

तसवीरें देखकर अश्वत्थामा को कुछ सूझा—'यह परिमल की नाव है! यह वही नाव है, जिसका पीछा मैंने और परशुराम ने ओम् की रक्षा करने हेतु पोर्ट ब्लेयर से रॉस द्वीप तक किया था।'

कृपाचार्य ने नागेंद्र की कार्य-प्रणाली के बारे में बताया, 'नागेंद्र और उसका

दल अपने स्थान के निकटतम समुद्र-तट पर पहुँचते हैं, शब्द की खोज करते हैं और फिर चुपचाप अपने अगले स्थान पर जाने से पूर्व गहरे पानी में छिप जाते हैं, जो पूर्ण रूप से विश्व से अदृश्य है। वे अपने जहाज से स्पीड बोट को किनारे तक ले जाते हैं और अपना कार्य पूरा होने के पश्चात् पुनः लौट आते हैं।'

'तो इसका अर्थ यह है कि यदि हमें जहाज मिल जाता है तो हम उन्हें ढूँढ़ लेंगे।'

'हाँ! अब, जब उन्होंने एलोरा छोड़ दिया है तो महाराष्ट्र और गोवा के दक्षिण में केवल चार तटीय राज्य हैं, जहाँ वे जा सकते हैं।' कृपाचार्य ने भारत का नक्शा खोला और संभावित राज्यों की ओर इशारा किया—आंध्र प्रदेश, कर्नाटक, तमिलनाडु एवं केरल।

'अगले शब्द का स्थान खोजने का प्रयास करने से बेहतर हमें पनडुब्बी ढूँढ़नी चाहिए। यदि हम उन्हें ढूँढ़ लेते हैं तो उनकी खोज पहले ही समाप्त हो जाएगी, क्योंकि इस बार हम एक साथ होंगे और हमारा वार पहले से अधिक घातक व संगठित होगा।' अश्वत्थामा कृपाचार्य से सहमत हुए।

महाराष्ट्र के दक्षिण में समुद्र-तट का कुल 2,730.6 किलोमीटर का भाग उन्हें खोजना था। जहाँ उन्होंने 'नागेंद्र की खोज' योजना आरंभ की, वहाँ पनडुब्बी पहले से ही आंध्र प्रदेश के मायपाडु समुद्र-तट पर पहुँच रही थी, जो वीरभद्र मंदिर से 370 किलोमीटर की दूरी पर था।

तब तक ओम् और वृषकपि एलोरा पहुँच चुके थे। ओम् विशाल चट्टान के सामने खड़ा हो गया और उसी गदा का आवाहन करने हेतु अपने नेत्र बंद कर लिये, जो उसे निभीशा को मुक्त करने में सहायक हुई थी। वृषकपि अभी भी अपने सामान्य आकार में आने हेतु संघर्ष कर रहा था। वह गदा को उभरते हुए देखकर आश्चर्यचकित रह गया।

'तुमने यह कैसे किया? यह गदा अद्भुत है!' वृषकपि अचंभित था।

ओम् ने उसे अपनी जेब से निकाला और उसे दूर रहने के लिए कहा, क्योंकि वह चट्टान को तोड़ने वाला था, जिससे टुकड़े उड़ सकते थे। वृषकपि ने वैसा ही किया, जैसा उससे अनुरोध किया गया था और वह कुछ दूरी पर यह देखने हेतु प्रतीक्षा करने लगा कि यह मायावी गदा ओम् के लिए क्या कर सकता था।

ओम् ने पूरी शक्ति से चट्टान पर गदा से प्रहार करना आरंभ कर दिया। हर प्रहार से एक नई दरार पैदा हो जाती, जिससे पर्वत पर भारी चोट लग गई। ओम्

को देखते हुए वृषकपि ने भी गदा उठाकर हनुमानजी के समान दिखने की इच्छा की, परंतु इसके लिए उसे अपने मूल स्वरूप को पुन: प्राप्त करना आवश्यक था।

ओम् उसकी पीड़ा को समझ गया और चट्टान पर हाथ मारते हुए कहा, 'तुम शारीरिक रूप से हम में से सबसे शक्तिशाली हो, वृषकपि। अभी तुम्हारी निर्बलता तुम्हारी इच्छा-शक्ति एवं दृढ़ संकल्प में निहित है। एलोरा वह स्थान है, जिसे परशुराम ने दृढ़ इच्छाशक्ति एवं दृढ़ संकल्प के साथ बनाया था और तुम्हारे लिए ध्यान करने तथा जो तुम चाहते हो, उसे प्राप्त करने हेतु इससे बेहतर स्थान नहीं हो सकता है।'

ओम् के शब्दों ने वृषकपि को गहराई से प्रभावित किया और वेदव्यास के शब्द उसके कानों में गूँजने लगे कि कैसे परशुराम ने एक ही हथौड़े व छेनी से मंदिर का निर्माण किया था। इसलिए वृषकपि विशाल व टूटती चट्टान के सामने एक कोने में ध्यान लगाकर बैठ गया, जिससे ओम् की गदा के टकराने की आवाज उसकी ध्यान की स्थिति में सहायता करने लगी।

वहाँ ज्ञानगंज में, वेदव्यास अश्वत्थामा एवं कृपाचार्य के बीच के वार्त्तालाप और साथ ही परशुराम को मुक्त कराने हेतु चट्टान पर होते गदा के प्रहार को सुन रहे थे।

शुक्राचार्य के आदेश के अनुसार, नागेंद्र और अन्य लोगों को पानी के भीतर छिपे हुए कई दिन व्यतीत हो गए। अब अगली चाल का समय हो गया था, इसलिए वे एक ही नाव में समुद्र-तट पर पहुँचे। मायपाडु समुद्र-तट पर पहुँचने के आधे दिन से भी कम समय में परिमल व नागेंद्र वीरभद्र मंदिर के द्वार पर थे। वे रात्रि में पुजारियों के परिसर छोड़ने की प्रतीक्षा कर रहे थे, क्योंकि मंदिर सुबह 5 बजे से दोपहर 12.30 बजे तक दिन के समय खुला रहता था और शाम के समय 4 बजे से रात्रि 8.30 बजे तक। वे भीतर जाने हेतु तत्पर हुए, जब उन्होंने देखा कि अंतिम पुजारी मंदिर के द्वार बंद कर रहा था और बाहर जा रहा था।

योजना पर कायम रहते हुए किसी ने भी उस स्थान के बारे में एक-दूसरे से एक शब्द भी नहीं कहा। इस प्रकार, उन्हें विश्वास हो गया कि वे निर्बाध रूप से उस शब्द की खोज कर सकते थे। नागेंद्र और परिमल ने द्वार पर लगी जंजीरों को तोड़ दिया, मंदिर में प्रवेश किया और अन्य सभी स्तंभों में से लटकते हुए स्तंभ की पहचान की। उस रात्रि के अँधेरे में नागेंद्र ने वही ताम्रपत्र निकाला, जिस पर वह नक्काशी कर रहा था, जब वे पानी के नीचे छिपे हुए थे। ताम्रपत्र में वे सभी शब्द

थे, जो उन्होंने मानसरोवर से लेकर एलोरा की गुफाओं से अब तक निकाले थे।

अविनासी अनादि अनंता। सकल जगत तिहुँ–लोक नियंता॥

यस्य प्रारनोति अष्ट संग्रह।

□

उसने ताम्रपत्र को लटकते हुए स्तंभ के नीचे रख दिया और उसे आगे-पीछे इस प्रकार सरकाया, जैसे कि उसे स्तंभ के आधार के माध्यम से स्कैन कर रहा हो। क्षण भर में प्रत्येक शब्द पर स्तंभ से प्रकाश प्रतिबिंबित हो रहा था। ऐसा लगा, जैसे स्तंभ निरीक्षण कर रहा हो कि सभी शब्द उचित और क्रम से हैं या नहीं। यह कुछ क्षणों तक चलता रहा, जिसके पश्चात् 'अष्ट संग्रह' के बाद का अगला शब्द ताम्रपत्र पर स्वयं ही उभरने लगा—अन्य शब्दों के समान उकेरा हुआ। उन्होंने जो नया और अंतिम से दूसरा शब्द प्राप्त किया, वह था—'सहः भविष्यति'।

अगले ही क्षण सभी स्तंभ जलती हुई मोमबत्तियों के समान पिघलने लगे और वे दोनों बिना किसी प्रश्न या समस्या के मंदिर से बाहर चले गए, जैसे कि वह बालकों का खेल हो। जहाँ नागेंद्र और परिमल मंदिर से बाहर चले गए, परशुराम भी अपनी मुक्ति के निकट पहुँच रहे थे। परशुराम को मुक्त कराने हेतु लगातार गदा के प्रहार में आधा दिन और लगने वाला था। परंतु इससे पूर्व कि ओम् अपनी मायावी गदा की शक्ति से परशुराम को मुक्त करा पाता, उसने पहले ही अपने मायावी शब्दों से वृषकपि को मुक्त कर दिया था। ओम् के परामर्श का प्रभाव वृषकपि पर चमत्कारिक ढंग से हुआ। उस क्षण वृषकपि न केवल शारीरिक रूप से, अपितु आध्यात्मिक रूप से भी विकसित हुआ। उसने अपने नेत्र खोले और स्वयं को अपनी मूल अवस्था में पाया। यह देखकर ओम् ने गदा चलाना बंद कर दिया। वृषकपि अपने स्थान से उठा, ओम् की ओर बढ़ा और गदा माँगी। वृषकपि की ऊर्जा में सूक्ष्म परिवर्तन ओम् स्पष्टता से अनुभव कर सकता था, इसलिए उसने बिना किसी प्रश्न के गदा उसे सौंप दी। जैसे ही वृषकपि ने उसे पकड़ा, वह पहले से भी अधिक चमकीली हो गई, मानो वह वृषकपि से असीमित शक्ति प्राप्त कर रही हो। कुछ क्षणों के पश्चात् वृषकपि और गदा दोनों पूर्णतः प्रभारित दिखे। इस बार ओम् से एक ओर हटने का अनुरोध करने की बारी वृषकपि की थी, ताकि चट्टानों से टूट रहे टूकड़ों से उसे चोट न पहुँचे। ओम् ने आज्ञा का पालन किया और वृषकपि ने चट्टान पर अपना पहला प्रहार किया, जो ओम् की तुलना में कम-से-कम सौ गुना अधिक दृढ़ था। कुछ देर पहले जिस कार्य में आधा दिन लगने वाला

था, वह क्षणों में पूरा हो गया। पूरा पर्वत टूटकर कंकड़-पत्थर में परिवर्तित हो गया और परशुराम उनके सामने तनकर खड़े हो गए। वृषकपि गदा लौटाने हेतु ओम् के पास गया; परंतु ओम् ने उसे वापस लेने से मना कर दिया।

'यह गदा तुम पर शोभा देती है, वृषकपि। जब तुमने इसे पकड़ रखा था तो ऐसा लग रहा था, मानो यह मुझसे अधिक तुम्हारी हो। इसे एक मित्र का उपहार मानो। यह गदा सदैव तुम्हारे पास रहे।'

वृषकपि ने विनम्रता से वह उपहार स्वीकार कर लिया।

□

नागेंद्र व परिमल सुबह होने से पूर्व ही अपनी स्पीडबोट पर पहुँच गए और अँधेरे में ही अपनी पनडुब्बी की ओर निकल गए। पनडुब्बी में प्रवेश करने के पश्चात् उन्होंने शुक्राचार्य को ताम्रपत्र सौंपा। जैसे ही वे शुक्राचार्य के कक्ष से बाहर निकले, परिमल ने नागेंद्र से पूछने का साहस किया, 'क्या मैं उससे मिल सकता हूँ ? मैं बस, यह सुनिश्चित करना चाहता हूँ कि वह और शिशु ठीक तो हैं।'

'यह अच्छा है कि तुम्हें स्मरण है कि तुम्हें बिना मुझसे पूछे उसके कक्ष में जाने की अनुमति नहीं है, परिमल। यही बात मुझे तुम्हारे बारे में पसंद है। तुम चीजें तुरंत सीखते हो।' नागेंद्र ने कहा। परंतु इस बार परिमल को सराहना पसंद नहीं आ रही थी। वह अनावश्यक रूप से मीठी बातों से चिढ़ा हुआ था, क्योंकि वह केवल सुनना चाहता था, 'हाँ, तुम जा सकते हो!' परंतु इसके बदले नागेंद्र ने उसे जो उत्तर दिया, वह 'नहीं' था।

नागेंद्र, परिमल के समीप गया, उसके कंधे पर हाथ रखा और कहा, 'मैं समझता हूँ कि तुम उसके स्वास्थ्य के बारे में चिंतित हो, विशेषत: अब, जब तुम जानते हो कि वह असुरों से घिरी हुई है और तुम्हारी अनुपस्थिति में पनडुब्बी पर एकमात्र स्त्री है और मेरी भी। परंतु मैं तुम्हें विश्वास दिलाता हूँ कि वह बिल्कुल ठीक है और विश्राम कर रही है, और फिलहाल तुम्हें भी ऐसा करना चाहिए। तुम सारी रात सोए नहीं हो और बहुत डरावने लग रहे हो। जाओ, स्नान करो, कुछ घंटों के लिए सोओ और फिर उससे मिलने जाओ।'

परिमल असहाय था। वह सिर झुकाने और आदेश का पालन करने के अतिरिक्त कुछ नहीं कर सका, जिसके बारे में उसे पता था कि यह नकली चिंता में लिपटा हुआ है। वह अपने कक्ष में वापस गया, स्नान किया, खाना खाया और अपने बिस्तर पर लेट गया। उसे तुरंत गहरी नींद आ गई।

वह कुछ घंटों के लिए सोया होगा, जब किसी की चीख सुनकर उसकी नींद खुल गई। उसे तुरंत पता चल गया कि यह एल.एस.डी. की आवाज थी। वह तुरंत अपने बिस्तर से उठा। उसने अपने बेडसाइड टेबल की दराज से अपनी पिस्तौल निकाली और अपने कक्ष से नंगे पैर तथा बिना कमीज के, केवल अपने पाजामे में बाहर निकल आया। जब वह एल.एस.डी. के कक्ष की ओर भागा तो उसकी चीखें जारी रहीं और उसके डर, चिंताएँ, धारणाएँ—सबकुछ उसके सामने एक फिल्म की तरह चलने लगीं। वह जितना शीघ्र हो सके, उतने शीघ्र एल.एस.डी. के निकट पहुँचने हेतु व्याकुल था। वह उसके कक्ष तक पहुँचा। परंतु उसे आभास हुआ कि चीखें दूसरे कक्ष से आ रही थीं, इसलिए वह तुरंत उस द्वार की ओर भागा और उसे खोल दिया।

उसके सामने का दृश्य अविश्वसनीय रूप से भयावह था।

वहाँ एक स्ट्रेचर पर एल.एस.डी. पड़ी थी और उसके हाथ उसके सिर के ऊपर स्ट्रेचर के पाइप से बँधे हुए थे; जबकि नागेंद्र हाथ में चाकू लेकर उसके पास खड़ा था। एल.एस.डी. सहायता के लिए रो रही थी, स्वयं को मुक्त कराने के लिए संघर्ष कर रही थी। बिना सोचे-समझे, परिमल ने नागेंद्र पर पिस्तौल तान दी, जिससे कई असुरों ने मार डालने की नीयत से परिमल को घेर लिया, यदि वह थोड़ा भी हिलने या ट्रिगर दबाने का प्रयास करता। दोनों की जान जा सकती थी।

'पीछे हटो तुम सब!' परिमल के पीछे असुरों को देखते हुए नागेंद्र चिल्लाया। असुरों ने आज्ञा का पालन किया, परंतु सतर्क रहे। नागेंद्र ने फिर शांति से परिमल की ओर देखा और कहा, 'तुम भी, परिमल! पीछे हटो!'

परिमल क्रोध और चिंता से पसीने-पसीने हो रहा था, परंतु उसने अपनी पिस्तौल नीचे नहीं की। 'तु···तुम उसके साथ क्या कर रहे हो? यहाँ क···क्या चल रहा है?' परिमल ने हकलाते हुए पूछा, वास्तव में व्याकुल होते हुए, न कि जैसा उसने एक बार रॉस द्वीप में अभिनय किया था।

'ओह! प्रिय परिमल, तुम्हें क्या लगता है कि मानसरोवर पर आक्रमण के पश्चात् मैंने तुम दोनों को गर्भ-धारण करने के लिए क्यों कहा? ताकि तुम प्रेम में पड़ सको? यह सब उस कीहोल पुतली के आकार के नेत्र-गोलक के लिए किया गया था, जिसे तुम्हारे परिवार का हर शिशु विश्व में लाता है। मुझे न तो तुम्हारे प्रेम की आवश्यकता है और न ही तुम्हारे शिशु की। मुझे केवल उस नेत्र-गोलक की आवश्यकता है। समझे!'

हृदय की तेज धड़कन लिये और अभी भी हकलाते हुए परिमल ने नागेंद्र को

उस उन्माद से बाहर निकालने का प्रयास करते हुए कहा, 'हाँ...हाँ! अवश्य, हाँ... जब शिशु का जन्म हो तो तुम उसे ले सकते हो; परंतु...अभी इसका आठवाँ महीना आरंभ हुआ है। शिशु...अभी निर्बल है। अभी इसके जन्म का समय नहीं हुआ है।'

अजनमे शिशु और एल.एस.डी. के लिए भय व चिंता से बड़े-बड़े नेत्र लिये परिमल ने नागेंद्र को मनाने का बहुत प्रयास किया।

नागेंद्र ने इस पर विचार किया और कुछ मानसिक गणनाएँ कीं। परिमल ने अपनी पिस्तौल नीचे करनी आरंभ कर दी और एल.एस.डी. ने राहत की साँस ली।

परिमल के पीछे खड़े असुरों को देखते हुए नागेंद्र ने कहा, 'कभी-कभी वह अपनी भावनाओं से प्रेरित होता है; परंतु कुल मिलाकर, वह एक आज्ञाकारी लड़का है और वह समझ जाएगा। है न, परिमल?' नागेंद्र ने परिमल की ओर देखा।

परिमल एल.एस.डी. को उस कक्ष से बिना किसी क्षति के बाहर लाने के लिए कुछ भी करने को तैयार था और इसलिए वह नागेंद्र के हर शब्द से सहमत था—'बिल्कुल!'

इस पर नागेंद्र ने कहा, 'अच्छा! इसलिए द्विपक्षीय वार्त्ता यहीं समाप्त होती है। अब मैं शिशु को जीवित बाहर निकालने हेतु एल.एस.डी. को काटूँगा।' और उसने चाकू सीधा एल.एस.डी. के सूजे हुए पेट में घुसा दिया।

परिमल को अपने नेत्रों और कानों पर विश्वास नहीं हो रहा था। पेट की दीवारों को भेदते हुए और एक गहरा ऊर्ध्वाधर चीरा लगाते हुए एल.एस.डी. का पेट अब फट गया और खुल गया। वह असहनीय पीड़ा से चिल्लाने लगी। जैसे ही उसकी आँतें, साथ ही मूत्राशय, चाकू के नीचे चला गया, रक्त अकल्पनीय ढंग से बाहर बहने लगा। पनडुब्बी के भीड़भाड़ वाले कक्ष में तथा नागेंद्र और परिमल के चेहरों पर हर ओर रक्त बिखर गया।

इतनी गहरी और इतनी घातक चोट के साथ गर्भाशय के भीतर का पानी एक धारा में बह निकला। गर्भनाल को एल.एस.डी. को एक कठोर कोटिंग से जोड़ते हुए देखा जा सकता था। यह सख्त परत वही पतली व चमकदार परत थी, जो भ्रूण के पिछले अल्ट्रासाउंड स्कैन में दिखाई दे रही थी। जब नागेंद्र ने शिशु को बाहर निकालने का प्रयास किया, जो अभी भी कहीं दिखाई नहीं दे रहा था, तो उसने देखा कि वह कठोर परत वास्तव में एक अंडे का छिलका था, जो शुतुरमुर्ग के अंडे जितना बड़ा था। नागेंद्र ने एल.एस.डी. के गर्भ से अंडे को उसी प्रकार बाहर निकाला, जिस प्रकार वह विभिन्न स्थानों से शब्द निकाल रहा था, विनाश प्रकट कर रहा था और

उन स्थानों के अस्तित्व को समाप्त कर रहा था। जैसे ही उसने अंडे को मृत्यु की ओर बढ़ रही एल.एस.डी. के पास रखा और खोल को फोड़कर खोला, कक्ष में उपस्थित हर कोई यह देखकर चौंक गया कि उनके सामने क्या हो रहा था!

अंडे से चमकीला तरल पदार्थ निकला। यह वही तरल पदार्थ था, जिसे एल.एस.डी. ने पहले तब पीया था, जब देवी भगवती की प्रतिनिधि परिमल की हवेली में उन्हें आशीर्वाद देने के लिए पंखों व गलफड़ों के साथ एक विशाल सर्प के रूप में आई थीं। जैसे ही तरल पदार्थ खोल से बहकर भूमि पर फैलता गया, सभी ने एक शिशु को खोल से और माँ को गर्भनाल से जुड़ा हुआ देखा। सर्प के अंडे के भीतर एक मानव-शिशु को देखकर सभी असुर प्रसन्नतापूर्वक चिल्लाने लगे!

परिमल अभी भी खड़ा था, जैसे सदमाग्रस्त हो। वह इतना स्तब्ध था कि उसके मुख से एक शब्द नहीं निकल रहा था। एल.एस.डी. पीड़ा से कराह रही थी; परंतु उसकी चीखें असुरों के जोरदार उत्सव में दब गईं। इन सबके उपरांत नागेंद्र ने शिशु को पकड़ लिया और तिरस्कारपूर्वक एल.एस.डी. से कहा, 'श्श! तुम सीधे मेरे कान में चिल्ला रहे हो, देवद्रथ। देखो, मैं कितना निकट हूँ! मेरे कान के परदे फट सकते हैं। यह शीघ्र ही समाप्त हो जाएगा। तुम कुछ ही क्षणों में मर जाओगे, प्रिय।' और नागेंद्र ठीक ही कह रहा था। एल.एस.डी. ने कुछ ही क्षणों में पराजय स्वीकार कर ली, जब एक अंतिम चीख उसकी अंतिम साँस के साथ उसके फेफड़ों से निकल गई। रक्त से लथपथ एक निर्बल और समय से पहले जनमा शिशु नागेंद्र की गोद में जोर-जोर से रोने लगा। जैसे ही असुरों ने शिशु के रोने की आवाज सुनी, उन्होंने जयकार करना बंद कर दिया। एल.एस.डी. के शिशु को जो अभी भी गर्भनाल के माध्यम से अपनी मृत माँ से जुड़ा हुआ था, अपने हाथों में पकड़कर, नागेंद्र ने परिमल से ऐसे बात की, जैसे कुछ हुआ ही न हो।

'तुम ठीक कह रहे थे! यह शिशु के जन्म का समय नहीं था। शिशु समय से पूर्व आ गया है। परंतु तुम देख सकते हो कि उसकी हथेली में जो कीहोल पुतली है, वह पूरी तरह से परिपक्व हो गई है और अपने उद्‍देश्य को पूरा करने हेतु सज्ज है। अब हमारे लिए पनडुब्बी छोड़ने का समय आ गया है। हमें द्वार खोलने के लिए पनडुब्बी को ऊपर ले जाना होगा।'

नागेंद्र किसी मतिभ्रष्ट व्यक्ति से कम नहीं लग रहा था, क्योंकि उसने रोते हुए शिशु को उसकी मृत माँ के खुले गर्भ में डाल दिया और शिशु के हाथ से पुतली को अलग करने की तैयारी की।

एल.एस.डी की अंतिम साँस के साथ परिमल ने सबकुछ खो दिया था; क्योंकि इस उन्माद से बाहर आने के पश्चात् उसके साथ एक शांतिपूर्ण जीवन व्यतीत करने और अपने शिशु के लिए एक सुंदर भविष्य बनाने के बारे में उसके सारे विचार वहीं बिखर गए थे।

परिमल से एल.एस.डी. के अंतिम शब्द थे—'मुझे तुम्हारे लिए खेद है।' अपनी पत्नी का मृत चेहरा देखने के पश्चात् वह कुछ भी देखना नहीं चाहता था। उसने नागेंद्र के साथ निकाले गए सभी शब्दों के बारे में विचार किया और अनुभव किया कि उन शब्दों के निष्कर्षण तथा उनके शिशु के जन्म के बीच कोई अंतर नहीं था, जहाँ शब्द प्राप्त करते ही संरचनाएँ नष्ट हो गईं और पुत्र प्राप्त होते ही एल.एस. डी. की मृत्यु हो गई।

इससे पूर्व कि कोई सँभल पाता, परिमल ने नागेंद्र पर अपनी बंदूक तान दी और ट्रिगर दबा दिया। गोली सीधे नागेंद्र के सिर के पार निकल गई। रक्त के एक और फव्वारे ने कक्ष को लाल कर दिया और नागेंद्र धड़ाम से गिर पड़ा। इससे पूर्व कि परिमल दोबारा गोली चलाता, असुरों ने उसे कसकर पकड़ लिया। शिशु एल.एस.डी. के खुले शरीर में अपनी माँ के बिखरे हुए आंतरिक अंगों से घिरा हुआ सिसकता रहा।

परिमल ने अपनी शपथ तोड़ दी थी और नागेंद्र के प्रति अपनी निष्ठा का अंत कर दिया था। यह परिमल के वरदान के समाप्त होने और उसके मानवीय शरीर के लुप्त होने का समय था। एकाएक उसबी दृष्टि धुँधली होने लगी और उसके नेत्र बाहर निकल आए तथा भूमि पर गिर गए, जो असुरों के पैरों तले कुचले गए, जब वे उसे पीट रहे थे। अब खोखले हो चुके उसके नेत्रों के कोश पर त्वचा की एक परत तेजी से बनने लगी। जब नागेंद्र उठने लगा, परिमल का निजी शरीर सर्प में परिवर्तित हो रहा था। जहाँ नागेंद्र की शक्ति वापस आ रही थी और वह पुनः खड़ा हो रहा था, वहीं परिमल का शरीर अपना संतुलन खो रहा था और अंततः नागेंद्र के सामने गिर गया। जहाँ एक ढह गया, वहीं दूसरा फिर से उठ खड़ा हुआ। परिमल का आधा भाग अब एक असहाय अंधे पुरुष में परिवर्तित हो गया था और दूसरा आधा भाग रीढ़-विहीन, रेंगनेवाले सर्प में। अब वह केवल एक दृष्टिहीन मनुष्य और बिना विष का एक सर्प था। असुर उसे पकड़कर नोचने और काटने लगे। परिमल केवल अपने रोते हुए पुत्र और अपने पूरे शरीर में केवल पीड़ा को अनुभव कर सकता था।

जैसे ही शिशु का रोना तेज हुआ, नागेंद्र ने उसकी बंद मुट्ठी खोली और देखा

कि उसकी बाईं हथेली में एक नेत्र लगा हुआ था। बिना विलंब किए उसने एक छोटी सी खुकरी निकाली और पुतली के चारों ओर एक गोलाकार चीरा लगाया। शिशु की चीखें बहराकर देने वाली थीं, जिससे किसी भी मनुष्य की रूह काँप उठती; परंतु जिस प्रकार पनडुब्बी सबकी दृष्टि से अदृश्य रहती थी, उसी प्रकार शिशु की सिसकियाँ भी किसी के द्वारा, कहीं भी अनसुनी थीं।

नागेंद्र ने पुतली को बाहर निकालने हेतु खुकरी की तेज नोक से नेत्र के एक कोने में गहरा छेद किया। उसकी नन्ही सी हथेली से अत्यधिक रक्त बहने लगा, क्योंकि नसें फटने के साथ-साथ मांस भी छिल गया था। किसी भी सामान्य व्यक्ति के लिए वह दृश्य अत्यंत भयावह होता, परंतु नागेंद्र के लिए वह केवल एक साधारण दिन था। जैसे ही उसने पुतली को सुरक्षित रूप से बाहर निकाला, शिशु की हथेली की कोमल त्वचा, जो तब तक सूजी हुई थी, तुरंत चपटी हो गई; जैसे कोई द्वार बंद हो गया हो। एक बार जब नागेंद्र ने सबसे प्रतीक्षित और अनमोल तत्त्व प्राप्त कर लिया तो उसका ध्यान शिशु से हटकर परिमल और असुरों पर केंद्रित हो गया। उसने असुरों को परिमल पर अत्याचार करना बंद करने का संकेत दिया।

'तुम इसे मार दोगे तो लोग इसे इसकी सभी पीड़ाओं से मुक्ति का उपहार मिल जाएगा। तुम इसे यहीं अधमरा छोड़ दोगे और यह धीरे-धीरे मरेगा, यह जानते हुए भी कि मैं अजेय हूँ, इसे मुझे गोली मारने का पछतावा होगा। इसे ऐसे ही रहने दो।' नागेंद्र ने कहा और चला गया। उसके पीछे असुर दल के अन्य सदस्य भी चले गए।

□

14

पहला नाम और अंतिम शब्द

असुर कक्ष के द्वार को बाहर से बंद करके पनडुब्बी के अन्य क्षेत्रों में चले गए। परिमल मृत्यु के कगार पर था और शिशु के रोने की आवाज कमरे में गूँज रही थी। दीवारों के पार तथा गलियारे भी उसकी चीखों से गूँज रहे थे। अपने शरीर पर लगी गहरी चोटों और अपने शरीर का निचला भाग सर्प का होने के कारण परिमल अपने धड़ को उठाकर अपने रोते हुए शिशु तक पहुँचने में असमर्थ था। वह केवल एल.एस.डी. के रक्त से लथपथ शव के नीचे, भूमि पर रह सकता था।

अपने पूरे जीवन में परिमल ने गुप्त रूप से अपने राजवंश को दिए गए वरदान से अपंग अनुभव किया था; परंतु आज उसे वास्तविक असहायता का अनुभव हुआ, क्योंकि वह समझ गया था कि निर्बल होने और विकलांगता की जंजीर में बँधे होने का क्या अर्थ था! शिशु का रोना कुछ देर तक चलता रहा और एकाएक बंद हो गया।

क्या मैं बेहतर प्रयास कर सकता था? अंधकारमय कक्ष में लेटे हुए अंधे परिमल ने विचार किया। क्षणिक सन्नाटा तब भंग हो गया, जब वह फूट-फूटकर रोने लगा, हाँफने लगा, पीड़ा से कराहने लगा, क्योंकि उसे वास्तविकता का दिल दहला देने वाली पीड़ा अनुभव हो रही थी। पीड़ा से चिल्लाते हुए उसने स्वयं से कहा, 'अश्रु बहाने हेतु भी उसके पास नेत्र नहीं थे।' अपने जीवन के अंतिम कुछ भयानक दृश्यों से आहत और अत्यधिक रक्त बह जाने से निर्बल होकर परिमल भी अचेत हो गया।

जैसे ही उसे लगा कि सबकुछ नष्ट हो गया, वैसे ही एक नहीं, अपितु दो स्वर उसके कानों में चुभे, जिन्होंने कुछ देर के लिए उसे सचेत कर दिया। एक तो स्ट्रेचर के कोनों से अभी भी टपक रहे एल.एस.डी. के रक्त का स्वर था और दूसरा उसके शिशु के पुनः रोने का स्वर था, जिसकी गर्भनाल अभी भी माँ के खुले पेट से जुड़ी हुई थी। टपकने का स्वर मृत्यु का प्रतीक था, जबकि रोना जीवन का प्रतीक।

परिमल एल.एस.डी. के अंधे प्रेम के छल से मुक्त अनुभव कर रहा था और अब वह अपने शिशु के अंधे भविष्य में कैद था। इस आभास के साथ कि उनका शिशु अभी भी जीवित था—भले ही वह अपने शिशु को देख नहीं सकता था, परंतु उसे सुन सकता था—परिमल को एक और बात रोशनी के समान ज्ञात हुई कि वेदव्यास भी उन्हें सुन सकते थे।

'वेदव्यास! अंतिम गंतव्य तिरुवनंतपुरम में पद्मनाभ स्वामी मंदिर है!' परिमल अपनी ऊँची आवाज में चिल्लाया। उसे आशा थी कि वेदव्यास के कानों तक पहुँचने वाली समस्त विश्व की आवाज के बीच उसे सुना व पहचाना जाएगा।

वह स्थान का नाम बार-बार दोहराता रहा, जब तक कि उसके लिए एक और शब्द कहना भी कठिन नहीं हो गया। जब वह अपनी अंतिम साँस के निकट आया तो अंततः निर्बल स्वर में बड़बड़ाया, 'पद्मनाभ स्वामी मंदिर के पास सबसे निकटवर्ती समुद्र-तट में इस पनडुब्बी में मेरे शिशु की रक्षा करो। मंदिर के सबसे··· निकट समुद्र-तट में···पनडुब्बी में···मेरे शिशु की···रक्षा करो···'

और इसके साथ ही परिमल की मृत्यु हो गई! एल.एस.डी. और परिमल एक ही कक्ष में मृत पड़े थे, कभी एक नहीं हुए और उनका शिशु शोक मनाता रहा।

□

"पद्मनाभ स्वामी मंदिर?" मिसेज बत्रा ने हस्तक्षेप किया।

"हाँ! अंतिम गंतव्य।" पृथ्वी ने उत्तर दिया।

रहस्योद्घाटन से चकित मिसेज बत्रा अधिक चौकस हो गईं, जब पृथ्वी ने वर्णन करना जारी रखा कि मंदिर के बारे में क्या विशिष्ट था।

"श्री पद्मनाभ स्वामी 108 दिव्य देसमों में से एक है, जो भारत के केरल राज्य की राजधानी तिरुवनंतपुरम में स्थित है। मलयालम में 'तिरुवनंतपुरम' का अर्थ 'भगवान् विष्णु का पवित्र निवास' है। इसे विश्व का सर्वोत्तम पूजा-स्थल माना जाता था। यहाँ के प्रमुख देवता, जिन्हें पद्मनाभ स्वामी के नाम से जाना जाता है, भगवान् विष्णु की नाभि से उभरते कमल पर बैठे भगवान् ब्रह्मा (निर्माता) के उद्भव को दरशाते हैं। इसलिए इस मंदिर का नाम पड़ा पद्मनाभ स्वामी, जहाँ पद्म का अर्थ कमल, नाभ का अर्थ नाभि और स्वामी का अर्थ भगवान् है। यहाँ भगवान् पद्मनाभ स्वामी को लेटी हुई स्थिति में या आदि शेष, पाँच फन वाले नाग (जिसे शेषनाग भी कहा जाता है) पर अनंत शयनम् (अर्थात् शाश्वत निद्रा की मुद्रा में) के रूप में देखा जाता है।

"मंदिर के कभी न खुलने वाले कक्ष, जिसे 'वॉल्ट-बी' के नाम से जाना जाता है, में छिपे रहस्य के कारण यह मंदिर बहुधा लोगों की जिज्ञासा को आकर्षित करता था।

" सन् 2011 में ऐसा हुआ कि पद्मनाभ स्वामी मंदिर के अत्यंत समीप रहने वाले एक सेवानिवृत्त आई.पी.एस. अधिकारी ने मंदिर के कभी न गिने हुए भंडार की जाँच करने हेतु सुप्रीम कोर्ट में याचिका दायर की। शीर्ष अदालत ने छिपे हुए और अज्ञात भंडार को रिकॉर्ड करने और उसका हिसाब-किताब लगाने हेतु सात सदस्यीय समिति नियुक्त की। जब अधिकारियों ने भंडार की खोज आरंभ की तो उन्हें छह कक्ष मिले और उन पर ए, बी, सी, डी, ई और एफ का लेबल लगाया गया; परंतु उन कक्षों के द्वार खोलना एक कठिन कार्य सिद्ध हुआ; लेकिन जैसे ही वे आगे बढ़े, टीम को स्पष्ट रूप से सोना, हीरे, माणिक, नीलम, पन्ना, जटिल रूप से डिजाइन किए गए आभूषण, कीमती रत्न और पत्थर मिले, जो समय के साथ विभिन्न राजवंशों द्वारा दान किए गए थे। सूची में 1 लाख करोड़ रुपए मूल्य की सोने और कीमती धातुओं की मूर्तियाँ व सिंहासन भी थे। किंतु वॉल्ट बी, जिसे पारंपरिक रूप से 'कल्लारा' के नाम से जाना जाता था, अछूता और अक्षुण्ण रहा, इस विश्वास के कारण कि जब भी किसी ने तिजोरी खोलने का प्रयास किया था, उससे दुर्भाग्य आमंत्रित हुआ था, जिसके कारण प्रयास विफल ही रह जाता। यह विश्वास तब और पुख्ता हो गया, जब वॉल्ट बी. को खोलने के प्रयास के कुछ ही हफ्तों के भीतर याचिकाकर्ताओं की असामयिक मृत्यु की खबरें आने लगीं।"

"वॉल्ट बी इतना विशिष्ट क्यों है? इसमें अमूल्य आभूषणों के उपरांत और भी कुछ होना चाहिए, है न?" मिसेज बत्रा ने और गहराई में जाने का प्रयास किया तो पृथ्वी ने आगे कहा।

"कल्लारा वॉल्ट और उसके अनदेखे भंडार के बारे में कई मिथक व किंवदंतियाँ फैलीं। तिजोरी का द्वार भारी लगता था और इसे खोलना असंभव था—यदि यह कभी खोला भी जाता तो। इसे विशाल व विस्तृत नक्काशी के साथ भी उकेरा गया था। तिजोरी के शीर्ष पर क्रूर और करामाती पिशाचिनी यक्षी को देखा जा सकता था, जिसका स्वभाव यदि चिंतित हो तो दुर्भाग्य को आमंत्रित कर सकता था। एक-दूसरे का सामना कर रहे दो विशाल नागों की नक्काशी तिजोरी की रक्षा करती थी। अलौकिक शक्तियाँ द्वार की रक्षा करती थीं और उसलिए इस पर कोई कुंडी नहीं थी, जो प्रतिबंध के रूप में कार्य करती हो।

"सदियों पूर्व, जब मंदिर प्रबंधन ने कल्लारा तिजोरी को खोलने का प्रयास किया तो उन्हें तेज पानी और तेज लहरों जैसी आवाजें सुनाई दीं। वे इतने ज्वलंत एवं भयावह थे कि निरीक्षकों को पीछे हटना पड़ा और द्वार खोलने का प्रयास रोकना पड़ा। वे यह जानने हेतु जीवित नहीं हैं कि जो आवाज उन्होंने सुनी, वह लहरों की नहीं, अपितु दूसरे विश्व की थी। प्राचीन काल से यह माना जाता था कि द्वार को एक अजेय मंत्र के जाप से बंद कर दिया गया था और केवल उच्च क्षमता वाला अमर ही मंत्र के सटीक प्रति-जाप के साथ द्वार पर खुदे नागों को मिटा सकता था, और इस प्रकार वह रहस्यमयी द्वार खुल सकता था। इसलिए हर कोई केवल विचार ही कर सकता था कि कल्लारा के बंद द्वार के पीछे क्या था।"

"हम्म, तो तुम कह रहे हो कि उन्होंने वॉल्ट खोलने का हर संभव प्रयास किया, परंतु सब व्यर्थ रहा और केवल एक मंत्र में ही इसे खोलने की शक्ति थी? एक क्षण रुको! जो शब्द एकत्र किए जा रहे थे···क्या उनमें वह मंत्र है, जो द्वार खोल सकता था?" मिसेज बत्रा पृथ्वी द्वारा मंदिर के बारे में बताई जा रही किंवदंतियों के साथ अब तक सुनी गई हर बात को एक साथ जोड़ने का प्रयत्न कर रही थीं।

पृथ्वी ने तुरंत उनके संदेह पर प्रतिक्रिया नहीं दी और जारी रखा।

"पद्मनाभ स्वामी मंदिर का कल्लारा द्वार वर्ष 2020 में आश्विन (सितंबर) महीने तक एक रहस्य बना रहा। तब तक, जब तक नागेंद्र के मंत्र को पूरा करने की अपनी खोज में केवल एक शब्द शेष था।" पृथ्वी ने मिसेज बत्रा की ओर देखते हुए उनके उभरते संदेह की पुष्टि की। "इन शब्दों को एक मंत्र में पिरोया जाना था, जिसका शिशु की हथेली से निकाला गया नेत्र-गोलक चढ़ाने के पश्चात् जाप करने पर गूढ़ व रहस्यमय कल्लारा के द्वार खुल जाते।"

□

जब ढहे हुए वीरभद्र मंदिर का समाचार अमरों के कानों तक पहुँचा तो उन्हें आभास हुआ कि उन्हें एक छोटे क्षेत्र की खोज करने की आवश्यकता थी, क्योंकि आंध्र प्रदेश अब सूची में नहीं रहा था। अब नागेंद्र के मिलने की संभावना कम हो गई थी। जहाँ अश्वत्थामा और कृपाचार्य को अभी भी छिपी हुई पनडुब्बी का पता लगाने हेतु 569.7 किलोमीटर के केरल के समुद्र-तट और 906.3 किलोमीटर लंबे तमिलनाडु के समुद्र-तट की खोज करनी थी, वहीं परशुराम, ओम् और वृषकपि अश्वत्थामा एवं कृपाचार्य के साथ पुनर्मिलन की राह पर थे।

जैसे ही नागेंद्र की पनडुब्बी पद्मनाभ स्वामी मंदिर के पास तट के समीप पहुँची, परिमल की आवाज ने ज्ञानगंज में वेदव्यास का ध्यान आकर्षित किया; क्योंकि उन्होंने मरते हुए परिमल के करुणा-विगलित स्वर में अपना नाम सुना, जिसकी पृष्ठभूमि में एक शिशु असंगत रूप से रो रहा था।

'वेदव्यास! अंतिम गंतव्य तिरुवनंतपुरम में पद्मनाभ स्वामी मंदिर है! वेदव्यास! अंतिम गंतव्य तिरुवनंतपुरम में पद्मनाभ स्वामी मंदिर है! मंदिर के सबसे…निकट समुद्र-तट में…पनडुब्बी में…मेरे शिशु की…रक्षा करो…'

वेदव्यास अमरों को नागेंद्र एवं शुक्राचार्य को रोकने का अंतिम और एकमात्र उत्तम अवसर देने में एक क्षण भी व्यर्थ नहीं कर सकते थे। इससे पूर्व कि बहुत देर हो जाती, उन्हें सबको इस नए रहस्योद्घाटन के बारे में सूचित करना था। वे अन्य ऋषियों के पास गए और उन्हें आदेश दिया, 'पुष्पक विमान तैयार करो।'

"पुष्पक विमान! जिसका उपयोग रावण ने सीता का हरण करते समय किया था?" मिसेज बत्रा ने विमान और रामायण के बीच बिंदुओं को जोड़ते हुए पूछा।

पृथ्वी ने उत्तर दिया, "हाँ। लोग सोचते हैं कि यह एक मिथक है, क्योंकि वे चाहते हैं कि लोग ऐसा ही सोचें। उस समय ईंधन के रूप में पारे का इस्तेमाल करके भारी जहाज कैसे उड़ाए जाते थे, इसके बारे में 'विमान पुराण' में लिखी गई सारी बातें सत्य हैं। रावण को परास्त करने के पश्चात् श्रीराम उसी पुष्पक विमान से अयोध्या लौटे थे, जिसके पश्चात् इसका न तो कहीं उल्लेख किया गया, न ही इसके बारे में किसी ने कभी कुछ भी सुन या देखा। ज्ञानगंज न केवल विलुप्त प्रजातियों के लिए स्वर्ग था, अपितु उन सभी चीजों को छुपाने के लिए भी एक स्थान था, जिन्हें मनुष्य उस समय समझने में सक्षम नहीं थे, जिसमें अमर और उनके अस्त्र भी उपस्थित थे, जिन्हें मनुष्य अभी भी समझने में सक्षम नहीं हैं।"

वेदव्यास तब ज्ञानगंज से बाहर चले गए और चिल्लाए, 'बलहार!'

यति दौड़ते हुए आया और वेदव्यास को प्रणाम किया। 'वृषकपि की अनुपस्थिति में मैं तुम्हें ज्ञानगंज के वन का रक्षक नियुक्त करता हूँ। सभी विलुप्त प्राणियों को बुलाओ और मेरे आदेश की प्रतीक्षा करो।'

एकाएक, एक तेज हवा चली और ऋषियों द्वारा निर्देशित अविश्वसनीय पुष्पक विमान ऊपर आ गया। वह ज्ञानगंज के ठीक बाहर उतरा और वेदव्यास के आरूढ़ होने की प्रतीक्षा कर रहा था।

'सज्ज रहना, बलहार, यदि विमान मेरे बिना वापस आता है तो अपनी सुरक्षा

के तहत सभी प्राणियों को विमान पर सवार कर लेना।' ये बलहार के लिए वेदव्यास के अंतिम निर्देश थे।

वेदव्यास ने विमान चला रहे ऋषियों से कहा, 'मैं परशुराम के स्वर का अनुसरण करते हुए उनके स्थान तक जाऊँगा और आप मेरे निर्देशों का पालन करेंगे।' कुछ ही समय में पुष्पक विमान हिमालय के ऊपर बादलों के पार उड़ते हुए दक्षिण की ओर उड़ने लगा।

☐

पनडुब्बी के पिछले भाग के एक कक्ष में नागेंद्र अपने घुटनों के बल बैठा था और शुक्राचार्य ने दोनों हाथों से उसका सिर पकड़ रखा था। शुक्राचार्य के हाथों से नागेंद्र के शरीर तक एक तरंग प्रवाहित होने से नागेंद्र पर एक रहस्यमय आभा छा गई थी। यह वही ऊर्जा थी, जो परिमल और एल.एस.डी. ने प्रारंभ में शुक्राचार्य के आसपास अनुभव की थी, जब भी उन्होंने स्वयं को उनके या उनके कक्ष के पास पाया था।

शुक्राचार्य ने उसे शक्तियाँ देते हुए कहा, 'तुम्हारे पास उनके विरुद्ध खड़े होने के लिए मेरी आधी शक्तियाँ हैं।'

एकाएक, पनडुब्बी की गति रुक गई, जब एक वायरस ने उनके पूरे सिस्टम को हैक कर लिया। जहाज के भीतर उपस्थित किसी भी असुर को इस बात का जरा भी अनुमान नहीं था कि पुनः नियंत्रण कैसे प्राप्त किया जाए। अप्रत्याशित घुसपैठ को रोकने वाले केवल दो विशेषज्ञ, एल.एस.डी. और परिमल, अब वहाँ नहीं थे। इससे पूर्व कि असुर कुछ समझ पाते, पनडुब्बी के भीतर एक अज्ञात आवृत्ति के माध्यम से एक गहरा स्वर गूँजा।

'मुझे ज्ञात है कि आप इस पनडुब्बी में हैं, गुरु शुक्राचार्य, और मैं आपसे वार्त्तालाप करना चाहता हूँ।'

विभीषण ने जो गुप्तचर भेजे थे, उन्होंने असुर गुप्तचरों के माध्यम से शुक्राचार्य के ठिकाने का रहस्य सुलझा लिया था। शुक्राचार्य द्वारा स्वर का उत्तर देने से पूर्व एक क्षण के लिए सन्नाटा छा गया।

'कई शताब्दियाँ बीत गई हैं, विभीषण; परंतु निराशापूर्वक मैं अभी भी उस विश्वासघाती का स्वर पहचान सकता हूँ, जो मेरे सर्वश्रेष्ठ शिष्यों में से एक की पराजय एवं मृत्यु का मुकुट पहनता है। किस बात ने तुम्हें मुझे खोजने पर विवश किया?'

'भारत भर में अभूतपूर्व घटनाओं की एक शृंखला हुई है और कुछ लोगों का मानना है कि आप उन सभी के लिए उत्तरदायी हैं।' विभीषण ने सम्मानजनक, परंतु चेतावनी भरे स्वर में कहा, 'राजा बलि और मेरी ओर से मैं आपसे अनुरोध करता हूँ कि आप जो भी योजना बना रहे हैं, उसे रद्द कर दें।'

शुक्राचार्य नियंत्रण कक्ष की ओर चले और असुरों को रडार व नेविगेशन सिस्टम सहित बाहरी विश्व से सभी संचार बंद करने का आदेश दिया। विभीषण को अपना उत्तर शुक्राचार्य के मौन से मिल गया था, क्योंकि उन्होंने देखा था कि पनडुब्बी अपने मार्ग पर पुनः आगे बढ़ने हेतु पानी के भीतर अदृश्य होने लगी थी।

यह जानते हुए कि नागेंद्र का अगला गंतव्य दो सबसे दक्षिणी राज्यों में से एक में था, कृपाचार्य और अश्वत्थामा ने रॉस द्वीप को अपने अड्डे के रूप में चुना था। यह द्वीप दोनों तटों के लगभग बीचोंबीच था। उन्होंने ओम् को इस बात की जानकारी उस फोन से दी, जो उसने बिछड़ने से पूर्व उन्हें दिया था। अब वेदव्यास का विमान भी परशुराम की स्वर का पीछा करते हुए रॉस द्वीप तक पहुँच गया था। वे सभी रॉस द्वीप पर उसी सुविधा के खंडहरों में एकजुट होकर खड़े थे, जिसे अश्वत्थामा और परशुराम ने ओम् की रक्षा करते समय नष्ट कर दिया था।

'यह सर्पों द्वारा संरक्षित एक द्वार है, जिसे खोलने के लिए न तो कोई चाबी का छिद्र है और न ही कोई चाबी। यह श्लोक द्वारा बंद एक द्वार है। यह श्लोक वह कुंजी थी, जिसे तोड़कर बिखेरा गया था, ताकि कोई इस द्वार को खोलने की कल्पना भी न कर सके। परंतु अब, वे इस श्लोक को पुनः संकलित करने और द्वार खोलने से केवल एक शब्द दूर हैं। वह स्थान, जहाँ वे मिलेंगे, वह पद्मनाभ स्वामी मंदिर है।' वेदव्यास ने अमरों को सूचित किया।

□

पनडुब्बी केरल में कोवलम समुद्र-तट के निकट थी और नागेंद्र किनारे पर जाने हेतु एक नाव में चढ़ गया। उसके पीछे शुक्राचार्य और उनके साथ अन्य असुर थे। समुद्र-तट से नक्शे में पद्मनाभ स्वामी मंदिर तक पहुँचने के लिए सड़क मार्ग से केवल 18 किलोमीटर की दूरी दिखाई गई थी, जबकि अमर अभी भी कुछ घंटों की दूरी पर थे।

शिशु की रक्षा करने और मृत संजीवनी को पुनः प्राप्त करने हेतु वेदव्यास के अनुरोध पर परशुराम के पास दल को पुनः विभाजित करने के अलावा कोई विकल्प नहीं था।

'आपका उद्देश्य मृत संजीवनी की पुस्तकों को प्राप्त करना और पनडुब्बी को नष्ट करना है, ताकि इस बार नागेंद्र और अन्य लोग पहले की तरह बच न सकें। शिशु के अलावा, पनडुब्बी के भीतर हर जीवित प्राणी आपका शत्रु है और हमें कोई दया नहीं दिखानी है।' वेदव्यास के साथ पनडुब्बी के पास छोड़ने और मंदिर के लिए रवाना होने से पूर्व कृपाचार्य एवं वृषकपि की ओर देखते हुए परशुराम ने कहा।

मंदिर के मार्ग में परशुराम किसी झील के समान शांत थे, जिससे अश्वत्थामा और ओम् व्याकुल हो गए। पुष्पक विमान में सन्नाटे को तोड़ते हुए अश्वत्थामा ने पूछा, 'परशुराम, कृपया हमारा मार्गदर्शन करें। हमारे लिए क्या योजना है?'

विस्मृति की ओर देखते हुए परशुराम ने शांति से उत्तर दिया, 'हम उसे ऐसी स्थिति में लाएँगे, जहाँ वह स्वयं को अमर होने के लिए श्राप देगा और हमसे मृत्यु का वरदान देने का अनुरोध करेगा।'

जहाँ परशुराम और अश्वत्थामा निश्चित थे कि अंतिम शब्द की रक्षा करने हेतु उन्हें पहले ही बहुत देर हो चुकी थी, वेदव्यास एक जीवन की रक्षा करने एवं मृत संजीवनी की पुस्तकों को पुनः प्राप्त करने समय पर पहुँचने का प्रयास कर रहे थे और गहरे समुद्र में एक शिशु के लुप्त होते स्वर का पीछा कर रहे थे।

वेद व्यास, कृपाचार्य और वृषकपि को ले जाने वाली नाव पनडुब्बी के ठीक ऊपर 8°21'25" उत्तर, 076°56'12" पूर्व पर पहुँची और वेदव्यास के आदेश पर रुक गई।

'पनडुब्बी हमारे ठीक नीचे है; परंतु उसे सतह पर लाने की आवश्यकता है। यदि हम समुद्र के भीतर पनडुब्बी के द्वार को नष्ट कर देंगे तो मृत संजीवनी की पुस्तकें सदैव के लिए खो जाएँगी और शिशु मारा जाएगा।' चिंतित वेदव्यास ने कृपाचार्य और वृषकपि की ओर देखते हुए कहा।

'मैं यह कर सकता हूँ!' वृषकपि ने आत्मविश्वास से कहा।

कृपाचार्य और वेदव्यास दोनों ने उसकी ओर संदेह से देखा।

वृषकपि ने उन्हें मनाया, 'कृपया मुझे समुद्र में उतरने की अनुमति दें। मुझे प्रयास करने दें।'

वेदव्यास ने उत्तर दिया, 'ठीक है, वृषकपि; परंतु पिछली बार की तरह अपने प्राण संकट में मत डालना।'

वृषकपि ने अपना ध्यान केंद्रित करते हुए पानी में गोता लगाया और जैसे-जैसे वह गहराई में जाता गया, उसका आकार बढ़ता गया। पनडुब्बी का रडार उसकी

उपस्थिति का पता नहीं लगा सका, क्योंकि शुक्राचार्य के आदेश पर जहाज के नेविगेशन एवं रडार पहले ही काट दिए गए थे। वृषकपि अपने अधिकतम आकार तक बढ़ गया और इससे पूर्व कि असुरों को इसकी भनक लगती, पूरी पनडुब्बी में हलचल मच गई। सभी ने अपना संतुलन खो दिया और भूमि पर गिर पड़े। वृषकपि ने फिर पनडुब्बी को ऐसे पकड़ लिया, जैसे कोई शिशु किसी खिलौने को पकड़ लेता है। उसे अपनी हथेली में पकड़कर वह हिंद महासागर की सतह पर वापस तैर गया, जहाँ कृपाचार्य और वेदव्यास उसकी प्रतीक्षा कर रहे थे।

परंतु वे अकेले नहीं थे, जो किसी के आगमन की आशा कर रहे थे।

पुष्पक विमान पद्मनाभ स्वामी मंदिर के निकट उतरा। अचंभित स्थानीय लोग उस अद्भुत दृश्य को अपने सेल फोन में कैद करने से स्वयं को नहीं रोक सके, जो उन्हें एक प्राचीन और विदेशी जहाज जैसा लग रहा था। वे उस अज्ञात उड़ने वाली वस्तु के पास जाने से भी भयभीत थे। एकाएक, ठीक उसी समय, जब परशुराम, अश्वत्थामा और ओम् विमान से नीचे उतरे, क्षेत्र के सभी मोबाइल और सी.सी. टी.वी. कैमरों सहित अन्य तकनीकी प्रणालियाँ बंद हो गईं। यह वर्तमान पर प्राचीन प्रौद्योगिकी का प्रभाव था। तीन लोगों को बाहर निकलते हुए देखने के लिए लोगों के उभरे हुए चेहरे उनकी कार की खिड़कियों से बाहर झाँक रहे थे; परंतु वे अब जो कुछ भी देख रहे थे, उसे रिकॉर्ड नहीं कर सकते थे। अंतिम शब्द खो जाने के भय से वे तीनों मंदिर में घुस गए।

अंतिम शब्द को सुरक्षित रखने की आशा की किरण तेजी से कम होती जा रही थी। तीनों वॉल्ट बी. तक पहुँचे और वहाँ नागेंद्र एवं शुक्राचार्य को कुछ असुरों के साथ पाया। कुलधरा में उनके टकराव के पश्चात् ओम् एवं नागेंद्र के लिए पुनः एक-दूसरे का सामना करने का समय आ गया था। तीनों अमरों के सामने आने के पश्चात् उन्हें लगा था कि शुक्राचार्य और नागेंद्र विस्मय से चौंक जाएँगे, परंतु ऐसा नहीं हुआ।

नागेंद्र ने ओम् की ओर देखा और पागलों की तरह तालियाँ बजाने लगा। नागेंद्र ने उत्साह में कहा, 'अंततः परिमल ने अनजाने में अपना अंतिम कार्य सफलतापूर्वक पूरा कर लिया।' और आगे कहा, 'तुम्हें क्या लगता है कि मैंने उसे पनडुब्बी में जीवित क्यों छोड़ दिया? हर कोई जानता है कि एक पिता अपने मरते हुए पुत्र के लिए क्या करेगा? है न! ओम्? ओह···काश, मैं उस सर्प का धन्यवाद कर सकता और उसे बताता कि मुझे आशा थी कि वह मेरी ओर से वेदव्यास तक

पहुँचेगा। फिर भी, कम-से-कम इस धरती के युद्ध में विजयी होने के पश्चात् मैं वेदव्यास को धन्यवाद तो दे ही सकता हूँ कि उन्होंने मुझे पहेली का अंतिम टुकड़ा भेजा। तुम्हारा आना मेरे लिए अत्यंत सुखद है, ओम्! मैं तुम्हारे बिना क्या करता!'

ओम् और दोनों तरफ खड़े अन्य दो अमर नागेंद्र के वर्णन से चकित थे। उन्हें इसके निहितार्थ के बारे में कोई जानकारी नहीं थी। शुक्राचार्य ने कीहोल के आकार के नेत्र-गोलक को अपने हाथ में पकड़ रखा था। परशुराम की दृष्टि शुक्राचार्य पर थी और अश्वत्थामा अन्य सभी असुरों को सँभालने के लिए सन्नद था; जबकि दोनों पक्ष एक-दूसरे के पहले आक्रमण करने की प्रतीक्षा कर रहे थे। कहीं और, कृपाचार्य की प्रतीक्षा समाप्त हो गई थी। वे पनडुब्बी की रक्षा करने वाले असुरों का सामना करने हेतु तत्पर थे।

इस युद्ध में कृपाचार्य एवं वृषकपि एक ओर थे और दूसरी ओर थे असुर, जो उन दोनों को रोकने के लिए पनडुब्बी से बाहर निकले। वृषकपि पुनः अपने सामान्य कद पर आ गया और कृपाचार्य के साथ असुरों से द्वंद्व करने में उस गदा के साथ जुड़ गया, जो ओम् ने उसे उपहार में दी थी।

वे किसी भी संकट से वेदव्यास की रक्षा करते हुए पनडुब्बी में आगे बढ़े और उनके मार्ग में आते हर कक्ष तथा कोने को छानकर देखा। वृषकपि की गदा ने निरंतर उन सभी असुरों को खदेड़ दिया, जो उनके लिए बाधा खड़ी करने का प्रयास कर रहे थे। वे कोल्ड स्टोरेज के पास क्षण भर के लिए रुके और उन्हें आधे खाए तथा सड़े-गले शवों के ढेर मिले। अपनी खोज पुनः आरंभ करते हुए कृपाचार्य का क्रोध कक्षों की रक्षा करने वाले असुरों को गिराने के लिए पर्याप्त था। ऐसे निर्दयी योद्धाओं को देखकर अन्य असुर अपने जीवन के क्रूर अंत से अपनी रक्षा करने हेतु भागने लगे; परंतु कोई भी सफल नहीं हो सका।

लंबे गलियारे को पार करते हुए तीनों एक बंद कक्ष के द्वार पर पहुँचे। उन्होंने कक्ष का द्वार खोला और रक्त से लथपथ दो शव देखे तथा एक अन्य शव देखा जो मृत प्रतीत हो रहा था, परंतु अभी भी साँस ले रहा था। रक्त और किसी तरल पदार्थ के कीचड़ में लथपथ पड़े शिशु ने वेदव्यास का ध्यान आकर्षित किया। वृषकपि स्ट्रेचर के पास पहुँचा और देखा कि एल.एस.डी. मृत पड़ी हुई थी और भूमि पर मृत परिमल था।

'इस पुरुष के नेत्रों को क्या हुआ?' वृषकपि ने परिमल की ओर संकेत करते हुए पूछा।

'यह अब अंततः मुक्त हो गया है और सहस्त्राब्दियों पहले अघासुर के साथ आरंभ हुए श्राप से इसने मुक्ति प्राप्त कर ली है। यह किसी दिन अवश्य घटित होना था और कदाचित् ऐसे ही होना था। यह नियति का नियम है।' वेदव्यास ने वृषकपि को उत्तर दिया।

बातचीत के स्वर सुनकर शिशु रोने व चिल्लाने लगा।

"यह एक चमत्कार है कि ऐसी परिस्थितियों में समय से पहले जनमा हुआ शिशु अभी भी जीवित कैसे था!" मिसेज बत्रा ने अपना आश्चर्य व्यक्त किया।

"वह उन शक्तियों द्वारा संरक्षित था, जिनका देवी भगवती के प्रतिनिधि ने एल.एस.डी. को आशीर्वाद दिया था। शिशु के प्रसव की असामान्य प्रक्रिया के विरुद्ध देवी भगवती की शक्ति दृढ़ थी। शेतपाल की उस शुभ प्रार्थना के पीछे का उद्देश्य पूर्ण हो गया था, जैसे परिमल ने एल.एस.डी. को आश्वासन दिया था।" पृथ्वी ने कहा।

वेदव्यास ने शिशु की ध्यानपूर्वक जाँच की और फिर त्वरित गर्भनाल को पकड़ लिया, शिशु को अपनी गोद में ले लिया और उसे उसकी माँ से अलग कर दिया। उसके शरीर से सारा रक्त एवं तरल पदार्थ साफ करने के पश्चात् उन्होंने शिशु को अपने दुपट्टे में सुरक्षित रूप से लपेट दिया। शिशु जीवित था और अब सुरक्षित हाथों में था।

शीघ्र ही, वे शुक्राचार्य के कक्ष के द्वार पर पहुँचे और एक ही झटके में वृषकपि की गदा ने धातु के द्वार को तोड़ दिया। कृपाचार्य ने शीघ्रता से कक्ष में खोजबीन करना आरंभ कर दिया और उन्हें पुस्तकें एक कोने में छोटे से चबूतरे पर मिलीं। 'हमारे लिए मृत संजीवनी की पुस्तकें ढूँढ़ना इतना सहज व सरल नहीं था। यह एक जाल हो सकता है!' वृषकपि ने उन्हें सचेत किया और किसी भी गुप्त संकट के लिए कक्ष की जाँच की।

'शांत हो जाओ, वृषकपि! यहाँ कोई नहीं है।' वेदव्यास ने उन्हें आश्वासन दिया और आगे कहा, 'पुस्तकें उनके लिए तभी तक महत्त्वपूर्ण थीं, जब तक सभी स्थानों से शब्द नहीं प्राप्त कर लिये गए थे। अब चूँकि उनके पास शब्द भी हैं और अमरता भी, इसलिए पुस्तकें उनके लिए महत्त्वहीन हैं।' और तीनों पनडुब्बी से बाहर चले गए। कृपाचार्य ने एक आग के गोले का आवाहन किया, उसे पनडुब्बी की ओर बढ़ाया और उसमें आग लगा दी गई। मृत संजीवनी की पुस्तकें और शिशु को अपने साथ लेकर जब वे जलती हुई पनडुब्बी से दूर चले गए, वृषकपि ने

मासूमियत से पूछा, 'क्या हम युद्ध जीत गए?'

'हो सकता है! परंतु मुझे आश्चर्य है कि अंतिम शब्द कहाँ छिपा है।' पद्मनाभ स्वामी मंदिर में परशुराम एवं शुक्राचार्य के बीच हो रहे वार्त्तालाप को सुनते हुए वेदव्यास ने कहा।

वेदव्यास ने परशुराम को क्रोध से दहाड़ते हुए सुना, 'शुक्राचार्य! मैं आपको इसे रोकने का एक अंतिम अवसर देता हूँ। चुराए गए सभी शब्दों को त्याग दें और अकेले लौट जाएँ। नागेंद्र ने जो कुछ किया है, उसके लिए हम उसे अपनी अभिरक्षा में लेंगे और बिना किसी बर्बरता के यह सब समाप्त होगा।'

परशुराम और दल को विश्वास था कि शुक्राचार्य उनके प्रस्ताव को कभी स्वीकार नहीं करेंगे; परंतु उनका आश्चर्य अभी संपन्न नहीं हुआ था।

'मैं सभी शब्दों को समर्पित करने हेतु तैयार हूँ।' शुक्राचार्य ने उत्तर दिया और नागेंद्र ने चुराए गए सभी शब्दों को उसी क्रम में जपना आरंभ कर दिया, जिस क्रम में वे चुराए गए थे।

'अविनासी अनादि अनंता। सकल जगत तिहुँ-लोक नियंता॥
यस्य प्रानोति अष्ट संग्रह। सः भविष्यति मृत्युंजय॥'

नागेंद्र ने अंतिम शब्द को छोड़कर सभी शब्द कहे।

'ये केवल इतने नहीं हैं। तुम्हारे श्लोक में अंतिम शब्द शेष हैं। अंतिम शब्द कहो।' परशुराम का स्वर तेज हो गया, जिसमें उनका क्रोध स्पष्ट झलक रहा था।

नागेंद्र उनके मुखों पर चिंता को पढ़ सकता था और अपनी आत्म-संतुष्ट अभिव्यक्ति के साथ विजय के संकेत के साथ मुसकरा उठा।

'आपको लगता है कि पद्मनाभ स्वामी में वह अंतिम शब्द है, जिसे हम प्राप्त करने आए हैं?'

ओम् और अश्वत्थामा ने एक-दूसरे को भ्रमित दृष्टि से देखा, इस विचार में कि क्या उनका अनुमान चूक गया था? उन्होंने क्रोध में अपने शस्त्र पकड़ लिये।

'जब धन्वंतरि ने मृत संजीवनी की पुस्तकें लिखीं तो उन्होंने श्लोक को नौ टुकड़ों में विभाजित किया और उन्हें बिखेर दिया। उन नौ शब्दों में से आठ शब्द उन आठ स्थानों पर छिपे थे, जिन्हें हमने नष्ट कर एकत्र किया था; परंतु नौवाँ शब्द कभी भी किसी भी स्थान पर छिपा नहीं था, अपितु यह वहाँ स्थित था, जिसकी आप में से किसी को भी आशा नहीं होगी। नौवें शब्द का वाहक वह है।' यह कहते हुए नागेंद्र ने सहजता से अपना हाथ बढ़ाया और ओम् की ओर संकेत किया।

'वह तुम ही हो, जिसके पास अंतिम शब्द है और इसी कारण यहाँ तुम्हारी उपस्थिति महत्त्वपूर्ण थी। तुम्हारी भौतिक उपस्थिति के बिना इस द्वार को खोलना असंभव है। तुम वास्तव में कोई पहेली सुलझाकर यहाँ तक नहीं पहुँचे; तुम्हें यहाँ लाया गया है।' अगले ही क्षण नागेंद्र हाथ में पुतली लेकर कल्लारा द्वार की ओर दौड़ा और मंत्र दोहराने लगा।

परशुराम, अश्वत्थामा एवं ओम् ने तुरंत नागेंद्र पर वार किया; परंतु शुक्राचार्य और नागेंद्र के साथ आए असुरों ने उन्हें रोक दिया, जो अब उन पर पलट वार कर रहे थे। इससे पूर्व कि उनमें से कोई भी द्वार तक पहुँच पाता, नागेंद्र ने द्वार पर बने सर्प के नेत्र के कोष में से एक में कीहोल का नेत्र-गोलक लगा दिया और अंतिम शब्द जोड़ते हुए पूर्ण मंत्र का उच्चारण किया। श्लोक का अंतिम शब्द ओम् को धन्वंतरि द्वारा दिया गया पहला नाम 'मृत्युंजय' था।

'अविनासी अनादि अनंता। सकल जगत तिहुँ-लोक नियंता॥ यस्य प्रारनोति अष्ट संग्रह। सः भविष्यति मृत्युंजय॥'

इस बार शुक्राचार्य ने पूरा श्लोक जोर से और स्पष्ट रूप से उच्चारित किया।

मिसेज बत्रा ने टोकते हुए कहा, "इन शब्दों को एक साथ रखने पर क्या अर्थ निकलता है?"

पृथ्वी ने श्लोक पढ़ा और फिर उसका अर्थ बताया।

"अविनासी अनादि अनंता। सकल जगत तिहुँ-लोक नियंता॥ यस्य प्रारनोति अष्ट संग्रह। सः भविष्यति मृत्युंजय॥

"अविनाशी, शाश्वत, अनंत, मृत्यु को जीतने वाला, जो तीनों लोकों के रचयिता से यह वचन प्राप्त कर लेगा, वह अजेय और अमर होगा।"

नागेंद्र तक पहुँचने और उसे रोकने के क्रूर संघर्ष में परशुराम एवं अश्वत्थामा ने असुरों का वध करना आरंभ कर दिया और रक्तपात का प्रारंभ हो गया। परंतु उनके निरंतर प्रयासों के उपरांत जैसे ही श्लोक पूरा हुआ, द्वार पर नक्काशीदार सर्प ने पुतली को निगल लिया और द्वार खुलने लगा। द्वार के पीछे धुआँ इतना घना था कि कोई भी मनुष्य इतनी देर तक टिक नहीं सकता था; क्योंकि वहाँ साँस लेना भी असंभव था। वह एक ब्लैक होल जैसा प्रतीत हो रहा था। आंशिक रूप से खुले द्वार से निकलने वाली रोशनी इतनी अंधकारमय थी कि वह केवल कष्ट और मृत्यु को आमंत्रित कर रही थी। मंदिर के आसपास का पूरा क्षेत्र काँपने लगा। परंतु उस क्षण सबकुछ रुक गया, जब सभी ने देखा कि किसी ने भीतर

से द्वार के किनारे को पकड़ लिया था और उसे पूर्ण रूप से खोलने तथा बाहर आने हेतु अंदर की ओर खींच रहा था।

इससे पूर्व कि कोई यह समझ पाता कि वह किसका हाथ था, उन्होंने देखा कि एक और हाथ की उँगलियाँ द्वार के दूसरे किनारे को पकड़े हुए थीं। ओम् ने दोनों अमरों को देखा। उसने अश्वत्थामा के नेत्रों में भय तथा परशुराम के मुख पर पीड़ा बढ़ती देखी। शुक्राचार्य ने चुपचाप स्वयं को द्वार से दूर कर लिया, जैसे कि अतिथियों का स्वागत कर रहे हों। नागेंद्र ने खुले द्वार के समक्ष अपना सिर झुका लिया।

जिन दो जोड़ी हाथों ने द्वार पकड़ा हुआ था, उनके मुख उजागर हो गए। सबसे पहले बाहर निकलनेवालों में थे शापित परशुराम, जो रक्तिम नेत्रों के साथ क्रोध में भीगे हुए थे और उसके पश्चात् आया कुष्ठ रोग से पीड़ित शरीर वाला अश्वत्थामा। नागेंद्र उन अनुरूप शापित समकक्षों के साथ खड़ा था, जिनके पास वास्तविक अश्वत्थामा और परशुराम जैसी ही शक्तियाँ थीं। अश्वत्थामा एवं परशुराम के सामने स्वयं अश्वत्थामा एवं परशुराम खड़े थे एवं उनके दोनों ओर नागेंद्र एवं ओम् के नाम से अंकित देवध्वज खड़ा था।

□

15

एक अशुभ मिलाप

"ऐसा कैसे हो सकता है?" मिसेज बत्रा ने आश्चर्यचकित होकर पूछा।

"प्रत्येक व्यक्ति के भीतर किसी-न-किसी प्रकार की नकारात्मकता प्रवाहित होती रहती है; कोई भी पूर्णतः शुद्ध नहीं है। इस संबंध में परशुराम, अश्वत्थामा और ओम् भिन्न नहीं थे। परंतु जो कारण उन तीनों को उनके शुद्धतम रूप में लेकर आया, वह था पृथक् व्यक्तित्व यज्ञ, जो अलग-अलग समय में उन पर आयोजित किया गया था। यज्ञ ने उन्हें उनके नकारात्मक व्यक्तित्व से भिन्न कर दिया, जिससे वे सबसे शुद्ध आत्मा बन गए। किंतु किसी के पास इसका उत्तर नहीं था कि समान शक्तियों वाले उनके व्यक्तित्व के अमर नकारात्मक भाग कहाँ चले गए···केवल उस क्षण तक, जब वे प्रकट हुए?

"सभी युद्धों में सबसे कठिन वह युद्ध है, जो हम अपने भीतर लड़ते हैं।" बहुधा, यह वही युद्ध होता है, जिसे अनसुना कर दिया जाता है। ऐसा कहा जाता है कि यदि मनुष्य में स्वयं पर नियंत्रण पाने और स्वयं को पराजित करने की इच्छा-शक्ति हो तो वह विश्व पर विजय प्राप्त कर सकता है। अब उस कहावत को परखने का समय आ गया था। शुक्राचार्य और शेष कुछ असुरों ने उस ऐतिहासिक घटना को देखा, जहाँ तीन अमर स्वयं के एनैन्टियोमोर्फ के विरुद्ध खड़े थे।

गुरु शुक्राचार्य, जो एक ओर खड़े थे, ने तीनों अमरों को देखा और कहा, 'दशावतारों और अन्य देवताओं द्वारा पराजित एवं मारे गए प्रत्येक असुर तथा उनके सहयोगियों को जीवन के किसी भी रूप में पृथ्वी में प्रवेश करने से रोक दिया गया था। वे पृथ्वी के संतुलन को बनाए रखने हेतु इस द्वार के पीछे फँसा दिए गए थे, ताकि देवताओं को सहस्र वर्षों तक मानव रूप में नश्वर क्षेत्र में लौटने के लिए विवश न होना पड़े। इसलिए, उन्होंने यह द्वार बनाया, इसके पीछे सबसे शक्तिशाली असुरों को फँसाया और विश्व में अच्छाई व बुराई का संतुलन बनाए रखने और

दृष्टि रखने हेतु सात अमरों को नियुक्त किया। चूँकि युगों के अगले चक्र के लिए सभी शुद्ध आत्माओं और विलुप्त प्राणियों को सुदूर उत्तर में ज्ञानगंज नामक नगर में रखा जाता है, इसलिए सभी असुरों को सुदूर दक्षिण में इस द्वार के पीछे पद्मनाभ स्वामी मंदिर में फँसाकर रखा गया था। उन्हें कलियुग की समाप्ति के पश्चात् युगों के अगले चक्रों में निर्धारित समय पर ही लौटना था और इसे फिर से दोहराना था, और तभी इन सभी असुरों को एक-एक करके आना था। अब, जब आपने अपने देवताओं को विफल कर दिया है और द्वार खोल दिया गया है तो हर क्षण एक असुर इस विश्व में प्रवेश करेगा, हर असुर के साथ संतुलन बिगड़ जाएगा और हर जीवित प्राणी में बुराई का प्रभाव अराजकता एवं व्यवधान पैदा करने के लिए दृढ़ हो जाएगा, ताकि कलियुग समय से पूर्व ही अपने अंत तक पहुँच सके।'

अमरों का सबसे बुरा स्वप्न, जिसकी कल्पना भी नहीं की जा सकती थी, अब उनके नेत्रों के सामने एक वास्तविकता बन गया था। वे राक्षसों से लड़ने हेतु सज्ज होकर आए थे; परंतु अब नए प्रश्न से हैरान थे—वे अपने आप से कैसे टकराएँगे?

इससे पूर्व कि असुरों की सेना और शक्तिशाली होती, परशुराम व अश्वत्थामा तथा ओम् को द्वार बंद कर उन्हें रोकने हेतु द्वार तक पहुँचना था, परंतु उनके मार्ग में रुकावट बनकर खड़ी थीं उनकी अपनी नकारात्मक आत्माएँ।

परशुराम के पास आक्रमण करने और पहला वार करने के उपरांत कोई अन्य विकल्प नहीं था और इसलिए उन्होंने निर्देश दिया, 'हमारा प्राथमिक उद्देश्य अपने प्रतिद्वंद्वियों से उलझना नहीं, अपितु उन्हें चकमा देना और द्वार बंद करना है। हर बीतते क्षण के साथ वे और अधिक शक्तिशाली हो जाएँगे, और हम पहले से ही संख्या में कम हैं।'

अच्छाई और बुराई के बीच युद्ध का आरंभ हुआ—वह युद्ध, जो कलियुग का हर मनुष्य गुप्त रूप से अपने भीतर लड़ता है। ऐतिहासिक मंदिर, जो कभी गौरवशाली विरासत का घर था, अब विनाश एवं रक्तपात का शिकार हो रहा था। युद्ध अब परिसर के बाहर, वॉल्ट बी. से सटे संकीर्ण रास्तों को पार करते हुए खुले मैदान में फैल गया था। परशुराम ने अश्वत्थामा को हर उस अस्त्र का आवाहन करने का आदेश दिया, जो उनके रास्ते में आने वाली हर बाधा को पार कर सके और द्वार पर ही असुरों को मार डाले। अश्वत्थामा ने अपने नेत्र बंद कर लिये और अपने सभी अस्त्र प्रकट कर लिये। तूणीर धीरे-धीरे उसकी पीठ पर किसी उकेरे हुए प्राचीन चित्र के समान उभर आया। एक के बाद एक, उसके पास उपस्थित

अस्त्रों का समूह सामने आया, जो उसकी सर्वशक्तिमानता का उदाहरण था। इस बीच परशुराम ने अपने अजेय फरसे का आवाहन किया और अश्वत्थामा ने सबसे शक्तिशाली धनुष चुना, जिसके नाम में ही विजय थी—विजय धनुष!

विजय धनुष की क्षमता का अनुमान उसकी विशेषता से लगाया जा सकता था कि जब भी उस धनुष से एक बाण छोड़ा जाता था तो उसकी टंकार से लंबे समय तक चलने वाला झटका लगता था, जो लगभग वज्रपात की गड़गड़ाहट जैसा होता था। सबसे गहरे नीले रंग का वह धनुष न तो साधारण मनुष्य द्वारा उठाया जा सकता था और न ही उसे किसी भी प्रकार के अस्त्र से तोड़ा जा सकता था। विजय धनुष द्वारा छोड़े गए बाण की ऊर्जा उसे चलाते ही कई गुना बढ़ जाती थी। विजय धनुष पर अधिकार करनेवाला योद्धा कभी पराजित नहीं होता था; परंतु शक्तिशाली धनुष के ये सभी गुण शीघ्र ही नकार दिए गए, जब अश्वत्थामा ने अपने अनुरूप को भी उसी अस्त्र का आवाहन करते हुए देखा, जबकि परशुराम के अनुरूप के पास भी वैसा ही फरसा था, जिसमें समान ही शक्ति थी।

इस प्रकार, एक अकल्पनीय युद्ध आरंभ हुआ। समान कौशलवाले दो प्रतिद्वंद्वी अपने शापित समकक्षों से उसी तीव्रता से लड़ रहे थे, जिस तीव्रता से उन पर वार किया जा रहा था। उनके शरीर पर कई चोटें और घाव लगने लगे। युद्ध भयंकर होता जा रहा था।

अस्त्रों का युद्ध आग्नेयास्त्र से आरंभ हुआ, जिसे अश्वत्थामा ने असुरों को जलाने हेतु उन पर छोड़ दिया। उसके दुष्ट अनुरूप ने जल के अस्त्र वरुणास्त्र से उत्तर दिया और जल की भारी बौछार से जलती हुई अग्नि को शांत कर दिया। कुछ ही समय में क्षतिग्रस्त वनस्पतियों एवं जीवों के धुएँ तथा टूटे हुए सीमेंट से चारों ओर बादल छा गए और सेनाएँ वरुणास्त्र के प्रभाव से भीग गईं।

परशुराम ने वैष्णवास्त्र का आवाहन किया—एक ऐसा अस्त्र, जिसका सामना केवल दूसरे वैष्णवास्त्र से ही किया जा सकता था। परंतु उन्हें आश्चर्य हुआ, जब विरोधी परशुराम ने भी उसी का आवाहन किया और उचित उत्तर दिया। यद्यपि वे दो भिन्न शरीर थे, परंतु उनके नेत्रों में प्रतिशोध समान रूप से ज्वलंत था, जैसे कि वे न केवल दूसरे से छुटकारा पाने का प्रयास कर रहे थे, अपितु अपने अतीत से भी छुटकारा पाने के लिए उग्र थे—वह कड़ी, जिसने उन्हें आपस में जोड़ रखा था।

इसके साथ ही, नागेंद्र ने ओम् को हरसंभव तरीके से रोक दिया। वह क्रूर और अजेय दिखाई दिया। यद्यपि अब ओम् को उसका वास्तविक रूप ज्ञात हो गया था,

परंतु इस बार वह एक अलग चुनौती से जूझ रहा था। कहीं-न-कहीं नागेंद्र द्वारा उसकी पिछली हत्या ने उस पर एक स्थायी मनोवैज्ञानिक आघात छोड़ दिया था।

इस सब के बीच बालों वाले शरीर, बड़ी खोपड़ी और माथे के बाईं कनपटी पर एक नेत्रवाले अहंकारी व विनाशकारी असुरों का एक समूह विभिन्न आकृतियों और आकारों के अनगिनत विकृत प्राणियों के साथ द्वार से बाहर चला आया। अमरों की संख्या अब पूरी तरह कम हो गई थी, क्योंकि असुरों की सेना बड़ी हो गई थी, जैसे-जैसे खुले द्वार से असुर भीतर आते रहे।

फिर भी, जब स्वयं और अन्य असुरों का सामना करने की बात आती थी तो उनकी अथाह शक्तियाँ अपर्याप्त लगती थीं। शुक्राचार्य का स्वप्न शीघ्र ही वास्तविकता में परिवर्तित होने वाला था। अस्त्रों की तीव्र टकराहट के बीच उनका हर्षित स्वर गूँज उठा।

'प्रतीक्षा समाप्त हुई! विजय हमारी है। द्वार खुला है और अब हमें पीछे मुड़कर देखने की कोई आवश्यकता नहीं है। हम अंततः पृथ्वी पर चलने और उस पर शासन करने हेतु स्वतंत्र हैं!' शुक्राचार्य ने जोर से और आत्मविश्वास से घोषणा की, 'हमारे धैर्य और कड़े परिश्रम से अंततः वह फल प्राप्त हुआ, जिसकी हमने सतयुग के प्रारंभ से आकांक्षा की थी।' उनके शब्दों ने प्रत्येक असुर को विजय-प्राप्ति हेतु लड़ने के लिए प्रेरित किया।

□

"परंतु अमरों ने शुक्राचार्य पर वार क्यों नहीं किया और उन्हें श्लोक कहने से क्यों नहीं रोका?" भ्रमित मिसेज बत्रा ने पूछा।

पृथ्वी मिसेज बत्रा की चिंतित शारीरिक भाषा को पढ़ सकता था, इसलिए उसने उत्तर दिया, "क्योंकि अमरों ने अभी भी अपनी धार्मिकता का पालन किया। शुक्राचार्य को 'गुरु' की उपाधि दी गई थी और गुरु को नुकसान पहुँचाना या उन पर वार करना युद्ध के प्राचीन नियमों के विरुद्ध था, जिन नियमों का अमर अभी भी पालन कर रहे थे। केवल गुरु नामक विद्वान् ही गुरु को चुनौती दे सकता है।"

परशुराम यह अनुमान लगा सकते थे कि यदि उन्होंने अपनी चालों की रणनीति नहीं बनाई तो वे अपना अंतिम अवसर खो सकते थे। उन्होंने आदेश दिया, 'अश्वत्थामा, जहाँ हम खड़े हैं, वहाँ से 5 किलोमीटर के क्षेत्र का सीमांकन करो। हमें उन्हें इस परिधि के भीतर ही सीमित रखना चाहिए। उनकी सेनाओं को देखकर मुझे भय है कि यदि उन्होंने इस रेखा को पार किया तो वे वन की आग के समान

अनियंत्रित होकर विश्व भर में फैल जाएँगे और हमारे लिए उन्हें रोक पाना असंभव हो जाएगा।'

'विभिन्न क्षेत्रों का प्रभार लो और असुरों तथा उनके सैनिकों को रोको। वे परिधि को लाँघने का प्रयास करेंगे; परंतु हमें ऐसा नहीं होने देना चाहिए।' परशुराम ने कहा, जिसके पश्चात् सारे अमर उत्तर, पूर्व एवं पश्चिम में फैल गए और अपने दक्षिण के द्वार से आने वाले राक्षसों को ललकारने के लिए सन्नद्ध हो गए।

निरंतर लड़ रहे परशुराम, अश्वत्थामा और ओम् को विश्वास नहीं हो रहा था कि वे पराजय के कगार पर थे। उनमें से प्रत्येक के विरुद्ध सौ से अधिक असुर थे। एकाएक आकाश में गड़गड़ाहट हुई और उसने सभी का ध्यान खींच लिया। पुष्पक विमान उनके ठीक ऊपर एक सुरक्षित ऊँचाई पर मँडरा रहा था, जैसे आकाश में उड़ता हेलिकॉप्टर हो! वृषकपि और कृपाचार्य उड़ते हुए विमान से बाहर कूद गए। वृषकपि ने अपना भारी शरीर बड़ा कर लिया और अत्यंत विशाल हो गया; जबकि कृपाचार्य के बाणों ने संहार फैलाया और बिजली की गति से असुरों को मार डाला। उनकी उपस्थिति इतनी सशक्त थी कि जिसने पराजित होते अमरों को पुनः ऊर्जावान् बना दिया। दूसरी ओर, नागेंद्र इस बात से चकित था कि वृषकपि कितना विशाल हो गया था!

कृपाचार्य ने अपने आक्रमण के बीच में ही परशुराम को सूचित किया, 'हमने मृत संजीवनी की पुस्तकें प्राप्त कर ली हैं। वेदव्यास पुस्तकों और शिशु के साथ रॉस द्वीप में सुरक्षित हैं।' समाचार पाकर वे तीनों स्वयं को अधिक शक्तिशाली और आश्वस्त अनुभव करने लगे।

पुनः एकजुट होकर पाँचों योद्धा अब अंतिम युद्ध में कंधे से कंधा मिलाकर खड़े थे; परंतु समस्या खुले द्वार की थी, जिससे अभी भी धुएँ से असुर निकल रहे थे।

शीघ्र ही असुर सेनाएँ योद्धाओं के पास पहुँचने लगीं। वृषकपि ने तेजी से अपनी गदा घुमाई और उस पर वार करनेवाले हर असुर को मार गिराया। वृषकपि अमरों के पक्ष में होने के कारण युद्ध का संतुलन अमरों की ओर झुकता हुआ प्रतीत हो रहा था और असुरों को अमरों की एकजुट शक्तियों का कोई अनुमान नहीं लग रहा था।

अश्वत्थामा और परशुराम हर कीमत पर द्वार बंद करने के लिए उग्र थे; परंतु उनके समकक्षों ने अपने आक्रमणों से उन्हें रोककर रखा।

बढ़ती सेना को देखते हुए वृषकपि ने गदा से अपने प्रहार तेज कर दिए और अधिक-से-अधिक विरोधियों को मार डाला; परंतु ओम् ने उसे रोक दिया।

'वृषकपि, इन असुरों को मारने में अपना समय व्यर्थ मत करो। जितना शीघ्र हो सके, द्वार तक पहुँचने का प्रयास करो; क्योंकि यही एकमात्र उपाय है, जिससे हम उन पर नियंत्रण पा सकते हैं।'

वृषकपि का विशाल शरीर तब द्वार की ओर उछला और उसकी बलशाली भुजा ने तेजी से सभी असुरों को उड़ा दिया।

जब वृषकपि ने द्वार को लगभग बंद कर ही दिया था, ठीक उसी क्षण उसे अचानक झटका लगा, जिसने उसे द्वार से बहुत दूर फेंक दिया। उसके गिरने से भूमि काँप उठी और धूल के घने बादल ने उसे घेर लिया। वृषकपि के पतन से निराश असुरों ने द्वार की ओर देखकर चिल्लाना आरंभ कर दिया, जहाँ धुएँ के बीच से एक विशाल आकृति निकलती हुई दिखाई दे रही थी। जैसे ही धूल छँटने लगी, वृषकपि ने भी द्वार के पीछे एक विशाल आकृति देखी और वह जान गया कि यह विशालकाय वही है, जिसने उसे फेंका था। हिरण्याक्ष और हिरण्यकशिपु, जो क्रमशः भगवान् विष्णु के वराह और नृसिंह अवतारों द्वारा मारे गए थे, अपनी अनगिनत सेनाओं के साथ द्वार से बाहर आए। हिरण्याक्ष और हिरण्यकशिपु की दृष्टि वृषकपि पर थी। अब यह दो समान रूप से विशाल दिग्गजों के विरुद्ध विशाल वृषकपि था।

जब असुरों ने कृपाचार्य को घेरने का प्रयास किया तो उन्होंने अस्त्र असि का आवाहन, जो एक दिव्य तलवार थी, जिसका उद्‍देश्य दुष्टों को सीधे उनकी मृत्यु-शय्या पर भेजना था। अस्त्र उनकी पीठ पर एक चमकदार किरण के साथ उभरा, जो रक्त से रँगने हेतु सज्ज था। असि ने विरोधी सेना में अत्यंत विनाश किया; परंतु कृपाचार्य चाहे कितनी भी आक्रामकता से लड़ रहे थे, शत्रु द्वार के माध्यम से हजारों की संख्या में आते रहे। वृषकपि और कृपाचार्य अब वही अनुभव कर सकते थे, जो पहले अन्य योद्धाओं ने किया था। यद्यपि कई असुर मारे गए थे, शेष असुर परशुराम और अश्वत्थामा के अनुरूप अमर योद्धाओं पर विजय पाने के लिए पर्याप्त थे। वे फिर से घिर गए थे और उनकी आशा कम होती जा रही थी।

सबकुछ निरर्थक लग रहा था, क्योंकि दैवीय शक्तियाँ विरोधियों की विजयी हुँकारों के नीचे दब गई थीं।

परंतु इससे पूर्व कि वे वास्तव में उत्सव मना पाते, हवा में उतनी ही तेज और

अनोखी गड़गड़ाहट गूँज उठी। असुरों और अमरों के आश्चर्यचकित हो जाने से उनकी जय-जयकार बंद हो गई। हर कोई स्तब्ध था। कोई नहीं जानता था कि क्या हो रहा था और कौन आ रहा था ?

पुष्पक विमान एक बार फिर युद्धभूमि पर मँडराया; परंतु इस बार वह जिन अन्य यात्रियों को लेकर आया था, वहाँ था बलहार, जो ग्रेट औक, सेबरटूथ, ब्लैक गैंडा, मैमथ और कई विलुप्त विषैले सर्पों एवं हमलावर पक्षियों के साथ पशुओं की एक सेना का नेतृत्व कर रहा था, जो युद्ध के मैदान के केंद्र की ओर दौड़ रहे थे। और उनमें से सबसे रहस्यमयी थी निभीशा, जिसकी उपस्थिति ने ओम् को सांत्वना दी और सभी को मंत्रमुग्ध कर दिया, क्योंकि वह शारीरिक रूप से क्रूर व घातक दिखाई दे रही थी।

ओम् की स्मृति में चट्टान पर जो कुछ देखा था, उसका स्मरण करते हुए परशुराम और कृपाचार्य ने एक ज्ञानपूर्ण दृष्टि का आदान-प्रदान किया। वह मनोरम प्राणी कोई और नहीं, अपितु स्वयं निभीशा ही थी।

बलहार और उसकी सेना ने असुर सेनाओं का विनाश करते हुए घनघोर आक्रमण आरंभ कर दिया। झुंड में आए पशु परिधि के भीतर अलग-अलग दिशाओं में चले गए और अलग-अलग लक्ष्यों की पहचान की, जो बलहार एवं उसकी सेना द्वारा बनाई गई एक अचूक योजना के समान लग रही थी। कुछ ने हिरण्याक्ष की सेनाओं को निशाना बनाया, जबकि अन्य ने हिरण्यकशिपु पर वार किया। बलहार की कमान के अनुसार, सेबरटूथ ने ज्ञानगंज के अन्य भयानक मांसाहारी पशुओं की सेना का नेतृत्व किया। पशु सेना ने अब युद्ध के पैमाने को और ऊपर ले लिया था, जिससे युद्धक्षेत्र में पूरी तरह से अराजकता फैल गई थी।

बलहार ने हिरण्याक्ष पर आक्रमण किया और वे वन में शिकारियों के समान लड़ने लगे। सेबरटूथ ने उग्र होकर छोटे-मोटे असुरों को नष्ट कर दिया और उस क्रम में वह नागेंद्र पर भी कई वार करने में सफल रहा; जबकि वह निभीशा से छुटकारा पाने के लिए संघर्ष कर रहा था। यद्यपि ग्रेट ऑक उड़ान-रहित था, उसकी चोंच ही उसका अस्त्र थी, क्योंकि वह इसके माध्यम से सेनाओं पर वार कर रहा था और उन्हें विभिन्न दिशाओं में फेंक रहा था। हर कदम के साथ विशालकाय मैमथ अपने दाँतों से असुरों को पटक रहा था और कइयों को अपने विशाल पैरों के नीचे कुचल रहा था।

क्षेत्र में एकाएक हुए इस परिवर्तन से असुर पक्ष के सभी सैनिक स्तब्ध थे।

शुक्राचार्य ने श्रापित अश्वत्थामा को भ्रम पैदा करने और लक्ष्य को उनकी इंद्रियों से वंचित करने वाले त्वष्टा-अस्त्र का आवाहन की आज्ञा दी। श्रापित अश्वत्थामा ने अपने नेत्र बंद कर लिये, त्वष्टास्त्र का आवाहन किया और उसे ज्ञानगंज की सेना पर चला दिया। ज्ञानगंज की सेना तुरंत एक-दूसरे के विरुद्ध हो गई और अमरों पर वार करने लगी। परंतु केवल निभीशा ही अचंभित थी। जैसे ही बलहार ने कृपाचार्य पर वार किया, पशुओं ने भी अमरों पर धावा बोल दिया। राहत का एक क्षण दुःस्वप्न में परिवर्तित हो गया था! निभीशा ओम् के पास पहुँची और उसे प्रहारों से मुक्त किया। फिर ओम् ने मोहिनी अस्त्र का आवाहन, जिससे भ्रम टूट गया और सभी की इंद्रियाँ पुनर्जीवित हो गईं। बलहार और ज्ञानगंज की सेना को पुनर्जीवित किया गया।

निभिशा ने ओम् के लिए मनोवैज्ञानिक युद्ध जीत लिया था। यद्यपि नागेंद्र के पास ओम् के समान शक्तियाँ थीं, किंतु अब वह तुलनात्मक रूप से निर्बल था, क्योंकि निभीशा ओम् के पक्ष में थी। निभीशा ने प्रहार के लिए कोई स्थान नहीं छोड़ा और नागेंद्र पर ऐसे वार किया, जैसे वह उसका सबसे बड़ा शत्रु हो। इससे ओम् को अपना ध्यान दूसरों पर केंद्रित करने का अवसर मिला। निभीशा नागेंद्र पर हावी होती रही और उसे निरंतर घायल करती रही; परंतु साथ ही नागेंद्र की चोटें भी ठीक होती रहीं। नागेंद्र ने उसे पकड़ने का प्रयास किया, परंतु ऐसा करने में असमर्थ रहा, क्योंकि उसका हर अंग जोश से भारी था। इस बार नागेंद्र को हर उस पीड़ा का मूल्य चुकाना था, जो उसने निभीशा को दिया था।

जैसे ही वृषकपि ने पुनः द्वार बंद करने का प्रयास किया, हिरण्यकशिपु ने उसे पकड़ लिया। युद्ध तीव्र हो गया, क्योंकि हिरण्यकशिपु ने वृषकपि को एक बार फिर दूर धकेलकर कहर बरपाया। अपने विशाल आकार के पश्चात् भी वृषकपि असुरों के विरुद्ध असफल हो रहा था। बलहार ने विशाल पक्षियों को हिरण्याक्ष को व्यस्त रखने का आदेश दिया, ताकि वह वृषकपि की सहायता के लिए जा सके। तब हिरण्यकशिपु ने अस्त्र को बुलाने के लिए अपने नेत्र बंद कर लिये। परंतु एकाएक झटके से उसकी एकाग्रता टूट गई। बलहार ने स्वयं को हिरण्यकशिपु के विरुद्ध खड़ा कर दिया था और वार करना आरंभ कर दिया था। युद्ध में अब हिरण्यकशिपु एक ओर बलहार से लड़ रहा था और दूसरी ओर वृषकपि से। इस जोड़ी ने क्रोधित हिरण्यकशिपु पर प्रहार किया, जिसने अपनी पूरी शक्ति के साथ बलहार पर प्रहार किया। झटका इतना जोरदार था कि बलहार के कंधे की हड्डी टूट गई। वृषकपि ने अपने मित्र की रक्षा करने का प्रयास किया, परंतु बलहार ने उसे द्वार की ओर जाकर

उसे बंद करने का संकेत दिया। तब तक वह असुरों को उलझाए रख रहा था। किसी टूटे बाँध से बाढ़ की भाँति असुर द्वार से बाहर निकलते रहे।

'बहुत हो गया, निभिशा!' नागेंद्र चिल्लाया और उसके मुख पर एक भी शक्तिशाली मुक्का मारा। नागेंद्र ने आगे कहा, 'क्या तुम भूल गई हो कि मैंने तुम्हें कैसे दंडित किया था और तुम्हारी अनिष्ठा के लिए तुम्हें कैसे कष्ट सहना पड़ा था?' नागेंद्र के हिंसक व्यवहार के स्मरण ने निभीशा के आत्मविश्वास को हिला दिया और इस बार वह हीन अनुभव करने लगी। उसने धीरे से गुर्राते हुए ओम् की ओर देखा, जो कुछ दूरी पर कृपाचार्य के साथ मिलकर असुरों से लड़ रहा था।

बलहार को गहरी चोट लगी, परंतु वह फिर से उठने का प्रयत्न करता रहा। उसका लहूलुहान शरीर धीरे-धीरे प्राण त्यागने लगा था, जिससे उसके लिए अपने कर्तव्यों को पूरा करना अधिक कठिन हो गया था।

बलहार ने सहायता माँगते हुए वृषकपि की ओर देखा; परंतु उसे द्वार तक पहुँचने के लिए जूझते और संघर्ष करते हुए पाया। उसने देखा कि कृपाचार्य असुरों से घिरे हुए थे और अपने अस्त्र-शस्त्रों से उन पर आक्रमण कर रहे थे। बलहार उनकी ओर लपका और झुंड को तोड़ दिया—आक्रामक रूप से गुर्राते हुए, उन्हें कुचलते हुए और धक्का देते हुए। उसकी दहाड़ पूरे मंदिर परिसर में और बाहर भी गूँज उठी। एक बार फिर अपनी पूरी शक्ति से गरजते हुए उसने अपने रास्ते में या कृपाचार्य के पास आने वाले हर असुर को धराशायी कर दिया। कृपाचार्य ने क्षणिक राहत ली और अन्य असुरों की ओर मुड़ गए, जो घातक थे और अभी भी परिसर में बिखरे हुए थे। अब तक बलहार परिश्रांत हो गया था और घायल हो गया था तथा अपनी पकड़ खो रहा था। उसके शरीर पर जगह-जगह घाव हो गए थे और अत्यंत रक्त बह गया था। उसके सफेद बालों में लगे रक्त के छींटों से पता चल रहा था कि वह कितना घायल था। बलहार में अभी भी अधिक जोश और वीरता शेष थी। उसने कुछ साँसें लीं और पुनः वार करने हेतु दृढ़ होकर खड़ा हो गया। जैसे ही उसने अपना हाथ दोबारा उठाया, एक फरसा पीछे से उड़ता हुआ सीधे उसकी ओर आया और बलहार का मस्तक धड़ से अलग होकर भूमि पर लुढ़क गया।

'बलहार!' कृपाचार्य की तेज चीख ने सभी का ध्यान खींचा। एक क्षण के लिए सबकुछ रुक गया। इस प्रतिक्रिया के पीछे श्रापित परशुराम ही थे। असुरों ने विजय का बिगुल बजाया, जो एक पौराणिक परंपरा थी। जब भी कोई योद्धा युद्ध-भूमि में परास्त हो जाता था, बिगुल बजाया जाता था। कृपाचार्य को वह समय स्मरण

आ गया, जब पांडवों के बिगुल ने कुरुक्षेत्र में द्रोणाचार्य को दिए गए युधिष्ठिर के उत्तर को दबा दिया था। ओम्, वृषकपि, परशुराम, अश्वत्थामा और निभीशा ने मौन होकर शोक मनाया। वृषकपि, जो हवा की गति से दौड़ रहा था, एकाएक रुक गया और बलहार को दिए अपने वचन को स्मरण करते हुए मन-ही-मन रोने लगा। 'मैं तुम्हारी रक्षा करूँगा, मेरे मित्र। जब भी तुम्हें मेरी आवश्यकता हो तो मुझे बुला लेना।' नागेंद्र ने उस क्षण का लाभ उठाया और अपना खड्ग निकाल लिया; एक तलवार, जो मायावी प्राणियों का वध कर सकती थी और माया को भंग कर सकती थी तथा अपने विरोधियों को निर्दयी रूप से मार सकती थी। उसने उसका प्रयोग निभीशा पर किया और उसे विभिन्न स्थानों पर काट दिया।

निभिशा की पीड़ा-भरी चीख सुनकर ओम् बीच में ही मुड़ गया और अपने मित्र की रक्षा करने हेतु नागेंद्र की ओर दौड़ पड़ा। एक बार फिर नागेंद्र, ओम् और निभीशा के बीच युद्ध आरंभ हो गया; परंतु इस बार ओम् अधिक शक्तिशाली, अधिक लचीला व दृढ़ था और ओम् को पुन: अपने साथ पाकर निभीशा पहले की तुलना में अधिक गतिशील और ताकतवर थी। दोनों मिलकर नागेंद्र को परास्त करने हेतु आश्वस्त थे। निभीशा की नागिन की पूँछ ने नागेंद्र के एक हाथ को पकड़ लिया और उसकी हाथी की सूँड़ ने नागेंद्र के पैरों को पकड़ लिया, जिससे उसका संतुलन बिगड़ गया। नागेंद्र ताश के पत्तों के ढेर के समान ढह गया, जब निभीशा एक पूर्ण हाथी में परिवर्तित हो गई और नागेंद्र की छाती पर चढ़ गई। उसे आशा थी कि वह पीड़ा से चिल्लाएगा; परंतु ऐसा कुछ नहीं हुआ, क्योंकि नागेंद्र की उपचार क्षमताओं ने उसे तुरंत पुनर्जीवित कर दिया!

ओम् और निभीशा को विश्वास था कि वे इस बार नागेंद्र को निर्वस्त्र कर देंगे और उसे बंदी बना लेंगे; परंतु ओम् उस पर वार करता, उससे पूर्व हिरण्यकशिपु ने उसे पीछे से खींच लिया और नागेंद्र और निभीशा से दूर फेंक दिया।

ओम् अपने पैरों पर खड़ा हो गया और हिरण्यकशिपु को नागेंद्र तथा अपने बीच खड़ा पाया। बलहार की मृत्यु के पश्चात् हिरण्यकशिपु को नष्ट करने हेतु एक प्रतिद्वंद्वी की आवश्यकता थी और उस स्थान पर उसने ओम् को पाया। ओम् ने निभीशा को संकेत दिया कि वह नागेंद्र को थोड़ी देर और पकड़कर रखे, जब तक वह हिरण्यकशिपु से छुटकारा नहीं पा लेता। निभीशा ने सहमति से सिर हिलाया और ओम् चला गया।

नागेंद्र ने ओम् एवं निभीशा की बातचीत को देखा और जान-बूझकर स्वयं को

निभीशा के पैर के नीचे तब तक दबाए रखा, जब तक कि ओम् मुड़कर चला नहीं गया। पलक झपकते ही, जब वह भूमि पर ही था, तब उसने अपना खड्ग उसकी सूँड़ को काटने हेतु घुमाया। निभीशा पीड़ा सहन नहीं कर सकी और कराहते हुए भूमि पर गिर गई। उसकी मर्मांतक चीखें पूरे वातावरण में गूँज उठीं। सभी ने निभीशा को पीड़ा से कराहते हुए देखा; और फिर तुरंत उसकी चीख एक शेर की दहाड़ में परिवर्तित हो गई। काफी दूर तक गूँजती दहाड़ के साथ शेर नागेंद्र के पास पहुँचा, जबकि ओम् वृषकपि की सहायता के लिए गया।

इससे पूर्व कि नागेंद्र पलटवार करने के बारे में विचार भी कर पाता, शेर का जबड़ा नागेंद्र की कमर पर चिपक गया था। नागेंद्र ने अपने ऊपर शेर की पकड़ ढीली करने के लिए संघर्ष किया; परंतु उसके दाँतों ने उसे चीर दिया, जिससे उसकी कमर फट गई। नागेंद्र ने तुरंत एक असुर से भाला छीन लिया और शेर की कमर पर वार कर दिया। कुछ देर तक शेर का जबड़ा नागेंद्र पर कसा रहा; परंतु क्रूरता तब असहनीय हो गई, जब नागेंद्र ने अपनी पीठ में छुपी खुखरी से शेर के नेत्र में छेद कर दिया। पीड़ा इतनी तीव्र थी कि निभीशा नामक शेर ने अंततः उसे छोड़ दिया। नागेंद्र ने भाला कसकर पकड़ लिया और शेर के शरीर पर निरंतर प्रहार किया, जब तक निभीशा का वह भाग धीरे-धीरे लुप्त नहीं हो गया। कुछ ही समय में निभिशा के आठ भागों में से दो नागेंद्र के हाथों मार दिए गए और उसके पास केवल छह भाग शेष थे, जिनमें वह रूपांतरित हो सकती थी।

पीड़ा से कराहते हुए निभीशा एक लंबी नागिन में परिवर्तित हो गई और नागेंद्र की ओर रेंगने लगी। उसने अपना आकार बढ़ाया और स्वयं को उसके पैरों से लेकर उसकी छाती तक लपेट लिया, अपनी पकड़ कस ली और उसके शरीर को हिलने से रोक दिया। निभीशा ने अपना सर्प का मुख खोला और नागेंद्र के पूरे शरीर को निगल लिया। नागेंद्र उसके तीव्र परिवर्तनों से चकित रह गया था। उसने विचार किया कि इस बार वह नागेंद्र को अधिक देर तक पकड़ सकती है, परंतु उसे इस बात का आभास नहीं था कि खुकरी की नोक पहले ही उसकी सर्प के देह के भीतर एक स्थान में घुस चुकी थी। अधिक हिले-डुले बिना नागेंद्र चाकू को इतना गहरा फँसाने में सफल रहा कि उसने सर्प को दो भागों में काट दिया और वह निभीशा के रक्त से लथपथ होकर बाहर आया। नागेंद्र के वार से व्यथित निभीशा ने अपने तीसरे शरीर के खोने का शोक नहीं मनाया और तुरंत एक बाघ में परिवर्तित गई। इस बार अपनी चाल में तेज बाघ ने बेजोड़ गति से नागेंद्र को खरोंच दिया और काट लिया।

अंत में, उसने उसकी गरदन पर झपट्टा मारा और उसे इतनी दृढ़ता से जकड़ लिया कि नागेंद्र को साँस लेने के लिए हाँफते हुए उसकी पकड़ को तोड़ने के लिए संघर्ष करना पड़ा। जैसे ही बाघ ने सामने से वार किया, वह बाघ के मुख तक पहुँच गया और अपने नंगे हाथों से बाघ के पंजे की तरह हिंसक रूप से उस पर प्रहार कर दिया। इससे निभीशा चकित रह गई और नागेंद्र ने क्रोधित होकर उसका जबड़ा दो हिस्सों में फाड़ दिया।

जैसे ही निभीशा का पतन हुआ, नागेंद्र पहले से अधिक शक्तिशाली हो गया। निभीशा अब विकृति और अपूरणीय क्षति के कगार पर थी। फिर भी, उसने नागेंद्र को रोकने के लिए, अपने मित्र के लिए और अपने अतीत के लिए, अपनी अंतिम साँस तक लड़ने का निर्णय लिया। अडिग व दृढ़ निश्चयी निभीशा अब एक विशाल मादा कुत्ते के रूप में अपने स्थान पर डटी रही। यह जानते हुए भी कि नागेंद्र की शक्तियों का कोई सामना नहीं कर सकता था, वह नागेंद्र के पास आई, गुर्राने लगी और इतनी जोर से भौंकने लगी कि उससे कोई भी मनुष्य भय से काँप उठे; परंतु नागेंद्र पर उसका कोई असर नहीं हुआ और वह उसकी अपेक्षा से कहीं अधिक सतर्क था। इससे पूर्व कि वह एक और अंग हिला पाती, नागेंद्र ने अपनी खुखरी और अपना खड्ग उसके मुख के नीचे की परतों में घुसा दिया, जिससे उसका मुँह खुला रह गया। खड्ग के हत्थे पर अपनी पकड़ बनाए रखते हुए उसने उसके मुख को इतनी तेजी से दो भागों में चीर दिया कि इस बार उसे चीखने या सिसकने तक का अवसर नहीं मिला।

पराजित होकर और असहनीय कष्ट में डूबकर निभीशा एक बैल में परिवर्तित हो गई और एक पशु के समान ओम् की ओर घातक रूप से दौड़ी—अपने कूबड़ व सींगों से अपने रास्ते में आनेवाले हर असुर को पटक-पटककर मारते हुए। असुरों ने उस पर प्रहार करके इतना घायल किया कि मरने से पूर्व उसका काँपता हुआ शरीर ओम् के चरणों में गिर गया।

'नहीं, निभीशा!' ओम् की स्वर पहले कभी इतना तेज नहीं सुनी गई थी।

एक बार तो योद्धाओं को लगा कि उन्होंने निभीशा को भी खो दिया था। नागेंद्र की विजयी मुसकान की कोई सीमा नहीं थी, क्योंकि उसने निभीशा को एक के बाद एक अपने गुणों को खोते देखा। इस बार निभीशा एक स्त्री बन गई। अब युद्ध के मैदान में एक सुंदर स्त्री उपस्थित थी और हर जीवित असुर उसकी त्वचा का एक टुकड़ा चखना चाहता था।

'यह कलियुग नहीं तो क्या है ?' युद्धक्षेत्र में उपस्थित प्रत्येक महान् आत्मा ने विचार किया। परंतु मानव रूप में निभीशा उन सबको यह बताने ही वाली थी कि कलियुग में अभी भी आशा शेष थी। उसने ओम् और अश्वत्थामा से शस्त्र माँगे और एक देवी के समान असुरों पर आक्रमण कर दिया। उसने अन्य सभी योद्धाओं का भार उतारते हुए स्वयं अपना युद्धक्षेत्र तैयार किया। असुरों ने उसे एक निर्बल योद्धा के रूप में देखा और समझा कि अमरों की तुलना में, जिनके पक्ष से वह लड़ रही थी, उसे परास्त करना आसान होगा। कायर यही करते हैं।

'मैं समर्पण नहीं करूँगी। यदि युद्धभूमि में पराजित हो गए और मृत्यु स्वीकार करनी पड़े, तो हम निश्चित रूप से शाश्वत महिमा और मोक्ष प्राप्त करेंगे।' निभीशा के अट्टाहास व शब्दों ने ज्ञानगंज के सभी अमरों और पशुओं को आत्मविश्वास से कर दिया।

दूसरी ओर, ओम् एवं नागेंद्र के बीच एक और लड़ाई छिड़ गई, जो क्रोध और प्रतिशोध से भरी हुई थी। दुष्ट परशुराम ने अपने शत्रु को सदैव के लिए समाप्त करने हेतु ब्रह्मास्त्र का आवाहन किया। यदि ओम् नहीं तो ब्रह्मास्त्र वृषकपि सहित ओम् के आसपास ज्ञानगंज के कई अन्य पशुओं को भार सकता था। इससे शुक्राचार्य की विजय निश्चित थी। परंतु जिस क्षण ब्रह्मास्त्र को ओम् पर चलाया गया, निभीशा उसकी ढाल के रूप में प्रकट हुई और ओम् के आसपास के सभी जीवनों को बचाने हेतु अस्त्र को भस्म कर दिया। उसने यह सब अपने भीतर समाहित कर लिया, ठीक वैसे ही जैसे उत्तरा ने तब किया था, जत्र अश्वत्थामा ने कुरुक्षेत्र के युद्ध के अंत में 'ब्रह्मशिरस का प्रयोग किया था, जिसके लिए उसे कृष्ण द्वारा शाप दिया गया था। ओम् असहाय अनुभव कर रहा था, क्योंकि वह जानता था कि वह उसकी रक्षा नहीं कर सकता। शीघ्र ही, उसने अपने स्त्री अंग को भी नष्ट होते देखा, अस्त्र के प्रभाव को झेलते हुए और अपने सभी नए मित्रों को सुरक्षित करने हेतु मुसकराते हुए।

निभिषा की सुंदर स्त्री के अवतार ने ओम् को मासूमियत से देखा, उसे एक सांत्वना भरी मुस्कान दी, जैसे कह रही हो—सब ठीक है, मेरे मित्र।

निराश ओम् निभीशा की भव्यता के एक और अंग की मृत्यु को खड़े रहकर देखने के उपरांत कुछ नहीं कर सकता था। उसके मन को उनकी पहली भेंट की स्मृति आ गई—कैसे वह हर सुख-दुःख में उसके साथ खड़ी रही और कैसे उसने युगों तक उसकी प्रतीक्षा की। वह निष्ठा, प्रेम, करुणा और प्रतिबद्धता की सच्ची परिभाषा थी।

ब्रह्मास्त्र निभीशा के मानव रूप को कुचलकर नष्ट करने के पश्चात् अदृश्य हो गया। वह चली गई। जो शेष था, वह सिर्फ एक पैर था—अश्व का एक पैर! निभीषा अंततः एक प्राचीन सफेद अश्व के रूप में उभरी। यह उसका अंतिम दिखाई देने वाला शरीर था और उसके भीतर जो कुछ शेष था, वह था एक ऑक्टोपस का धड़कता हुआ हृदय।

आसुरी सेना किसी अनंत समुद्र के भाँति कल्लारा द्वार से बाहर निकलती रही। वृषकपि ने कई बार हिरण्यकशिपु पर वार किया; परंतु हिरण्याक्ष पुनः अपने भाई के साथ जुड़ गया था। दो शक्तिशाली असुरों ने वृषकपि पर जोरदार मुक्के बरसाए, जिनके पास उन प्रहारों पर प्रतिक्रिया करने का भी समय नहीं था।

इस बीच, अश्वत्थामा अपने दुष्ट अनुरूप के विरुद्ध अत्यंत परिश्रांत व निर्बल होता जा रहा था, जिस कारण दुष्ट अश्वत्थामा को महान् अश्वत्थामा पर अपनी विजय का आभास हो रहा था और उसने तुरंत सहायता के लिए अपने साथियों को बुलाया। असुरों के एक समूह ने महान् अश्वत्थामा को घेर लिया और उसे दृढ़ता से पकड़ लिया तथा संघर्ष करते समय उसे भागने का कोई अवसर नहीं दिया। उन्होंने अश्वत्थामा के चारों ओर अपनी सेना की कई परतें तैयार कीं। अश्वत्थामा, एक साहसी योद्धा और कुशल धनुर्धर, अब अपने ही भय से पिंजरे में बंद एक फँसे हुए पक्षी से कम नहीं लग रहा था। अपने नकारात्मक पहलुओं को पुनः स्वयं पर हावी होने के भय ने उसे विकलांग बना दिया और वह स्वयं को मुक्त कराने का प्रयास भी नहीं कर सका।

दुष्ट अश्वत्थामा एक स्वतंत्र आत्मा के समान आत्मविश्वास से चल रहा था और उसने महान् अश्वत्थामा पर अपनी दृष्टि बनाए रखी, जिससे वह अपने भाग्य के निकट पहुँच गया; जबकि अमर अश्वत्थामा पीड़ा से कराहते हुए निर्बल व अपंग प्रतीत हो रहा था। उसकी तीखी चीखें रणभूमि में गूँज उठीं और सभी के सिर उसकी ओर मुड़ गए। जैसे ही भयावह अश्वत्थामा अपने दूसरे आधे भाग के समीप पहुँचा, जिन असुरों ने उसे बंदी बना लिया था, वे प्रसन्नता से झूम उठे। जब उसने कृपाचार्य और ओम् की ओर देखा तो उसके शरीर का हर अंग काँप रहा था, जो उसकी सहायता के लिए दौड़ना चाहते थे और स्वयं को अपने शत्रुओं से मुक्त कराना चाहते थे; परंतु तभी शुक्राचार्य का तेज स्वर हवा में गूँज गया।

'हे असुर! यह हमारा अवसर है! उसके किसी भी सहयोगी को उस तक पहुँचने न दो! चाहे कुछ भी करना पड़े, उन्हें अश्वत्थामा से दूर रखो।' यह वह

क्षण था, जब असुर लगभग विजयी हो गए थे और चक्रव्यूह के समान एक संरचना बनाई गई थी, जो अटूट दिख रही थी। अश्वत्थामा अकेला फँस गया था।

दुष्ट अश्वत्थामा अब अपने निर्बल अनुरूप के समक्ष खड़ा हो गया और उसे आलिंगन करने से पूर्व सीधे उसके नेत्रों में देखने लगा। जैसा कि उन्होंने तब किया था, जब पृथक् व्यक्तित्व यज्ञ के ठीक पश्चात् उन्हें विभाजित कर दिया गया था, उसने महान् अश्वत्थामा के नेत्रों में गहराई से देखा, जिससे उसमें शेष आशा की अंतिम डोर भी टूट गई। यही वह दृष्टि थी, जिसने अश्वत्थामा को उसके अनंत जीवन में पहली बार, परंतु अंतिम बार नहीं, भयभीत कर दिया था। श्रापित अश्वत्थामा ने उसका कसकर आलिंगन किया और इस प्रकार, उनका अशुभ पुनर्मिलन हुआ। जैसे ही दुष्ट अश्वत्थामा ने महान् अश्वत्थामा को निगल लिया, घने कुहरे ने दोनों को घेर लिया। अश्वत्थामा का पवित्र शरीर अब कुष्ठ रोग से ग्रस्त हो गया था। उसकी श्रापित अवस्था ने उसके अनैतिक अमर के अस्तित्व को पुनर्जीवित कर दिया था। भीतर एक बोझिल युद्ध के पश्चात् अश्वत्थामा की बुराई ने उसकी अच्छाई को नष्ट कर दिया। उसकी विजयी हँसी उनके आसपास के उत्सव मनाते असुरों के साथ तालमेल बिठा रही थी।

चक्रव्यूह के भीतर असुरों ने एक और विजय का बिगुल बजा दिया। इससे कृपाचार्य का मनोबल टूट गया, क्योंकि उन्हें अपने भानजे को एक बार फिर खोने का दु:ख सता रहा था। तेजस्वी अश्वत्थामा आसुरी अश्वत्थामा से पराजित हो गया था। यह पवित्र पर श्रापित की विजय थी।

'अश्वत्थामा हतो हत:।' कृपाचार्य ने अत्यंत निराश होकर परशुराम की ओर देखते हुए धीमे स्वर में कहा, जिसका अर्थ था—हमने अश्वत्थामा को खो दिया है।

□

16

एक जीवंत बुरा स्वप्न

"दोनों अश्वत्थामाओं के पुनर्मिलन पर असुरों के विजयी बिगुल को सुनकर परशुराम चिंतित हो गए। उन्होंने उस कष्ट का अनुभव किया, जो केवल अश्वत्थामा के पिता द्रोणाचार्य ने पहले अपने पुत्र की मृत्यु का समाचार सुनने पर अनुभव किया था, जो कि कुरुक्षेत्र के युद्ध में उनकी मृत्यु से पूर्व हुआ था। बलहार, निभीशा और अश्वत्थामा का चले जाना अमरों के लिए एक निराशापूर्ण क्षति थी, और अब उनकी संख्या कम हो गई थी। रणभूमि शवों से भरी हुई थी और मिट्टी रक्त से लाल रंग की हो गई थी। अमर योद्धा अब असुरों की बढ़ती शक्ति से लड़ने के लिए पर्याप्त नहीं थे, जो एक-एक कर सभी युद्ध जीत रहे थे, विजयी ध्वज हथियाने और पृथ्वी पर अपना वर्चस्व बहाल करने के निकट पहुँच रहे थे। एक युद्ध, जो सतयुग में आरंभ हुआ था, अंततः कलियुग में अपने समापन पर पहुँचने वाला था।" पृथ्वी ने कहा, जब मिसेज बत्रा समझने लगीं कि कैसे इस गाथा का आरंभ हुआ था और कैसे यह अपने अंत की ओर बढ़ रही थी।

परशुराम अपनी श्रापित छवि को पराजित करने में असफल हो रहे थे। धर्मनिष्ठ अश्वत्थामा पर विजय प्राप्त करने के पश्चात् असुरों को एक और शक्तिशाली योद्धा प्राप्त हो गया था। बलहार की मृत्यु हो गई थी और निभीशा को क्षत-विक्षत कर दिया गया था। वृषकपि अभी भी कल्लारा का द्वार बंद नहीं कर पाया था और ओम्, नागेंद्र को परास्त करने के लिए संघर्ष कर रहा था। युद्ध का घटनाक्रम अमरों की पराजय की ओर संकेत कर रहा था।

अश्वत्थामा की रक्षा करने में असमर्थ होने के कारण कृपाचार्य अपराध-बोध से दबे हुए थे और अपने मार्ग में आने वाली आग की लपटों से लड़ते रहे और उन्हें एक ओर धकेलते रहे। जब कृपाचार्य अपनी रक्षा करने और असंख्य असुरों पर आक्रमण करने में लगे हुए थे, तब निराशाजनक भाव और काँपती हुई गुर्राहट के

साथ अश्वत्थामा दूसरे छोर से कृपाचार्य की ओर बढ़ा।

अश्वत्थामा क्रोधित होकर कृपाचार्य को भस्म करने हेतु तत्पर दिख रहा था। उसका आक्रमण इतना भीषण था कि कृपाचार्य तोप के गोले की भाँति दूर जा गिरे। इसे ज्ञानगंज सेना पर कहर बरपाने के सुनहरे अवसर के रूप में देखते हुए श्रापित परशुराम ने नागास्त्र का आवाहन किया और कुछ ही क्षणों में सहस्त्र सर्प युद्धभूमि में रेंगने लगे, विष उगलने लगे और ज्ञानगंज के पशुओं में मृतकों की संख्या को बढ़ाते रहे।

श्रापित परशुराम के नागास्त्र के प्रहार के पश्चात् शांत होकर पवित्र परशुराम दूर खड़े हो गए और विचार करने लगे कि वे सर्पों की इस सेना को कैसे निष्क्रिय कर सकते थे? एक अस्त्र, जो उन सर्पों को तुरंत रोक सकता था, वह था सौपर्णास्त्र, जो सहस्त्र सर्प खाने वाले पक्षियों को छोड़ देता था, इसलिए यह नागास्त्र का एक उचित प्रतिकार था। सकारात्मक अनुभव करते हुए परशुराम ने सौपर्णास्त्र का आवाहन किया, क्योंकि यह अस्त्र एक आदर्श विकल्प था। सौपर्णास्त्र ने सहस्त्र सर्प खाने वाले पक्षियों का एक विशाल झुंड छोड़ा, जो संपूर्ण आकाश में भर गया।

युद्ध और अधिक घातक होता जा रहा था। आसुरी अश्वत्थामा उस अश्वत्थामा के लिए कृपाचार्य के कोमल हृदय का लाभ उठा रहा था, जिसे उन्होंने कुछ क्षण पहले खो दिया था। कृपाचार्य अभी भी अपनी निर्बल भावनाओं एवं शक्तिशाली अस्त्रों को संतुलित करने में संघर्ष कर रहे थे और अश्वत्थामा बिना किसी दया के उन पर प्रहार कर रहा था। पलक झपकते ही कृपाचार्य की छाती पर अश्वत्थामा के लंबे व गहरे घाव के कारण अत्यधिक रक्तस्राव होने लगा। उस क्षण तक कृपाचार्य श्रापित मुख के पीछे महान् अश्वत्थामा को खोज रहे थे; परंतु दुर्भावनापूर्ण प्रहार ने उन्हें उत्तर दिया कि उसके भीतर की सारी अच्छाइयों पर बुराई ने विजय प्राप्त कर ली थी। अत: कृपाचार्य ने अपना धनुष पुन: उठाया और अश्वत्थामा पर आक्रमण कर दिया। कृपाचार्य ने उनके पास जो कुछ था, वह सब बरसा दिया, जिससे अश्वत्थामा घुटनों पर आ गया। कृपाचार्य ने इतनी शक्ति के साथ अश्वत्थामा पर प्रहार किया कि अश्वत्थामा की पराजय निश्चित लग रही थी।

युद्धभूमि में दूसरी ओर परशुराम ने और अधिक जोश के साथ परशुराम से युद्ध किया। क्रोधित परशुराम ने शिशिर अस्त्र का आवाहन किया, जो चंद्र देव का एक प्रक्षेपास्त्र था, जो सबकुछ जमा सकता था। अस्त्र का आवाहन होते ही उसने युद्धभूमि में अपने पंख फैला दिए थे। यहाँ तक कि ज्ञानगंज के पशु, जो अत्यधिक

ठंडे तापमान से प्रतिरक्षित थे, भी अस्त्र से प्रभावित थे। इसने कृपाचार्य को भी निराश कर दिया, जो आक्रामक रूप से अश्वत्थामा पर विजय पाने हेतु उसकी ओर बढ़ रहे थे। शिशिर अस्त्र का प्रभाव देखकर महाबली परशुराम ने सूर्यास्त्र का आवाहन किया, जिसने चकाचौंध कर देने वाली रोशनी और सूर्य की गरमी छोड़ी; कुछ ऐसा, जो शिशिर अस्त्र के प्रभाव को समाप्त कर सकता था। अपनी शक्तियों को कम होते देख और कृपाचार्य की दैवीय शक्तियों के सामने स्वयं को निर्बल पाते हुए, दुष्ट अश्वत्थामा ने सूर्यास्त्र के चमकदार प्रकाश का लाभ उठाया और अपने कुष्ठ-शापित शरीर को लिये रेंगते हुए परिधि से भाग निकला। चूँकि वह अपने प्रतिद्वंद्वी के साथ लड़ने में फँस गए थे, परशुराम अश्वत्थामा को भागते हुए देखने के उपरांत कुछ नहीं कर सकते थे। जब तक कृपाचार्य सूर्यास्त्र के चकाचौंध प्रकाश से मुक्त हुए, अश्वत्थामा जा चुका था।

दूसरी ओर, शुक्राचार्य द्वार खुला रखने और किसी भी अमर को उस तक न पहुँचने देने की अपनी विजय का आनंद ले रहे थे, जबकि वे सबसे बड़ी सेना के आने की प्रतीक्षा कर रहे थे। भयभीत और परिश्रांत, अपनी पराजय की संभावना अनुभव करते हुए अमर यह समझने में असफल रहे कि वे कहाँ चूक रहे थे। वे जितने असुरों को परास्त करते, उतने ही खुले द्वार से बाहर आते जाते। असुरों की सेना अनंत लग रही थी।

पद्मनाभ स्वामी मंदिर में युद्ध धीरे-धीरे नागेंद्र और उसके दल के लिए अंतिम विजय में परिवर्तित होता जा रहा था और अमरों के लिए एक पूर्ण आपदा प्रतीत हो रहा था, क्योंकि वे हर बीतते क्षण के साथ ताकत में निर्बल और संख्या में कम होते जा रहे थे।

असुर युद्धभूमि पर हावी हो रहे थे और उस पर उनका पूरा नियंत्रण था। नागेंद्र ने ओम् से युद्ध किया, जिसके पक्ष में निभीशा थी। आसुरी परशुराम, परशुराम से एक कदम आगे था, जो असुरों को अपने ऊपर हावी होने का आभास हो रहा था। कृपाचार्य ने निराशापूर्वक इधर-उधर अश्वत्थामा को ढूँढ़ने हेतु देखा, परंतु उसके पश्चात् वृषकपि का समर्थन करने हेतु चले गए, क्योंकि वृषकपि शक्तिशाली आसुरों हिरण्यकशिपु एवं हिरण्याक्ष के विरुद्ध अकेले संघर्ष कर रहा था। एकाएक सबकुछ रुक गया।

असुर एवं अमर थम गए और हर किसी का ध्यान कल्लारा द्वार की ओर गया, जहाँ धुएँ के पीछे से असंख्य कदमों की तेज आवाजें गूँज रही थीं। रणभूमि पर

शांति के इस क्षण में अमरों के पक्ष का हर योद्धा यह जानने हेतु एकत्र हो गया कि एकाएक युद्ध में ऐसे परिवर्तन के पीछे क्या कारण था। सबकी दृष्टि द्वार पर टिकी थीं, जो अब हिलने लगा था। जैसे-जैसे वे युद्धभूमि के निकट पहुँच रहे थे, दिल दहला देने वाली कदमों की ध्वनी और तेज होती जा रही थीं।

और फिर असुरों ने जोर से जयकारा लगाया, जो सातवें आसमान तक गूँज उठा।

अंततः, असुरों की सबसे बड़ी सेना का आगमन हो गया था। अमर, जो अब तक द्वार तक पहुँचने से दूर थे, अब सहस्त्रों अन्य सिरों को ताज पहने हुए देख रहे थे। उनके आगमन का स्वागत असुर सेनाओं में गूँजते जयकारों से हुआ, जैसे कि उन्हें पता हो कि उनकी विजय अब निश्चित थी!

□

"और क्या शेष था? और कौन आ रहा था? अमरों को जिन चुनौतियों का सामना करना पड़ा, क्या वे पहले से ही पर्याप्त नहीं थीं?" मिसेज बत्रा उत्सुक थीं।

पृथ्वी ने कहा, "अभी तक न तो लड़ाई पूरी हुई है और न ही द्वार खोलने का उद्देश्य पूरा हुआ है।"

"वे आक्रमण उस शत्रुता का एक उदाहरण मात्र थे, जो समय के उन बंदियों ने अमरों और उस पृथ्वी के विरुद्ध योजना बनाई थी, जिसकी उन्होंने रक्षा करने का वचन लिया था।"

सर्वप्रथम हिरण्याक्ष और हिरण्यकशिपु से भी बड़ा एक विशाल व्यक्तित्व उभरा। उसके साथ था एक मुकुटधारी शक्तिशाली व्यक्ति, जो सेना का नेतृत्व कर रहा था। मुकुटधारी असुर कल्लारा द्वार से बाहर निकला और उसने हाथ जोड़कर शुक्राचार्य का अभिवादन किया। जैसे ही वह अराजक व असंगठित युद्ध पर पूर्ण नियंत्रण लेने हेतु आगे बढ़ा, असुरों की एक नई सेना ने उसका पीछा किया।

उस व्यक्ति में एक राजसी भाव झलक रहा था और उसकी वीरता उसकी चाल में स्पष्ट झलक रही थी। वह एक बहु-स्तरीय पोशाक पहने हुए था, जिसमें अमूल्य रत्नों के साथ-साथ नौ सबसे दुर्लभ और सबसे उत्तम मोतियों से बना एक हार था। उसकी शक्ति से उसका मुख दमक रहा था, जिसे देखकर सभी लोग मंत्रमुग्ध हो गए थे। जबकि कई असुर उसके प्रभावशाली व्यक्तित्व की उपस्थिति से प्रसन्न थे, कुछ अचंभित रह गए और अन्य भयभीत हो गए, क्योंकि वे उसकी क्रूरता की सीमा से अवगत थे।

असुर सेनाएँ, जो अब तक अमरों को कठिन समय दे रही थीं, हाथ जोड़कर झुक गईं और राजसी पुरुष के लिए मार्ग बनाने लगीं। उसने स्थान का निरीक्षण किया और अपने अधीनस्थ असुरों को आदेश दिया, जिन्होंने पुनः अपने सैनिकों को दोगुनी शक्ति व निर्दयता के साथ ज्ञानगंज के अमर और पशुओं पर वार करने का आदेश दिया। जिस प्रकार उसने असुरों की विजय सुनिश्चित की, उसने उनमें श्रेष्ठता की भावना भर दी और केवल युद्ध में उतरकर उनका मनोबल बढ़ाया, यह सब समझ से परे था। सभी असुर उसी समय अमरों को परास्त करने हेतु प्रेरणा और उत्साह से भरकर चिल्लाने लगे।

इस प्रकार, अमरों के लिए युद्ध का सबसे कठिन चरण आया; क्योंकि तब तक राक्षस अलग-अलग आक्रमण कर रहे थे; परंतु अपने नए वरिष्ठ से आदेश प्राप्त करने के पश्चात् उनकी रणनीतियाँ बदल गई थीं और वे अपने विरोधियों को नष्ट करने हेतु अधिक संगठित, अधिक आक्रामक और अधिक तत्पर हो गए थे। ज्ञानगंज की लुप्त प्राय प्रजातियों को सबसे अधिक नुकसान पहुँचाया गया। असुरों ने उन्हें निर्दयता से मार डाला, जिससे भयंकर रक्तपात हुआ। अमर, जो अभी भी अपनी दर्पण छवियों में उलझे हुए थे और अन्य पशु अपने सहयोगियों की सहायता के लिए नहीं आ सके, क्योंकि उन्हें केवल दर्शक बने रहने पर विवश कर दिया गया था।

सेनापति के बगल में चलने वाला असुर अपने रास्ते में आनेवाले हर किसी को पीटता रहा।

कृपाचार्य किसी प्रकार परशुराम के पास पहुँचे और बोले, 'जब से इस मुकुटधारी असुर ने प्रवेश किया है, सभी असुर एकाएक संगठित हो गए हैं। मुझे भय है कि यदि वे इसी जोश के साथ युद्ध जारी रखेंगे तो उन्हें रोकने और द्वार में वापस भेजने की हमारी घटती संभावनाएँ भी नष्ट हो जाएँगी। केवल एक ही विकल्प है।'

'आपकी क्या योजना है, कृपाचार्य?' परशुराम ने पूछा।

कृपाचार्य ने कहा, 'यदि हम उनके सेनापति को मार दें तो हम पूरी सेना को एक ही बार में रोक सकते हैं; क्योंकि वे अपने ही विनाश में भस्म हो जाएँगे।' और फिर, उन्होंने परशुराम से अनुरोध किया, 'हे शक्तिशाली परशुराम! आप इस योजना को सँभालें और उनके नए प्रमुख का सिर काट दें! आपके हाथों उसकी मृत्यु पृथ्वी के जीवित रहने और हमारी विजय की एकमात्र आशा है, क्योंकि यह असुरों को भीतर से तोड़ देगी। हम शेष योद्धा आपको उस तक पहुँचाने हेतु मार्ग प्रशस्त करेंगे।'

इस बात से अनभिज्ञ कि वे किस दिशा में आगे बढ़ रहे थे, सहयोगियों ने परशुराम को घेर लिया और असुरों की भीड़ के बीच आक्रामक और तेजी से रास्ता बना लिया। केंद्र में अंतिम प्रहार के लिए जब परशुराम ने अपना फरसा पकड़ा तो सभी ने उनकी रक्षा की। अगले ही क्षण परशुराम हवा में ऊँचे उछले और असुरों के सर्वोच्च सेनापति पर अपना फरसा घुमाया और एक ही बार में उस असुर का सिर धड़ से अलग कर दिया।

युद्ध एक बार फिर एकाएक रुक गया और परिसर में सन्नाटा छा गया। सेनापति का मुकुटधारी सिर उसके कंधों से लुढ़ककर भूमि पर गिर गया। जब परशुराम धीरे से हाँफ रहे थे तो सभी ने बिना सिर के खड़े धड़ को देखा। अपने हाथ में अभी भी अपनी फरसा पकड़े हुए वे कृपाचार्य की ओर चल पड़े, जब अमर और सहयोगी असुर सेनापति के सिर-विहीन धड़ के ढहने की प्रतीक्षा कर रहे थे। उन्हें आशा थी कि असुर शोकपूर्ण अराजकता फैला देंगे; परंतु उन्हें निराशा हुई, जब एक बार फिर उत्सव के जयकारों से वह सन्नाटा टूट गया।

'अपने ही सेनापति का सिर कटने पर आनंद और उत्सव!' परशुराम ने विचार किया और इस आनंद का कारण जानने हेतु पीछे मुड़े। उन्होंने जो देखा, उससे असुरों की प्रसन्नता का पता चल गया। सिर-विहीन धड़ पर पुनः उसका सिर आ गया था!

इससे अमर पक्ष का समस्त दल चकित-विस्मित था। हैरान परशुराम ने पुनः अपना फरसा उसकी गरदन पर लाने से पूर्व कुछ नहीं सोचा; परंतु इस बार उसका सिर नहीं हिला।

"वह कौन था?" चिंतित मिसेज बत्रा ने पूछा।

पृथ्वी ने उनकी ओर देखा और उत्तर दिया, "हर किसी को यह समझने में थोड़ा समय लगा कि युद्धभूमि में सबसे विशाल और अन्य असुर सेनाओं को आदेश देनेवाला व्यक्ति कोई और नहीं, अपितु शास्त्र विद्या एवं वेदों में पारंगत विद्वान् था। वह अत्यंत साहसी योद्धा, राजाओं का राजा, सर्व-शक्तिशाली योद्धा था। वह अनेक नामोंवाला प्रसिद्ध राक्षस राजा था। वह कोई और नहीं, अपितु स्वयं रावण था!

"वह राक्षस, जो वृषकपि से भी बड़ा था और रावण के बगल में चल रहा था, उसका भाई कुंभकर्ण था। उनके पीछे था रावण का पुत्र मेघनाद और त्रेता युग की उनकी सेनाएँ।"

यह एकमात्र अवसर था, जब भक्त नागेंद्र, जिसने कभी अपना नाम 'ना नशाद' रखा था, को अपने देवता दशानन को देखने और उनके सामने खड़े होने का सौभाग्य मिला। नागेंद्र उसकी उपस्थिति से अत्यंत प्रसन्न हुआ और उसने हाथ जोड़कर रावण का स्वागत किया; वह अमरों को परास्त करके उस दिन को ऐतिहासिक बनाने हेतु तत्पर था।

शक्तिशाली योद्धाओं के बीच इस छोटे से विराम के पश्चात् असुरों ने विलुप्त प्राणियों के साथ अपनी लड़ाई जारी रखी। रावण ने अपने भाई, पुत्र और अपने सैनिकों को अपने मार्ग में आनेवाले हर जीव को ऐसे नष्ट करने का आदेश दिया, जैसे भूकंप से विश्व हिल जाता है और बाढ़ सबकुछ बहा ले जाती है।

तब तक अमरों को यह समझ में आने लगा था कि ज्ञानगंज के निवासियों और शक्तिशाली वृषकपि द्वारा समर्थित होने के बाद भी पद्मनाभ स्वामी मंदिर परिसर की निर्धारित सीमाओं के भीतर असुर सेनाओं को रोकना असंभव था। वे अब जानते थे कि कोई भी ताकत असुरों को विश्व को संक्रमित करने और पृथ्वी की बागडोर अमरों के हाथों में सौंपने की भगवान् की इच्छा को नष्ट करने से नहीं रोक सकती थी।

असुरों ने धीरे-धीरे सबकुछ नष्ट करना आरंभ कर दिया। ओम् अनुमान लगा सकता था कि इससे क्या होगा और वह जानता था कि उसे अपने तथा अन्य योद्धाओं के लिए कुछ समय निकालने की आवश्यकता थी। इसलिए, उसने राक्षस सैनिकों को कुचलने हेतु सम्मोहनास्त्र का आवाहन किया। सम्मोहनास्त्र ने युद्ध का परिदृश्य बदल दिया, क्योंकि सभी असुर बेहोश हो गए। अमरों और ज्ञानगंज की शेष सारी सेना को चैन की साँस लेने का अवसर प्राप्त हुआ। शक्तिशाली रावण ने एक श्लोक का उच्चारण किया और प्रजनास्त्र का आवाहन किया, जिसके बारे में माना जाता था कि इससे युद्ध के मैदान में अचेत पड़े लोगों को पुनः सचेत किया जाता था। आकाश की ओर संकेत देते हुए उन्होंने बाण चलाया और शीघ्र ही सभी असुर पुनः सचेत हो गए और अपने पैरों पर खड़े हो गए। सम्मोहनास्त्र का प्रभाव धीरे-धीरे लुप्त हो गया। वृषकपि ने अपनी गदा उठाई और कुंभकर्ण पर आक्रमण कर दिया। एकाएक झटका अनुभव करते हुए कुंभकर्ण ने अस्थायी रूप से अपना संतुलन खो दिया और स्तब्ध रह गया। क्रुद्ध कुंभकर्ण ने वृषकपि की गदा से मेल खाने के लिए एक गदा का आवाहन किया और उससे उस पर आक्रमण कर दिया। रावण ने जब से ओम् को सम्मोहनास्त्र का आवाहन करते देखा था, तभी से

उसकी दृष्टि उस पर थी। कुछ कदम आगे चलकर रावण ने हाड़ कँपा देने वाले मंत्रोच्चार के साथ त्रिशूल, चक्र, गदा और कुछ तलवार व भालों का आवाहन किया। उसके प्रहारों की उग्रता को देखते हुए उसकी लंबे समय से दबी हुई पीड़ा और सीमित किए जाने के प्रति घृणा को देखा जा सकता था। कृपाचार्य ने रावण को ओम् की ओर बढ़ते देखा, यह जानते हुए कि रावण उस पर आक्रमण करेगा। वे जानते थे कि रावण के पास जिस प्रकार की शक्ति थी, उसके प्रहार घातक होंगे। कृपाचार्य को रावण के अस्त्रों का सामना करने हेतु कई अस्त्रों से लड़ना पड़ा, परंतु रावण अचूक खड़ा रहा और कुछ भी उसे व्याकुल नहीं कर सका। इस प्रकार, कृपाचार्य ने अपने नेत्र बंद कर लिये और ऐंद्रास्त्र का आवाहन किया—वह अस्त्र, जो बाणों की बौछार कर सकता था और सहस्र सेनाओं को मृत करने के लिए एक उपयुक्त विकल्प था; परंतु इससे पूर्व कि वे अस्त्र छोड़ पाते, मेघनाद ने कृपाचार्य पर बाणों का एक समूह चलाकर उन्हें चुनौती दी। अदृश्य होने की शक्ति रखनेवाले मेघनाद ने अपने अगले शिकार की योजना बनाई। जब कृपाचार्य मेघनाद से युद्ध कर रहे थे, तब नागेंद्र ने ओम् को घेर लिया और रावण उनकी ओर चला। अपने नकारात्मक अनुरूप को चकमा देते हुए परशुराम ओम् की सहायता हेतु आए। उन्होंने मधवन अस्त्र का आह्वान किया और रावण पर बाण चलाया। मघवन इंद्र के अस्त्रों में से एक था, जो सेनाओं को चकित करने में सक्षम सैकड़ों और सहस्र ज्वलंत अस्त्रों की वर्षा कर सकता था। इससे ओम् को पुनः अपनी स्थिति सँभालने हेतु कुछ क्षणों का समय मिल गया।

जब ओम् ने नागेंद्र से लड़ाई की तो अमरों पर दुगुने प्रहार किए गए, क्योंकि उनमें से लगभग सभी एक ही समय में दो शक्तिशाली असुरों का सामना कर रहे थे। वृषकपि ने दोनों असुर भाइयों—हिरण्याक्ष और हिरण्यकशिपु के विरुद्ध भीषण रूप से युद्ध किया। कुंभकर्ण से युद्ध करते समय कृपाचार्य पर अदृश्य मेघनाद ने क्षण-क्षण वार किया, परशुराम अपने दुष्ट स्वरूप का सामना कर रहे थे और अब राजाओं के राजा के विरुद्ध खड़े थे।

असुर सेनाएँ अभी भी युद्ध पर हावी थीं और आशा की कोई नई किरण नहीं थी; कोई अन्य सहायता नहीं थी, जो उनके लिए आती। परिश्रांत और क्षीण, ढलती आशा के साथ, अमर केवल असुरों पर मँडरा रही विजय का अनुभव कर सकते थे, क्योंकि उनकी अपनी आत्माएँ भी उन्हें अब और आश्वस्त नहीं कर सकती थीं। असुरों के आक्रमण से अमर योद्धा नष्ट हो गए थे और उनके पास उन पर नियंत्रण पाने का

कोई विकल्प शेष नहीं था। अमरों की आसन्न पराजय और असुरों की विजय, जो तेजी से निकट आ रही थी, से पृथ्वी अत्यधिक बोझिल अनुभव कर रही थी।

जहाँ परशुराम स्वयं को कुंभकर्ण और असुरों के झुंड की पकड़ से मुक्त कराने में व्यस्त थे, आसुरी परशुराम पवित्र परशुराम पर पूर्ण नियंत्रण चाहते थे। और इसलिए, वे उनकी ओर दौड़ पड़े। असुरों ने परशुराम के अंग-अंग को पकड़ रखा था, जिस कारण वे असहाय रूप से अपनी ओर बढ़ते हुए अपने आसुरी स्वरूप को देख रहे थे। अब समय आ गया था कि परशुराम स्वयं अपने आसुरी स्वरूप से परास्त हो जाएँ। सबकुछ वैसा ही दोहराया जा रहा था, जैसा अश्वत्थामा के साथ हुआ था। आसुरी परशुराम ने क्रोध से भरे अपने रक्तिम नेत्रों से उन्हें भस्म करने से पूर्व अपनी छवि के नेत्रों में देखा। अन्य सभी अमर और वृषकपि परशुराम को देख सकते थे; परंतु वे स्वयं एक से अधिक चुनौतियों का सामना कर रहे थे। परशुराम स्वयं को कुंभकर्ण और अन्य असुरों से मुक्त कराने के लिए अथक प्रयास कर रहे थे, परंतु उनकी संख्या लड़ने के लिए बहुत बड़ी थी। कोई भी अमर चक्रों की संख्या को नहीं तोड़ सका, क्योंकि असुरों के एक और चक्रव्यूह ने परशुराम को घेर लिया था और वे असहाय रूप से अपने सेनापति को देखते रहे, जो अश्वत्थामा के समान ही अवशोषण की प्रक्रिया में परास्त होने वाले थे। असुर, परशुराम पर विजय पाने के अपने अगले बिगुल के साथ पुनः तैयार थे और जयकार आरंभ हुआ, क्योंकि आसुरी परशुराम ने कसकर गले लगाने और उन्हें पूरी तरह से भस्म करने हेतु अपनी भुजाएँ खोल दीं। परंतु इससे पहले कि वे परशुराम को छू पाते, भूमि की दरारों से दो हाथ निकले और असुरी को पकड़ लिया!

आसुरी परशुराम भूमि पर गिर पड़े और जय-जयकार बंद हो गई। इससे पूर्व कि दोनों पक्ष समझ पाते कि क्या हुआ था, एकाएक युद्धभूमि में जगह-जगह दरारें पड़ने लगीं और उन अंतरालों से सहस्र हाथ उभर आए।

"वे किसके हाथ थे?" मिसेज बत्रा ने प्रश्न किया।

पृथ्वी की दृष्टि ने उनकी शारीरिक भाषा पर गौर किया और उनके स्पष्ट रूप से उत्तेजित व्यवहार को अनुभव किया। "वे राजा बलि ही थे, जो अपनी आसुरी सेना के साथ सुतल से निकले थे।"

राजा बलि के साथ विभीषण भी आए थे, जो अपनी सेना, जो उनके बड़े भाई रावण की सेना जितनी बड़ी थी, के साथ पद्मनाभ स्वामी मंदिर परिसर तक पहुँचने हेतु लंका के जल क्षेत्र से रवाना हुए थे।

सभी असुरों और उनके सेनापतियों का ध्यान दो दिशाओं में बँटा हुआ था—एक विभीषण एवं उनकी सेना की ओर था, जो निर्धारित मापदंडों के बीच भूमि पर असुरों पर आकर्मण कर रहे थे और दूसरा राजा बलि एवं उनकी सेना की ओर था, जो धीरे-धीरे भूमि से असुरों पर घात लगाने को प्रकट हो रहे थे।

नागेंद्र ने आश्चर्य भरी दृष्टि से शुक्राचार्य की ओर देखा और कहा, 'राजा बलि भूमि पर कैसे?'

शुक्राचार्य ने उत्तर दिया, 'यह भाद्रपद (अगस्त) का महीना है, ओणम का महीना।'

"इस महीने और राजा बलि के बीच क्या संबंध है?" मिसेज बत्रा ने पूछा।

पृथ्वी ने बताया, "भगवान् विष्णु ने राजा बलि को केवल ओणम के समय ही पृथ्वी पर चलने की अनुमति दी थी।"

विभीषण और राजा बलि को युद्ध में जुड़ते देख योद्धाओं में असंख्य भावनाएँ उमड़ पड़ीं।

'हे भ्राता! मुझे तुम्हारे आगमन की आशा नहीं थी।' रावण ने विभीषण को ताना मारते हुए कहा।

विभीषण ने उत्तर दिया, 'मैं यहाँ आना नहीं चाहता था, परंतु मेरे पास कोई अन्य विकल्प नहीं था।'

शुक्राचार्य ने अनुरोध किया, 'विभीषण, आओ, वार्त्ता करें और हमारे बीच के इन मतभेदों को सदैव के लिए दूर करें।'

'बात करें? मैंने शांति वार्त्ता के लिए आपसे संपर्क किया था, परंतु पनडुब्बी में आपके उत्तर ने आपसे वह अंतिम अवसर छीन लिया। मुझे आपको यह बताते हुए खेद हो रहा है कि वार्त्ता करने का समय समाप्त हो गया है।' विभीषण की आवाज क्रोध से भरी थी।

'तुम अब भी हमारे विरुद्ध हो? क्यों?' रावण ने प्रश्न किया।

विभीषण ने उत्तर दिया, 'क्योंकि मैं अभी भी आपके कर्मों का बोझ उठा रहा हूँ और उसमें कोई नया बोझ नहीं जोड़ना चाहता।'

अपने भाई की प्रतिक्रिया से निराश होकर रावण ने कहा, 'तुम तब भी भ्रांत थे और अब भी भ्रांत हो। हमने जो किया, वह उचित था। अपने ही भाई को मेरे विरुद्ध खड़ा देखना अच्छा दृश्य नहीं है। इसलिए तुम्हें पराजित होना ही होगा।' रावण क्रोधित हो गया। आग में घी डालने की इच्छा न रखते हुए विभीषण बस, राजा बलि

के साथ अमरों में जुड़ने हेतु मुड़ गए। रावण ने अपने सभी सेनापतियों को शत्रुओं पर हावी होने का आदेश दिया। अदृश्य मेघनाद ने कृपाचार्य पर अनेक आक्रमण किए थे। राजा बलि ने अपने दो मायावी असुर पूर्वजों—हिरण्याक्ष व हिरण्यकशिपु के साथ द्वंद्व किया और उन्हें आमने-सामने के युद्ध में उलझा दिया। राजा बलि अभी भी स्थिति को समझ रहे थे और अपने असुर पूर्वजों के सामने संघर्ष करते दिख रहे थे।

चक्रव्यूह के भीतर, श्रापित परशुराम क्रोध में जलते हुए अपने पैरों पर पुनः खड़े हो गए और स्वयं भगवान् विष्णु के धनुष शार्ङ्ग का आवाहन किया, जिसे 'वैष्णव धनुष' भी कहा जाता है। उसका सामना करने हेतु परशुराम ने विष्णु के एक और शक्तिशाली धनुष गोवर्धन का आवाहन किया।

नागेंद्र अपने सर्वोत्तम अस्त्रों, जैसे इंद्र का दूसरा सबसे शक्तिशाली अस्त्र, वासवी शक्ति, के साथ ओम् पर हावी हो गया। इसका प्रयोग प्रतिद्वंद्वी को नष्ट करने हेतु केवल एक बार ही किया जा सकता था। यह वही अस्त्र था, जिसका प्रयोग कर्ण ने घटोत्कच को मारने हेतु किया था।

रावण अपने भाई विभीषण से द्वंद्व करने युद्धभूमि में उतरा। कुंभकर्ण ने अपने भाइयों को एक-दूसरे से युद्ध करने हेतु सज्ज देखा और इसमें भाग लेने की इच्छा रखी; परंतु वृषकपि ने उसे नीचे से पकड़ लिया और भूमि पर पटक दिया। इससे कुंभकर्ण क्रोधित हो गया और उसने परिश्रांत वृषकपि पर मुक्कों की वर्षा आरंभ कर दी।

ओम् ने सभी अमरों को जोर से चिल्लाकर कहा, 'हमारे पक्ष में लड़नेवाला एकमात्र नश्वर योद्धा वृषकपि है। यदि उसकी सहायता नहीं की गई तो वह मर जाएगा। उसका जीवित रहना मनुष्यों के हम में विश्वास और हमारे उनमें विश्वास के लिए महत्त्वपूर्ण है।' सभी ने ओम् को सुना, परंतु विभीषण को छोड़कर कोई भी वृषकपि की रक्षा हेतु नहीं आ सका, जो युद्धक्षेत्र में उपस्थित सर्व-शक्तिशाली असुर-रावण से लड़ रहा था। उन्होंने अपनी चिंता नहीं की, वृषकपि की ओर वापस मुड़ गए और एक अस्त्र का आवाहन करने हेतु अपने नेत्र बंद कर लिये। विभीषण को अपनी पीठ मोड़ते देख रावण ने ताना मारा, 'यही एक सर्वश्रेष्ठ कार्य है, जो तुम कर सकते हो, विभीषण। तुम अपनों की ओर पीठ कर लेते हो। तुमने अभी जो किया, उससे सिद्ध होता है कि मनुष्य का चरित्र कभी नहीं बदलता।' रावण ने क्रोध में आकर विभीषण की पीठ पर बाणों की वर्षा की, परंतु जब विभीषण ने अपने नेत्र

खोले तो उनके धनुष पर प्रस्वपास्त्र था—वह अस्त्र, जो युद्धभूमि में पीड़ितों को मृत्यु की निद्रा सुला सकता था। यह बाण उनके अपने भ्राता कुंभकर्ण के लिए था, जबकि विभीषण उनके अपने भाई रावण द्वारा निरंतर प्रहार सहते रहे। विभीषण ने कुंभकर्ण पर अस्त्र छोड़ा और क्षण भर में वह पर्वत के समान भूमि पर गिर पड़ा। हाँफते वृषकपि ने बिना समय व्यर्थ किए उसे अपनी पूरी ताकत से उठाया और पुनः द्वार के भीतर फेंक दिया। यह असुरों और विशेष रूप से रावण के लिए एक झटका था। अपमान में जो बात और जुड़ गई, वह यह थी कि विभीषण ही इस युद्ध का निर्णायक मोड़ थे, जैसे वह त्रेता युग में भगवान् राम के साथ युद्ध में थे।

विभीषण अपनी पीठ पर विनाशकारी प्रहार सहते रहे, जब उन्होंने स्वयं के उपरांत कृपाचार्य की सहायता करने का निर्णय लिया। विभीषण ने अपनी मायावी शक्तियों से युद्ध किया, क्योंकि उनके कार्य विश्वासघात से प्रेरित थे। कृपाचार्य पर हर ओर से आक्रमण हो रहा था और मेघनाद का सामना करना केवल इसलिए कठिन था, क्योंकि वह अदृश्य था।

शक्तिशाली रावण द्वारा अपनी पीठ पर दिए गए सभी कष्ट और घावों के साथ विभीषण ने पुनः अपने नेत्र बंद कर लिये; इस बार शब्दवेद अस्त्र के आवाहन हेतु, जो एक प्रतिद्वंद्वी को अदृश्य होने से रोकता है और उसे अपने भतीजे मेघनाद पर चला दिया, जिससे उसकी स्थिति का पता चला। मेघनाद अब दिखाई दे रहा था और कृपाचार्य की दृष्टि में था। इससे पूर्व कि मेघनाद समझ पाता, वृषकपि अपनी गदा लेकर उड़ता हुआ आया, जबकि मेघनाद की दृष्टि कृपाचार्य पर थी। वृषकपि की गदा के एक ही प्रहार से वह अचेत होकर हवा में उड़ गया। कुछ ही देर में मेघनाद भी पुनः द्वार के भीतर फेंक दिया गया। घायल विभीषण अब भी अपनी छाती पर रावण के बाणों और अन्य प्रहारों को सहन कर रहे थे। जब वे उसकी ओर मुड़े और अपने घुटनों पर गिर गए, तब ऐसा लग रहा था कि विभीषण को परास्त करने हेतु रावण को केवल एक अंतिम वार करने की आवश्यकता थी।

'अब मैं तुम्हें वहीं भेजूँगा, जहाँ मैं सहस्र वर्षों से था,' शक्तिशाली रावण ने कहा और इस बार उनके माथे को निशाना बनाते हुए एक बाण चलाया, परंतु इससे पूर्व कि बाण अपने लक्ष्य को भेद पाता, कृपाचार्य ने अपने एक वार से उसे नष्ट कर दिया और वृषकपि उन्हें सुरक्षित करते हुए सीधे विभीषण के सामने आ गिरा। कृपाचार्य अब रावण के विरुद्ध वृषकपि से मिल गए। विभीषण ने निस्स्वार्थ भाव से कृपाचार्य और वृषकपि की सहायता की थी। अब उन दोनों की बारी थी विभीषण

के उपकार का मूल्य चुकाने की।

विभीषण को पुनः ताकतवर होने में कुछ समय लगा और उन्होंने अपने शरीर को छेदने वाले सभी बाण और शस्त्र निकाल लिये। विभीषण ने राजा बलि को संघर्ष करते देखा। उन्होंने वृषाकपि से अपने पूर्वजों के विरुद्ध राजा बलि की सहायता करने का अनुरोध किया और कहा, 'हम रावण को कुछ समय के लिए रोक सकते हैं। उनके पूर्ववर्तियों के विरुद्ध राजा बलि की सहायता करो।'

वृषकपि तुरंत उड़ गया और हिरण्याक्ष को अपनी शक्तिशाली भुजाओं से धकेल दिया, जिससे राजा बलि पर उसकी पकड़ ढीली हो गई। इससे राजा बलि और उनके असुरों को हिरण्यकशिपु एवं उसके सहयोगियों पर पूर्ण नियंत्रण प्राप्त करने का अवसर मिल गया। अब यह युद्ध हिरण्याक्ष बनाम वृषकपि और राजा बलि बनाम हिरण्यकशिपु था।

परशुराम ने आसुरी परशुराम की ओर देखा और उनका बर्बर व बीभत्स मुख देखा, जो एक होने हेतु सज्ज था। परशुराम उन पर विजय प्राप्त करने के अवसर के रूप में एक क्षण भी व्यर्थ नहीं गँवाना चाहते थे और आसुरी परशुराम की भी यही योजना थी। इसलिए अपने-अपने विरोधियों को दबाने के लिए, दोनों ने अपने शक्तिशाली धनुषों से अस्त्रों का प्रयोग किया। एक ने मायावी ऐंद्रास्त्र को बुलाया और दूसरे ने लवास्त्र का आवाहन किया। जहाँ ऐंद्रास्त्र ने हर किसी की दृष्टि को धूमिल कर दिया, वहीं लवास्त्र ने कई स्थानों पर जमीन से पिघला हुआ लावा उगल दिया। इससे ज्ञानगंज के कुछ छोटे पशु जल गए और हवा विषैले रसायनों की असहनीय गंध से भर गई; साथ ही, भूमि पर कई असुर भी जल गए, जिससे कुछ अतिरिक्त क्षति हुई। लवास्त्र के प्रतिकार के रूप में परशुराम ने वरुणास्त्र का आवाहन किया। वातावरण धुएँ से भर गया था, जो गरम लावा और पानी के बीच प्रतिक्रिया का परिणाम था।

इसके दूसरी ओर, ओम् ने 'नारायणास्त्र' का आवाहन करने का निर्णय लिया—एक ऐसा अस्त्र, जिसकी शक्तियाँ का जितना अधिक विरोध किया जाता, उतनी ही बढ़ती जाती हैं। जैसे ही 'नारायणास्त्र' छोड़ा गया, उसने बाणों की बौछार कर दी और उसे रोकने का एकमात्र उपाय था पूर्ण समर्पण, जो नागेंद्र के लिए अस्वीकार्य था। नारायणास्त्र का प्रभाव जितना अधिक था, नागेंद्र ने उतना ही अधिक उसका सामना करने का प्रयास किया।

जैसे ही ओम् ने अपनी लड़ाई जारी रखी, उसने अपनी वास्तविक क्षमता का

उपयोग किया। वह निभीशा के एकमात्र शेष भाग, एक प्राचीन सफेद अश्व, जिसमें वह परिवर्तित हुई थी, उस पर सवार हो गया। कहीं से एक चमकती हुई तलवार प्रकट हुई, जिसने लगभग पूरे आकाश को प्रकाशित कर दिया। ओम् ने उसे पकड़ लिया और अनुभव किया कि उसकी नई शक्तियाँ बढ़ रही थीं। उसे अपनी क्षमताओं में आत्मविश्वास की वृद्धि अनुभव हुई। उसने सतयुग से अपने कई प्रिय लोगों को खो दिया था और अब अश्वत्थामा की क्षति देखने के पश्चात् उसकी पीड़ा और भी गहरी हो गई थी, जिसके परिणामस्वरूप घृणित असुरों का भयानक संहार हुआ। हाथ में अपनी चमकदार मायावी तलवार के साथ ओम् अजेय था। जैसे वह तेजी से शत्रुओं को पार कर रहा था, जिससे उनमें से कई एक ही गति में मारे गए, जिससे भूमि पर असुरों का बोझ अत्यंत कम हो गया। ओम् अंततः हिरण्याक्ष के पास पहुँचा, जो वृषकपि से युद्ध कर रहा था और उसे मार डाला। हिरण्याक्ष को भी मेघनाद व कुंभकर्ण के समान पुनः द्वार में फेंक दिया गया। ओम् की तलवार की धार ने एक के पश्चात् एक कई अन्य असुरों को मार गिराया। ओम् की शक्तियों में वृद्धि से हर अमर आश्चर्यचकित था। किसी को भी नहीं, स्वयं ओम् को भी नहीं पता था कि उसके पास किस प्रकार की तलवार थी और उसने उसका कैसे आवाहन किया था।

हिरण्यकशिपु अब वृषकपि और राजा बलि दोनों का सामना कर रहा था। इससे पूर्व कि हिरण्यकशिपु अपने आक्रमण की योजना बना पाता, राजा बलि एवं वृषकपि ने उसे भूमि से उठा लिया और अपनी पूरी शक्ति से नीचे गिरा दिया। फलतः उसकी कई हड्डियाँ कुचल गईं, जिससे हिरण्यकशिपु अत्यधिक कष्ट से कराहने लगा। वृषकपि ने हिरण्यकशिपु की छाती पर अपनी गदा से प्रहार किया और उसकी पसली को तोड़ दिया। हिरण्यकशिपु के लिए हिलना भी अत्यंत कठिन था और वह पीड़ा से कराह रहा था। तब राजा बलि ने हिरण्यकशिपु को उठाया और पुनः द्वार के अंदर फेंक दिया।

ओम् फिर परशुराम की ओर बढ़ा और उसने पाया कि आसुरी परशुराम उन्हें निगलने का प्रयास कर रहे थे। वह आसुरी परशुराम के पास पहुँचा और उन्हें खींचकर ले गया। युद्ध में अब एक ओर ओम् एवं परशुराम थे और दूसरी ओर आसुरी परशुराम थे।

फिर उस जोड़ी ने अपने दिव्य अस्त्रों के संयोजन से आसुरी परशुराम पर निरंतर आक्रमण किया, जिससे वह प्रत्याक्रमण नहीं कर सके। इस बार आसुरी

परशुराम प्रतिक्रिया देने में असफल रहे और बुरी तरह घायल हो गए। उन्होंने अपना अनवरत प्रहार जारी रखा और अपनी पूरी ताकत से उन्हें कल्लारा द्वार के चौखट की ओर धकेल दिया। जबकि परशुराम ने उन्हें अपने बाणों से पीछे धकेलना जारी रखा, ओम् ने अंजलिकास्त्र का आवाहन किया, जिसमें सीधे लक्ष्य के सिर को काटने की शक्ति थी। जैसा कि अनुमान था, अस्त्र ने आसुरी परशुराम तक अपना रास्ता खोज लिया और उन्हें वहीं मार डाला। आसुरी परशुराम पराजित हो गए और उन्हें वापस उसी स्थान पर ले जाया गया, जहाँ वे युगों तक रहे थे।

युद्ध, जो कभी असुरों के पक्ष में था, अब अमरों के विजय की ओर झुक गया था।

रावण ने कृपाचार्य, विभीषण और अब राजा बलि का सामना करते हुए भी असुरों को एक के पश्चात् एक पिछड़ते देखा। दूसरी ओर, नागेंद्र भी इस क्रूरता को देख रहा था। अब भी नारायणास्त्र का सामना करने का प्रयास कर रहा था, जिसने उसे तब तक पूरी तरह से अपने नियंत्रण में रखा, जब तक कि शुक्राचार्य ने उसे निर्देशित नहीं किया कि नारायणास्त्र से छुटकारा पाने का एकमात्र उपाय था—पूर्ण आत्मसमर्पण। नागेंद्र ने मार्गदर्शन का पालन किया और दिव्य नारायणास्त्र अदृश्य हो गया। नागेंद्र अमरों का सामना करने हेतु पुनः स्वतंत्र था; परंतु तब तक बहुत देर हो चुकी थी।

मेघनाद की मृत्यु, कुंभकर्ण की पराजय, राजा बलि के पूर्वजों का पतन और रावण का अकेले युद्ध करना नागेंद्र के संकट को बढ़ा रहा था। वह एक बार और सदैव के लिए हिसाब बराबर करने के लिए ओम् की ओर तेजी से दौड़ा। उसने ओम् पर बाणों की एक शृंखला चलाई; परंतु वे या तो उसे छूने में असफल रहे या सीधे भूमि पर उतरने से पूर्व उससे टकरा गए। नागेंद्र को इस बारे में कोई जानकारी नहीं थी कि यह कैसे हुआ और ओम् की शक्ति इस हद तक बदल गई कि उसके बाण उसे छू भी नहीं सके। युद्ध में वे अब बराबर नहीं थे, क्योंकि निभीशा अपनी बिजली की गति से चलने में तेज थी और उसका दिमाग ओम् के साथ तालमेल में था। ओम् अब अपने अस्तित्व की शक्ति को आत्मसात् करने और अपने पास उपस्थित शक्ति को स्वीकार करने के चरम पर था। वह वही व्यक्ति था, जिसने परशुराम के आसुरी स्वरूप को हराया था, राजा बलि को हिरण्याक्ष और हिरण्यकशिपु पर नियंत्रण पाने में सहायता की थी, विभिन्न क्षमतावाले असुरों से लड़ाई की थी और फिर भी अविचलित रहा तथा अपने लक्ष्य के प्रति केंद्रित रहा।

यह सारा आत्मविश्वास उसकी शक्ति का निर्माण कर रहा था, जिससे वह युद्ध के मैदान में सबसे शक्तिशाली योद्धा दिखाई दे रहा था।

इसके विपरीत, रावण ने जिस भी अस्त्र का प्रयोग करने का प्रयास किया, वह राजा बलि, कृपाचार्य और विभीषण द्वारा मार गिराया जा रहा था। असफलताओं के चक्र में फँसकर रावण निराश हो रहा था और इसलिए उसने मृत्यु के शक्तिशाली फंदे धर्मपाश का आवाहन किया; परंतु अमर एक बड़ी योजना के साथ तैयार थे।

□

17

अभी अंत नहीं हुआ!

जब क्रोधित रावण धर्मपाश छोड़ने ही वाला था, तभी कृपाचार्य ने उस पर प्रहार कर दिया। राजा बलि और विभीषण ने घात लगाकर रावण पर निरंतर मुक्के बरसाए। रावण की व्याकुलता दुगुनी हो गई और उसका क्रोध तीव्र सूर्य की चकाचौंध करने वाली चमक के समान था; परंतु जब उसने प्रतिकार करने का प्रयत्न किया, तब परशुराम¨राजा बलि, विभीषण और कृपाचार्य के साथ जुड़ गए, और एक अपरिवर्तनीय भाग्य के भय ने रावण को घेर लिया। राक्षस राजा और सबसे शक्तिशाली असुरों में से एक अपने ही रक्त से लथपथ था, जो अनगिनत प्रहारों का परिणाम था, जिससे वह अपनी रक्षा नहीं कर सका। वह एक भयानक और लगभग दयनीय दृश्य था। रावण अकेला और व्याकुल था। अपने भाई विभीषण को भी अमरों का समर्थन करते और उन सभी को अस्त्रों के घातक संयोजन का प्रयोग करते देखकर रावण भयभीत हो गया। जब रावण ने उन्हें देखा तो अमरों ने नागास्त्र, नागपाश और धर्मपाश की शक्तियों को विकसित किया—वही अस्त्र, जिन्हें रावण ने बुलाया था। उन्होंने तीनों अस्त्रों की शक्तियों को एकत्र कर दिया और एक महा दिव्यास्त्र से प्रहार किया। इस पवित्र सूत्र ने रावण को बंदी बना लिया, जिससे उसे अपने भीतर शेष अंतिम कुछ साँस गिनने के लिए विवश होना पड़ा।

विजय का आभास होते हुए सभी चार अमर रावण पर बाणों की बौछार करने हेतु एकजुट हुए, जब तक कि उसके शरीर को छेदने वाले लाखों बाणों के भार और प्रभाव से वह द्वार के भीतर पुन: नहीं धकेल दिया गया। राक्षसों का राजा कल्लारा द्वार के पीछे गहरी व अँधेरी खाई में गिर गया, जिससे उसका आत्मविश्वास टूट गया और बची हुई आसुरी सेना का स्वप्न नष्ट हो गया।

ओम् ने दूर से यह सब होते देखा कि असुर कैसे लड़खड़ाने लगे। फिर भी, अभी कुछ और भी करना शेष था।

एक बार जब रावण चला गया तो सभी असुर सेनाएँ नष्ट होने लगीं और द्वार

धीरे-धीरे बंद होने लगा, जिससे असुर पुनः उसकी ओर भागने लगे; क्योंकि अन्यथा वे जीवित नहीं रह पाएँगे। जैसे ही वृषकपि बचे हुए असुरों को पुनः द्वार में फेंक रहा था, वॉल्ट बी. ने स्वयं को बंद कर लिया। शिशु से निकाली गई कीहोल के आकार की पुतली कल्लारा द्वार पर बने सर्प के नेत्रकोश से बाहर निकली, ठीक उसी तरह, जैसे वह द्वापर युग में भगवान् कृष्ण द्वारा अघासुर को मारने के पश्चात् उसके नेत्रकोश से निकली थी। जैसे ही उसने भूमि को स्पर्श किया, वह पिघल गई और पृथ्वी की सतह ने उसे सोख लिया, जिससे उसका अस्तित्व सदैव के लिए मिट गया।

सभी असुरों का नाश करने के पश्चात् वृषकपि सिकुड़कर अपने सामान्य आकार में आ गया। ओम् अपने अश्व से नीचे उतरा और उसके हाथ में अभी भी उसकी दिव्य तलवार थी। सभी अमर अब नागेंद्र की ओर मुड़ गए, जिसने मृत संजीवनी की पुस्तकों के शब्दों को अपने शरीर के भीतर समाहित कर लिया था।

जैसे ही ओम् ने नागेंद्र को अमरों से घिरा देखा, ओम् को पद्मनाभ स्वामी मंदिर के मार्ग में परशुराम के शब्द स्मरण हो आए—हम उसे एक ऐसी स्थिति में लाएँगे, जहाँ वह स्वयं को अमर होने के लिए शाप देगा और हमसे उसे मृत्यु का वरदान देने का अनुरोध करेगा।

एलोरा के पुनः एक पर्वत में परिवर्तित होने की स्मृति परशुराम के क्रोधित नेत्रों में स्पष्ट थी। तब परशुराम ने अपनी सारी शक्ति अपने शक्तिशाली फरसा में एकत्र की और उसे दूर से नागेंद्र की ओर निर्देशित किया। उस परम अस्त्र ने नागेंद्र के शरीर को छेद दिया और वह बिना किसी प्रतिकार के भूमि पर गिर पड़ा, क्योंकि उसे उसके प्रभाव से गहरी चोट लगी थी। उसे वरदान कहें या अभिशाप, परंतु वह भी अमर था, क्योंकि शेष लोग उसके विरुद्ध खड़े थे और इसलिए उसने उपचार करना आरंभ कर दिया। वृषकपि अश्वत्थामा की पराजय और रूपकुंड की घटनाओं पर क्रोध में जल रहा था, जिसने उसे लगभग मार डाला था। उसने अपनी गदा से नागेंद्र पर वार किया, जिससे उसकी कई हड्डियाँ कुचल गईं। कृपाचार्य भी अश्वत्थामा और बलहार की मृत्यु के शोक में उनके साथ जुड़ गए। नागेंद्र अभी भी निर्लज्जता से मुसकरा रहा था, जबकि उसकी हड्डियों ने उसे पुनः अपने पैरों पर खड़ा कर दिया था। वह अब भी परास्त नहीं हुए, शुक्राचार्य ने गर्व से कहा, 'अब तक तुम सभी जानते हो कि यह भी एक अमर है। यह एक ऐसा युद्ध बन गया है, जिसे तुम कभी नहीं जीत सकते, क्योंकि तुम इसे कभी नहीं मार सकते।' हर कोई जानता था कि शुक्राचार्य उचित कह रहे थे। नागेंद्र के अंत के समाधान की आशा में अमरों ने परशुराम की ओर देख; परंतु उत्तर की ओर के आकाश से आया पुष्पक विमान भूमि पर उतरा

और वेदव्यास उसमें से बाहर निकले।

वेदव्यास ने नागेंद्र और शुक्राचार्य की ओर देखकर कहा, 'इस समस्या का समाधान पहले ही स्वयं नागेंद्र द्वारा दिया जा चुका है।' नागेंद्र और शुक्राचार्य सहित सभी लोग भ्रमित होकर एक-दूसरे की ओर देखने लगे। वेदव्यास ने नागेंद्र को उस वाक्य का स्मरण दिलाया, जो उन्होंने एक बार शुक्राचार्य को परशुराम के बारे में कहा था, ''उन्हें मारा नहीं जा सकता, परंतु उन्हें रोकने हेतु बंदी अवश्य बनाया जा सकता है।' मुझे आशा है कि आप दोनों को वह वाक्य स्मरण होगा! तब तुम यह भूल गए कि मैं सबकुछ सुनता हूँ और मैंने यह भी सुना है।' हर किसी के पास उत्तर और समाधान था। नागेंद्र अब पीड़ा से व्याकुल हो रहा था और शुक्राचार्य असहाय लग रहे थे। सभी अमरों को संबोधित करते हुए वेदव्यास ने आगे कहा, 'इसने जो श्लोक चुराया है, उसके शब्द और उनमें जो शक्ति है, वह उसके शरीर में गहराई से समाई हुई है। इसे अपने बुरे विचारों से दुनिया पर शासन करने से रोकने हेतु तुम्हें इसके शरीर को टुकड़ों में काटने की आवश्यकता है।'

वेदव्यास ओम् की ओर मुड़े और बोले, 'ओम्, यदि तुम उस उन्माद को समाप्त करना चाहते हो, जिसने तुम्हें युगों से विचलित किया है, तो तुम्हें इसे बंद करने हेतु अपने हाथ में उपस्थित तलवार में अपनी सारी शक्ति ग्रहण करनी होगी।'

ओम् नागेंद्र के निकट गया, जिसे अब परशुराम और कृपाचार्य ने बंदी बना लिया था। सभी अमर एवं वृषकपि और ज्ञानगंज के शेष पशुओं के साथ—निभीशा संग, जो एक सुंदर सफेद अश्व के रूप में उपस्थित थी—ओम् के पास दृढ़ खड़े थे।

वेदव्यास के शब्दों ने सही स्वर को छेड़ा और ओम् ने अपनी सारी शक्तियों को एकत्र करने पर ध्यान केंद्रित किया, जो किसी भी अस्त्र से कहीं अधिक तीव्र थी। जैसे ही आग की तेज लपट बादलों तक पहुँची, उसकी तलवार की धार चमक उठी और पूरे क्षेत्र को प्रकाशित कर दिया। उसकी शक्ति, भावनाएँ और कार्य—सबकुछ संरेखित, ओम् ने नागेंद्र को नौ टुकड़ों में काटने हेतु तलवार उसके शरीर पर चलाई।

वेदव्यास शुक्राचार्य की ओर मुड़े और दोनों हाथ जोड़कर बोले, 'गुरुओं का कर्तव्य होता है मार्गदर्शन करना, और युद्धक्षेत्र में हमारा कोई स्थान नहीं है, शुक्राचार्य। मैं आपसे अनुरोध करता हूँ कि आप शालीनता से अपनी पराजय स्वीकार करें और चले जाएँ।'

नागेंद्र को टुकड़ों में कटा हुआ देखकर शुक्राचार्य ने ओम् की ओर क्रोध से देखा और कहा, 'यह अभी अंत नहीं हुआ है!' और अदृश्य हो गए।

परंतु, विभाजित होने के पश्चात् भी नागेंद्र अभी भी जीवित था। उसके नौ भाग

जीवन के संकेत से काँप रहे थे और पुन: जुड़ने हेतु संघर्ष कर रहे थे। परंतु अमरों ने उन्हें अलग कर दिया। वेदव्यास नागेंद्र के सिर के निकट आए, उसके लालसा भरे नेत्रों में देखा, जो उसके शरीर को पुन: प्राप्त करने हेतु संघर्ष कर रहे थे और कहा, 'मैंने सुना है कि तुम एक स्वागत उत्सव चाहते थे, क्योंकि तुम अमर हो गए थे। इसे अमरों के कुल से अपनी विदाई समझो।' इसके पश्चात् वेदव्यास ने पुष्पक विमान से धातु का एक बक्सा उठाया और उसका सिर उसमें बंद कर दिया।

जब राजा बलि जाने लगे तो परशुराम ने उन्हें प्रश्न करके रोक लिया। 'राजन्, आप किसी भी पक्ष का समर्थन न करने पर दृढ़ थे और तटस्थ रहना चाहते थे। फिर किस कारण से आपने अपना मन परिवर्तित कर लिया?'

राजा बलि ने उत्तर दिया, 'यदि मेरे पूर्वज हिरण्यकशिपु और हिरण्याक्ष प्रकट नहीं होते तो मैं हस्तक्षेप नहीं करता।'

'हम अमर हैं और नागेंद्र भी अमर है। मैं यहाँ के सभी अमरों को नागेंद्र के शरीर के अंगों को किसी भी मानव या राक्षस की पहुँच से दूर विभिन्न स्थानों पर ले जाने का उत्तरदायित्व सौंपता हूँ।' परशुराम ने कहा।

'विभीषण, कृपाचार्य, राजा बलि और मैं दो-दो टुकड़ों की देखभाल करेंगे और ओम् को नागेंद्र के शरीर के अंगों में से एक दिया जाएगा।' परशुराम ने सभी के बीच भागों को वितरित करते हुए कहा।

सभी ने अपने रक्त से सने हाथों से अंग लिये। बिना किसी विलंब के कृपाचार्य मंदिर परिसर से चले गए और युद्धभूमि से अदृश्य हो गए।

राजा बलि नागेंद्र के शरीर के दो टुकड़े लेकर भूमिगत होकर सुतल लौट गए। विभीषण ने उन्हें दिए हुए हिस्सों को अपने पास रखा और राक्षसों की अपनी शेष सेना के साथ अपने जलयान पर लौट गए।

पुस्तकों को अपनी सुरक्षा में लेकर पुष्पक विमान पर चढ़ने से पूर्व वेदव्यास ने शिशु को अपने हाथों में लिया और सावधानीपूर्वक उसे ओम् को सौंप दिया। ओम् ने स्पष्टीकरण की अपेक्षा करते हुए भ्रमित भाव के साथ बालक को अपनी गोद में भर लिया।

वृषकपि ने ओम् को आलिंगन किया और विदा लेते हुए कहा, 'मैं जीवन भर तुम्हारा आभारी रहूँगा। तुमने एक से अधिक बार मेरे प्राणों की रक्षा की है। तुमने मुझ पर विश्वास किया और बहुत कुछ सिखाया। मैं इस गदा को सदैव सुरक्षित रखूँगा और जब भी मैं इसे पकड़ूँगा, मैं इसे आदरपूर्वक सम्मान, कृतज्ञता एवं हमारे द्वारा बनाए गए बंधन के प्रतीक का रूप मानूँगा।'

ओम् ने स्नेह भरी मुसकान के साथ उत्तर दिया, 'तुम्हारी यह छोटी सी बात मुझे बताती है कि तुम इस युद्ध में बहुत बड़े हो गए हो।'

परशुराम ने वेदव्यास से उनके लौटने तक ज्ञानगंज की देखभाल करने का अनुरोध किया।

वृषकपि, वेदव्यास और ज्ञानगंज के सभी शेष पशु कैलाश वापस जाने हेतु पुष्पक विमान पर सवार हुए।

'मुझे तुम पर गर्व है। अपना ध्यान रखना, ओम्।' वेदव्यास ने पुष्पक विमान द्वारा ज्ञानगंज के लिए उड़ान भरने से पूर्व सम्मान और स्नेह के साथ कहा।

जैसे ही वे चले गए, परशुराम ने ओम् से कहा, जो अभी भी शिशु को अपनी गोद में पकड़े हुए था, 'मुझे अश्वत्थामा को ढूँढ़ना है और उसे वापस वहीं ले जाना है, जहाँ वह था। इस नश्वर लोक में तुम्हारा समय अभी समाप्त नहीं हुआ है। इस शिशु के वयस्क होने तक इसकी देखभाल करना।' और इसके साथ ही परशुराम विपरीत दिशा में चलने लगे।

ओम् ने प्रतिक्रिया देते हुए कहा, 'पहले आप मुझे ज्ञानगंज से बाहर नहीं जाने देते थे और अब भीतर नहीं जाने दे रहे हैं। मैं उन सभी के साथ वापस क्यों नहीं जा सकता?'

परशुराम ने पलटकर अंतिम बार ओम् से कुछ कहा।

'तुम बीते हुए कल की भी आवश्यकता थे और आने वाले कल की भी आवश्यकता हो। तुम कल्कि हो। तुम अंतिम अवतार बनकर दशावतार को संपन्न करने आए हो।'

ओम् असमंजस में खड़ा था और उसकी अभिव्यक्तियाँ परशुराम के कथन को विस्तार से बताने की माँग कर रही थीं।

परशुराम ने समझाया, श्रीमद्भागवत महापुराण में एक भविष्यवाणी में कहा गया है—

'शम्भल ग्राम मुख्यस्य ब्राह्मणस्य महात्मनः। भवने विष्णुयशसः कल्किः प्रादुर्भविष्यति॥'

(शंभाला गाँव में, जो है मुख्यतः महान् आत्मा ब्राह्मणों का वास। भविष्य में विष्णु के घर होगा योग्य कल्कि का जन्म।)

पृथ्वी ने मिसेज बत्रा को समझाया, "उनका नाम कल्कि 'काल' से लिया गया है, जिसका संस्कृत में अर्थ है 'समय', क्योंकि वह कालातीत हैं। हिंदी में इसका अर्थ 'काल' भी है।"

परशुराम ने ओम् को समझाना जारी रखा, 'तुम्हारे आगमन की भविष्यवाणी कई पवित्र ग्रंथों में सहस्र वर्षों पूर्व की गई है। ये पुस्तकें कल्कि अवतार के बारे में भी विवरण साझा करती हैं, जिसे 5,000 वर्ष पूर्व ऋषि शुक ने ताड़ के सैकड़ों पत्तों पर लिखा था। जैसा कि 'विष्णुपुराण' और 'कल्किपुराण' के प्राचीन हिंदू ग्रंथों में उल्लेख किया गया है, भविष्यवाणी में बताया गया है कि कल्कि का जन्म शंभाला गाँव में एक ब्राह्मण विष्णुयश के पुत्र के रूप में होगा। शंभाला भी संस्कृत से लिया गया है और इसका अर्थ है—वह स्थान, जहाँ शांति निवास करती है। इस स्थान का अस्तित्व सहस्र वर्ष पुराना माना जा सकता है।

'कल्कि पुराण में कुछ उदाहरणों में उल्लेख किया गया है कि कल्कि महावतार तमिराबरानी नदी के बाहरी क्षेत्र में देखा जाएगा। श्रीमद्भागवतम् में उल्लेख किया गया है कि कल्कि का जन्म द्रविड़ देशम में होगा, जहाँ तमिराबरानी नदी बहती थी। देवध्वज के रूप में वह बिल्कुल तुम्हारा जन्म-स्थान था—विष्णुयश नामक एक ब्राह्मण के घर पर, जो भविष्यवाणियों में कल्कि के पिता का नाम है।

'कल्कि के पृथ्वी पर अवतरण का उद्देश्य बुराई का नाश करना, लोगों की चेतना को शुद्ध करना और विश्व में संतुलन बहाल करना है, जो कलियुग में सभी नकारात्मक तत्त्वों से भरा हुआ था। वैष्णव ब्रह्मांड विज्ञान के अनुसार, यह अस्तित्व के अनंत चक्र में एक बार पुनः सतयुग के आरंभ का मार्ग भी निर्धारित करेगा।

'कोई भी धर्मग्रंथ जो तुम पढ़ोगे, वह तुम्हें बताएगा कि कल्कि कायाकल्प के अवतार हैं। कल्कि जिस सफेद अश्व पर सवार होंगे, वह होगा देवदत्त और उनके हाथ में होगी नंदक तलवार। वह सफेद अश्व वास्तव में स्वयं भगवान् विष्णु के दिव्य वाहन गरुड़ का स्वरूप होगा। देवध्वज! तुम अपने समक्ष जो सफेद अश्व देख रहे हो, वह निभीशा का अंतिम दृश्यमान एवं बाह्य शारीरिक भाग है। वह देवदत्त है, जिसका इन ग्रंथों में उल्लेख है।

'तुम सदैव अपने वास्तविक स्वरूप की खोज में थे। तुम यही हो और आज, न केवल तुम्हें, अपितु निभीशा को भी अपना वास्तविक स्वरूप मिला है। तुम आश्चर्यचकित रह गए, जब यह दिव्य तलवार तुम्हारे हाथों में ठीक उसी समय प्रकट हुई, जब तुम्हें किसी घातक अस्त्र की आवश्यकता थी; जैसे गदा तुम्हारे हाथों में तब प्रकट हुई, जब तुम्हें मेरी रक्षा करनी थी। आज यहाँ उपस्थित सभी लोगों ने तुम्हें निभीशा नहीं, अपितु देवदत्त की सवारी करते देखा है। उन्होंने तुम्हें नंदक पकड़े हुए देखा है, जो केवल एक उग्र तलवार नहीं है—यह विष्णु की सबसे शक्तिशाली तलवार है। जो गदा तुम्हारे हाथों में प्रकट हुई और जिसे तुमने वृषकपि को उपहार

में दिया था, वह विष्णु की दिव्य गदा है, जिसे 'कौमोदकी' कहा जाता है, जो पूरी सेनाओं को नष्ट करने का सामर्थ्य रखती है। यही कारण है कि वृषकपि कुंभकर्ण एवं हिरण्याक्ष जैसे असुरों से लड़ सका, क्योंकि गदा ने उसे शक्ति दी थी। भगवान् कृष्ण ने इससे राक्षस दंतवक्त्र का वध किया था।'

'आपको इसका आभास कैसे हुआ और मुझे कैसे नहीं?' ओम् ने पूछा।

परशुराम ने कहा, 'हर मनुष्य अपने जीवन में दो जन्म लेता है। पहला तब होता है, जब वह शारीरिक रूप से जन्म लेता है और दूसरा तब होता है, जब उसे अपने अस्तित्व के उद्‌देश्य का आभास होता है। तुम्हारा जन्म तमिराबरानी के बाहरी क्षेत्र में हुआ था और तुम्हारा भाग्य तुम्हें युद्ध के लिए तमिलनाडु पुनः ले आया, जो तुम्हें यह जानने में सहायक था कि तुम कौन हो। आज इस भूमि पर, जैसा कि भविष्यवाणी में दावा किया गया है, तुमने पुनः जन्म लिया है। 'कल्कि पुराण' की भविष्यवाणी में तुम्हारे जन्म के समय तारों व ग्रहों की खगोलीय स्थिति भी बताई गई है। आज तारे व ग्रह ठीक उसी स्थिति में हैं, जैसा कि वे पाठ में चित्रित किए गए थे; जैसा कि वे प्राचीन विश्व में तुम्हारे जन्म की तारीख में थे, जब ध्रुव तारा ठीक कैलाश पर्वत के शीर्ष पर था।' परशुराम ने उत्तर देते हुए ध्रुव तारे की ओर संकेत किया।

'कल्कि पुराण, भागवत पुराण और विष्णु पुराण के अनुसार, कल्कि महावतार एक क्षत्रिय होने के साथ-साथ एक ब्राह्मण हैं, जो संसार को त्याग देंगे और एक श्रेष्ट पुजारी का जीवन व्यतीत करेंगे। इसलिए, तुम्हारा झुकाव ज्ञान और तलवार की ओर एक साथ था, जैसे कि सतयुग में तुम एक मातृसत्तात्मक समाज में पैदा हुए थे, जहाँ तुम्हारे पिता एक ब्राह्मण थे और तुम्हारी माता सभ्यता का नेतृत्व करती थीं।

'अब समय आ गया है कि तुम जाकर अपने कर्तव्य निभाओ और मैं अपने। मुझे अश्वत्थामा को ढूँढ़ना है।'

इस रहस्योद्‌घाटन से ओम् में भावनाओं की उथल-पुथल होने लगी। परशुराम के शब्दों में उसका विश्वास ही उसकी एकमात्र आशा थी। उसने सतयुग के अपने दिनों का स्मरण किया और इस बात पर विचार किया कि उसके जीवन के पन्ने कैसे खुले। वह नए रहस्योद्‌घाटन को स्वीकार करने हेतु अत्यंत अभिभूत था, इसलिए उसने परशुराम से पूछा, 'अब मैं कहाँ जाऊँ? मैं क्या करूँ?'

'अगले बीस वर्षों तक इस शिशु की देखभाल करना, जो तुम्हारी गोद में है। वेदव्यास ने इसके माता-पिता का अंतिम संस्कार कर दिया है और इसलिए वे चाहते हैं कि यह शिशु सुरक्षित रहे और इसे एक कुशल जीवन प्राप्त हो, क्योंकि, यह परिमल की अंतिम इच्छा थी। यह शिशु नश्वर है, इसलिए इसे ज्ञानगंज नहीं लाया

जा सकता। अब से तुम इसके अभिभावक हो और यह तुम्हारा उत्तरदायित्व है कि तुम कल्कि के रूप में अपने कर्तव्यों का पालन करते हुए मानवता का ध्यान रखो। अब से इस शिशु को 'पृथ्वी' कहा जाएगा।' परशुराम ने उत्तर दिया।

"तो इसका अर्थ है कि···" मिसेज बत्रा ने आश्चर्य से कहा, परंतु पृथ्वी ने उनका प्रश्न पूरा होने से पूर्व ही उन्हें उत्तर दे दिया।

'हाँ, मैं ही वह बालक हूँ, जिसका नाम परशुराम ने 'पृथ्वी' रखा था। हिंदी में मेरे नाम का अर्थ—धरती है और मुझे यह नाम इसलिए दिया गया, ताकि ओम् पृथ्वी के रक्षक के रूप में भगवान् विष्णु द्वारा किए गए कार्यों को जारी रख सके, जब तक कि विश्व के लिए कल्कि का उदय न हो जाए।'

मिसेज बत्रा के नेत्र इस चौंकाने वाले आभास से बड़े हो गए कि घटनाओं की इस श्रृंखला को बताने वाला वही बालक था, जो असुरों के बीच जीवित बचा था; वही शिशु, जो अपने माता-पिता के रक्त के पोखर में पैदा हुआ था।

अपने अतीत का स्मरण करके पृथ्वी के नेत्रों में अश्रु आ गए, जिन्हें वह रोकने में सफल रहा; जबकि मिसेज बत्रा ने सहानुभूतिपूर्वक उसकी ओर देखा। पृथ्वी और मिसेज बत्रा के बीच एक भारी सन्नाटा छा गया।

"क्या मुझे एक गिलास पानी मिल सकता है?" पृथ्वी के विनम्र अनुरोध ने चुप्पी को तोड़ दिया।

"हाँ, जरूर। मैं अभी लाई।" मिसेज बत्रा ने उत्तर दिया और धीरे-धीरे रसोई की ओर गईं, अब तक पृथ्वी से जो कुछ भी सुना था, उसे ध्यान में रखते हुए।

वे पाँनी से भरी एक पारदर्शी काँच की बोतल और एक खाली गिलास लेकर वापस आईं। उन्होंने गिलास में थोड़ा पानी डाला और पृथ्वी को दे दिया। मिसेज बत्रा के पूछने से पूर्व उसने कुछ घूँट पिए। "तो तुम एल.एस.डी. एवं परिमल के पुत्र हो, जिसका नाम परशुराम ने रखा था और जिसका पालन-पोषण स्वयं दसवें अवतार कल्कि ने किया था?"

"हाँ।" पृथ्वी ने पानी पीते हुए उत्तर दिया।

"और तुम अपने पालक पिता कल्कि की खोज में हो? वे अब कहाँ हैं?"

परशुराम ने ओम् से यह भी कहा, 'कल्कि पुराण की भविष्यवाणी में कहा गया है कि कल्कि सिंहल द्वीप, जिसे अब 'श्रीलंका' के नाम से जाना जाता है, के वृहद्रथ एवं कौमुदी की बेटी पद्मा से विवाह करेंगे। पद्मा को देवी लक्ष्मी का अवतार माना जाता है। तुम्हें सिंहल द्वीप जाना होगा, अपनी प्रिय पद्मा से विवाह करना होगा और अपना वैवाहिक जीवन आरंभ करना होगा। कुछ समय तक सिंहल

द्वीप में रहो और फिर भारत लौट आओ। 'कल्कि पुराण' उन सभी कार्यों के बारे में भी वर्णन करता है, जिन्हें तुम कल्कि महावतार के रूप में पूर्ण करोगे। इसमें बताया गया है कि कैसे कल्कि राक्षस कली से सीधा सामना करेंगे और समय आने पर उसका विनाश करेंगे।'

"राक्षस कली!" मिसेज बत्रा ने यह पुष्टि करने के लिए दोहराया कि क्या वह ठीक सुन रही थीं।

"हाँ, राक्षस कली। वह अधर्म की अभिव्यक्ति है, जो कलियुग के आरंभ में केवल पाँच स्थानों तक ही सीमित था, जहाँ वह रह सकता था—जहाँ जुआ, मदिरा, वेश्यावृत्ति, पशु-वध और सोना था। भगवान् विष्णु के अंतिम अवतार का कारण राक्षस कली है। कल्कि अवतार कलियुग को समाप्त करने हेतु आए हैं।"

जाने से ठीक पूर्व परशुराम ने कहा, 'प्रिय ओम्, तुम्हारा वर्तमान नाम भगवान् शिव के नाम पर आधारित है और तुम्हारा अवतार भगवान् विष्णु में निहित है। आने वाले समय में तुम जो कुछ भी करोगे, वह सब होना तय है और यह 'कल्कि पुराण' में पहले ही लिखा हुआ है। यदि तुम्हें कभी मार्गदर्शन चाहिए तो 'कल्कि पुराण' को अपने भविष्य के कर्मों की नियमावली मानना। तुम्हारे कल्कि के रूप में उभरने का समय अभी तक नहीं आया है और जब तक ऐसा नहीं हो जाता, तुम्हें ओम् के रूप में अज्ञात रूप से रहना होगा और वैसे ही छिपे रहना होगा, जैसे नागेंद्र द्वारा तुम्हें ढूँढ़ने और रॉस द्वीप में ले आने से पूर्व थे। तुम्हारे अनंत जीवन का यह प्रसंग इसी द्वीप पर प्रारंभ हुआ था और अब श्रीलंका द्वीप पर समाप्त होगा। द्वीप को रहस्य रखने में भलाई है। अब मेरे लिए अश्वत्थामा की खोज में निकलने का समय आ गया है।'

'मैंने पहले ही अपने मित्र अश्वत्थामा को खो दिया है। क्या मैं आपसे फिर कभी मिलूँगा?' ओम् का स्वर दुःख से भरा हुआ था। जैसे ही उसने परशुराम को जाते देखा, अपने लोगों को खोने की चिंता ने उसे घेर लिया।

परशुराम ओम् की ओर मुड़े, मुसकराते हुए उसे आलिंगन किया और कहा, 'हाँ, प्रिय ओम्! हमारा पुनर्मिलन निश्चित है। 'विष्णुपुराण' में कहा गया है कि सभी सात अमर केवल विष्णु के दसवें और अंतिम अवतार कल्कि की सहायता करने, पापियों को नष्ट करने, कलियुग को समाप्त करने, धर्म को बहाल करने और अस्तित्व के इस चक्र में सतयुग के नए युग के लिए द्वार खोलने हेतु ही जीवित हैं। तब तक तुम्हें हमारे लौटने की और हमें कल्कि के उभरने की प्रतीक्षा करनी होगी।'

मिसेज बत्रा ने फिर टोका, "मैं समझ सकती हूँ कि तुम कहानी के इस पक्ष को जानते हो, क्योंकि ओम् ने तुम्हें यह तब बताया था, जब उसने इतने वर्षों तक

तुम्हारा पालन–पोषण किया था। परंतु अब प्रश्न यह उठता है कि तुम कहानी का दूसरा पक्ष कैसे जानते हो? मेरा तात्पर्य है, तुम उनके जीवन की प्रत्येक घटना का इतने विस्तार से वर्णन कैसे कर सकते हो; जबकि तुम नागेंद्र, एल.एस.डी. और परिमल से कभी मिले भी नहीं?"

पृथ्वी उत्तर देने से पूर्व रुका, "मिसेज बत्रा, क्या आपको हमारी पहली बातचीत स्मरण है? मैंने आपसे कहा था कि मुझे सबकुछ इतनी स्पष्टता से स्मरण है, मानो वह मेरे समक्ष घटित हुआ हो! आपका यह कहना उचित है कि मैंने कहानी में ओम् का पक्ष सुना, क्योंकि उसने ही मुझे यह कहानी सुनाई थी; परंतु जब दूसरे पक्ष की बात आती है तो जब से देवध्वज के मृत शरीर के साथ धन्वंतरि की कुटिया में आया था, वहाँ उससे देवद्रथ के रूप में मिलने से एल.एस.डी. के रूप में मेरी मृत्यु तथा पृथ्वी के रूप में मेरा जन्म होने तक मैं नागेंद्र के जीवन की हर घटना का साक्षी रहा हूँ।"

यह सुनकर मिसेज बत्रा के चेहरे का सारा रंग उड़ गया। इस भयानक रहस्योद्घाटन, कि पृथ्वी कोई और नहीं, अपितु स्वयं देवद्रथ था और अपने अंतिम शरीर में एल.एस.डी. के रूप में जाना जाता था, ने मिसेज बत्रा को भीतर तक झकझोरकर रख दिया। जब उन्हें आभास हुआ कि वे अपने पति के हत्यारे के ठीक सामने खड़ी थीं तो वे पृथ्वी से सुरक्षित दूरी बनाने हेतु कुछ कदम पीछे चली गईं; परंतु लापरवाह रूप से पृथ्वी कहता रहा।

"मेरी मृत्यु के पश्चात् शिशु रोता रहा। मेरे पास अपने पुत्र के शरीर में प्रवेश करने के उपरांत कोई विकल्प नहीं था, क्योंकि कोई अन्य नवजात प्राणी नहीं था, जो मेरी आत्मा को आश्रय दे सके। मेरे पास अपने लिए अपना शिशु पैदा करने के उपरांत कोई विकल्प नहीं था। शिशु का शरीर मिलने के पश्चात् भी शिशु विलाप करता रहा, क्योंकि अब वह एक पत्नी थी, जो अपने पति के लिए रो रही थी, जो उसके नेत्रों के सामने मर रहा था। न तो मैं उसकी सहायता कर सका और न ही उसे बता सका कि मैं अभी भी जीवित हूँ और उसके साथ हूँ!

"बेचारा परिमल। उसने मेरे लिए मुक्ति की कामना की, परंतु बदले में उसे अपनी मुक्ति मिल गई, जो मैं किसी भी अन्य वस्तु से अधिक अपने लिए चाहता था। एक बार फिर, मैं नागेंद्र के शब्दों में बँधकर रह गया।"

व्याकुल अनुभव करते हुए मिसेज बत्रा ने स्वयं को सँभाला और काँपते स्वर में पूछने का साहस किया, "तुम यहाँ क्यों आए हो और तुमने मुझे यह सब क्यों बताया?"

पृथ्वी ने पानी की बोतल उठाई और भूमि पर सारा पानी गिरा दिया। फिर वह अपने स्थान से उठा और मिसेज बत्रा के पास गया और उनकी ओर बढ़ते हुए कहा, "क्योंकि मिसेज बत्रा, ओम् के समान हर कोई यह जानने का हकदार है कि उनके जीवन का उद्देश्य क्या है और उनकी मृत्यु क्यों हुई···यहाँ तक कि आप भी।" इससे पूर्व कि मिसेज बत्रा पहेली को समझ पातीं, पलक झपकते ही पृथ्वी ने मिसेज बत्रा का गला काट दिया और पानी के समान बह रहे रक्त को इकट्ठा करने हेतु पारदर्शी खाली बोतल का मुँह उनकी गरदन के कटे स्थान पर रख दिया। मिसेज बत्रा पीड़ा से चिल्लाने में असमर्थ थीं और साँस लेने हेतु हाँफते हुए घुटनों के बल गिरने से पूर्व उनकी इंद्रियाँ निर्बल पड़ने लगीं।

जैसे ही बोतल ने ओम् के रक्त को एकत्र किया, जो मिसेज बत्रा की नसों में बह रहा था, पृथ्वी उनसे निर्दयता से बात करता रहा, जैसे कि कुछ हुआ ही न हो, 'नागेंद्र के शरीर के अंगों को एकत्र करके उसे वापस लाने हेतु मुझे जीवित रहने की आवश्यकता है। अंततः, वह अभी भी जीवित है और मैं अभी भी अपने उद्धार से वंचित हूँ।" पृथ्वी ने अंतिम बार मिसेज बत्रा के नेत्रों में देखा और उन्होंने उसकी दृष्टि में एक कटु भावना के रूप में पूर्ण बर्बरता देखी।

पृथ्वी के शरीर में देवद्रथ की आत्मा के पास अब एक पारदर्शी बोतल में मिसेज बत्रा के शरीर से लिया गया ओम् का रक्त था। आगे उसे मृत संजीवनी की प्रक्रिया की आवश्यकता थी, जो पुस्तकों ने शुक्राचार्य को सिखाई थी। जैसे ही मिसेज बत्रा ने अंतिम साँस ली, कक्ष में एक परिचित स्वर गूँज उठा।

"हमें अभी एक लंबा रास्ता तय करना है और बहुत कुछ खोजना, प्राप्त करना, एकत्र करना और पुनर्स्थापित करना है। चलो, चलें!" परिचित स्वर शुक्राचार्य का था, जो पृथ्वी का उसी प्रकार मार्गदर्शन कर रहे थे, जैसे उन्होंने कभी नागेंद्र का किया था।

□□□

अंत

···किंतु, जैसा कि शुक्राचार्य ने अदृश्य होने से पूर्व ओम् से कहा था, 'यह अभी अंत नहीं हुआ है!'

प्रतीक

जो सबसे छोटा प्रतीत होता है, वो सबसे शक्तिशाली हो सकता है। शिशु की हथेली में चाबी के छेद के समान पुतली वाला वो नेत्रगोलक, जिसके बिना दरवाजा खोलना असंभव था।

युगों का अंतहीन ब्रह्मांडीय चक्र जो सतयुग से शुरू होकर त्रेता, द्वापर तक आगे बढ़ता है और कलियुग पर समाप्त होता है···सतयुग से पुनः शुरू होता है।

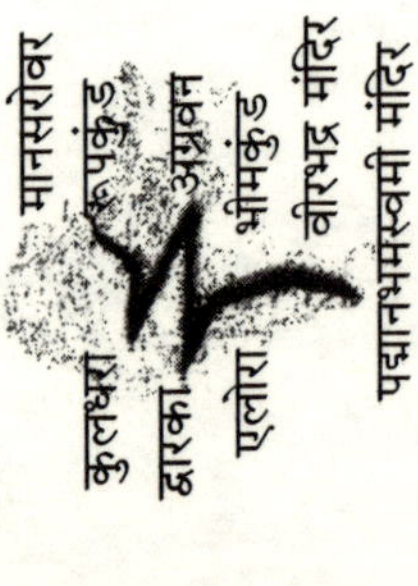

अद्वितीय भारत में एक रहस्यमयी खोज।

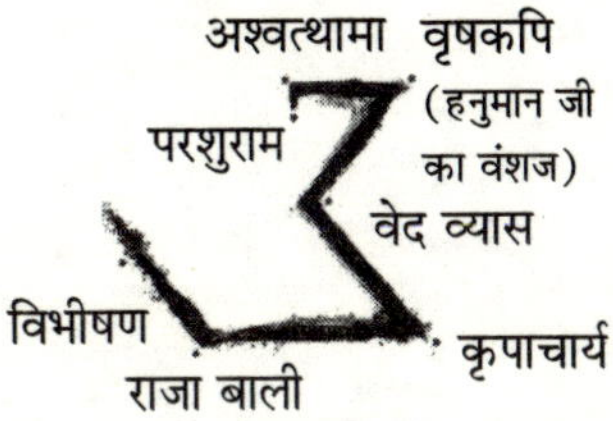

ये उन सभी सात चिरंजीवियों का समय है।

युगों के अनंतकाल चक्र में खो जाने वाला 'ओम' कौन है?

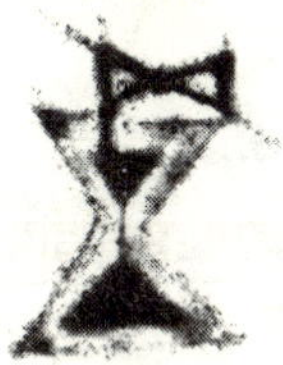

क्या ये युद्ध खत्म हो चुका है या समय के विरुद्ध चिरंजीवियों का संघर्ष अब भी जारी है?

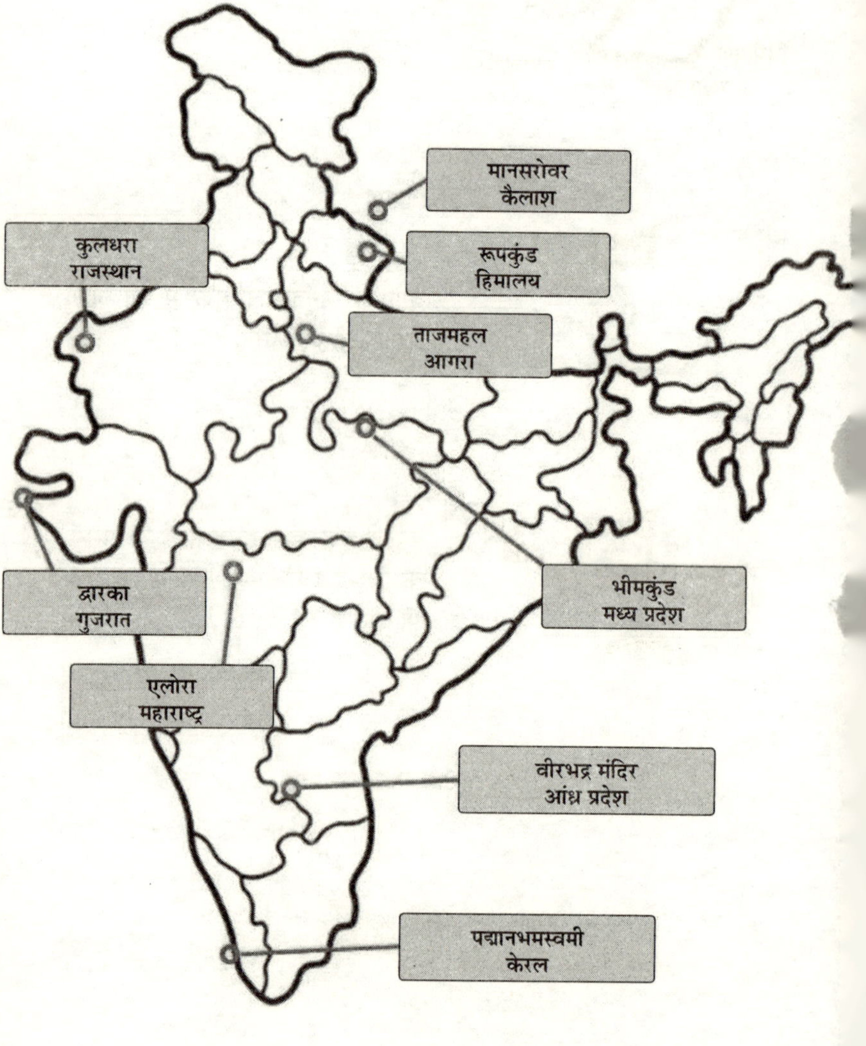
मानसरोवर
कैलाश
कुलधरा
राजस्थान
रूपकुंड
हिमालय
ताजमहल
आगरा
भीमकुंड
मध्य प्रदेश
द्वारका
गुजरात
एलोरा
महाराष्ट्र
वीरभद्र मंदिर
आंध्र प्रदेश
पद्मानभमस्वमी
केरल